El desarme de Calibán

Debates culturales y diseños literarios en la posdictadura uruguaya

TERESA BASILE

ISBN: 978-1-930744-88-2
© Serie *Nuevo Siglo*, 2018
INSTITUTO INTERNACIONAL DE
LITERATURA IBEROAMERICANA
Universidad de Pittsburgh
1312 Cathedral of Learning
Pittsburgh, PA 15260
(412) 624-5246 • (412) 624-0829 fax
iili@pitt.edu • www.iilionline.org

Colaboraron con la preparación de este libro:

Composición y diseño gráfico: Erika Arredondo
Correctores: Naira Corzon y Eduardo Morales

Segunda parte: diseños literarios

A Gus

Presentación

Bronca sin fusiles y sin bombas
Pedro y Pablo, *La marcha de la bronca.*

En este texto nos interesa abordar cierto tránsito que se articula, en el pasaje de los años sesenta hacia los noventa del siglo XX, en el campo intelectual y literario uruguayo a partir del concepto de "desarme". En la década de 1960, y en torno a la Revolución cubana, se acuñó un perfil de intelectual bajo las categorías de intelectual *comprometido* y *revolucionario* ¿Qué acontece con su rol, características y estatuto en los años noventa, atravesados por la derrota, el debilitamiento o la reconfiguración –en varios puntos del mapa latinoamericano– de la izquierda armada, por el inicio de las transiciones a la democracia en el Cono Sur, luego de las experiencias dictatoriales, y por la caída del Muro de Berlín, el fin de la Guerra Fría y la desarticulación de la URSS en el contexto global?

Nuestra lectura se detiene en el "caso uruguayo" pero bajo el horizonte tanto de América Latina como del Cono Sur. ¿Cuáles son las propuestas que intelectuales y escritores uruguayos ofrecen a la hora de evaluar la experiencia de las dictaduras recientes? ¿En qué medida entran en diálogo o podemos confrontarlas y marcar peculiaridades y desvíos con las reflexiones de sus colegas del Cono Sur? La territorialidad del "Cono Sur" se edifica, como sabemos, a partir de la instalación de las dictaduras interconectadas entre sí por el Plan Cóndor, no obstante estos vínculos permanecerán a lo largo de los procesos de transición hacia la democracia de los diversos países, compartiendo similares desafíos y ofreciendo respuestas particulares. Pero también América Latina está sacudida por los intensos cambios de los años noventa que atañen a la pérdida de la hegemonía del discurso revolucionario, tal como consta en la potencia del Nuevo Ensayo Cubano que se vuelve para "desarmar" (término empleado por el cubano Rafael Rojas) las narrativas revolucionarios en el corazón mismo de la revolución cubana. O en los textos del salvadoreño Horacio Castellanos Moya, sacudidos por el desencanto frente a la izquierda centroamericana en el clima de derrota de la posguerra, para citar sólo algunos ejemplos. Estas religaciones (diría Ángel Rama) conectan diversos puntos en América Latina y construyen vías a través de las cuales se desplazan y comparten los nuevos conflictos y desafíos, nuevas reflexiones teóricas y prácticas culturales. En gran medida podemos sostener que la agenda de la "memoria" se articula en el Cono Sur e inicia un desplazamiento y diálogo con similares acontecimientos (aunque también nuevos casos de violencia extrema) en otros países, como el *genocidio guatemalteco* de 1981 a 1983 o los *femicidios* de mujeres en la frontera mexicano-estadounidense entre los años 1993 y 1997. La trayectoria de Roberto Bolaño es un claro ejemplo de estos tránsitos y religaciones por parte de alguien que se inicia con una literatura profundamente anclada en la dictadura de Chile, vinculada asimismo con las del Cono Sur, para finalizar en su novela póstuma *2666* con las víctimas de los femicidios en Ciudad Juárez. En este marco latinoamericano, aunque sin ninguna pretensión de agotarlo, es donde procuramos colocar el "caso" uruguayo para darle mayor perspectiva y proyección. ¿Cuál es, entonces, su contribución?

El impacto de la experiencia de la dictadura uruguaya (1973-1985) sobre el campo intelectual y literario fue considerable e impulsó una vasta puesta en crisis de los vínculos entre el intelectual y la política característicos de las últimas décadas, y una revisión de las tradiciones culturales y de los imaginarios con los cuales los uruguayos se identificaban, en especial aquellos que se referían a las tradiciones democráticas y legalistas. Ambas cuestiones se canalizaron a través de reuniones, de coloquios, de debates e intercambios de perspectivas, así como de la producción académica, del desarrollo de proyectos de investigación, de publicaciones de volúmenes colectivos y de notas e intervenciones en suplementos de algunos periódicos y en las páginas de revistas culturales, sin olvidar el fuerte estímulo proveniente de la producción literaria y artística.

Desde los inicios de la transición democrática, un importante sector de la ciudadanía prefirió quitarse los "ojos de la nuca y mirar hacia adelante" –como aconsejó en 1984 el electo presidente del Partido Colorado, Julio María Sanguinetti–, y optar por suscribir la Ley de Caducidad de la Pretensión Punitiva del Estado (ley 15.848),[1] dictada en 1986 y ratificada en dos oportunidades a través de plebiscitos (en 1989 y en 2009). Distante de ese mandato de olvido e impunidad, en el ámbito de la cultura se fue articulando un profundo interés desde el cual se interrogaba y reflexionaba sobre la historia reciente y sus consecuencias en el presente, organizando encuentros, emprendimientos editoriales y publicaciones.[2]

Una vía central en estos debates exploraba la magnitud del corte que la dictadura había suscitado en ciertas tradiciones culturales del Uruguay que ahora se visualizaban como un ciclo concluido, como una totalidad que requería cepillarse a contrapelo para estimar sus alcances, sus errores y aciertos. Esta puesta en valor se efectuaba desde la arena del presente de la posdictadura, atravesada por nuevos parámetros como el "giro democrático", el impulso de los derechos humanos, la proliferación de los "post", el interés por las heterogeneidades, la crítica y deconstrucción

---

[1] Comúnmente llamada "Ley de Impunidad", ya que estableció la caducidad del "ejercicio de la pretensión punitiva del Estado respecto de los delitos cometidos hasta el 1º de marzo de 1985 por funcionarios militares y policiales, equiparados y asimilados por móviles políticos o en ocasión del cumplimiento de sus funciones y en ocasión de acciones ordenadas por los mandos que actuaron durante el período de facto", fue sancionada por el primer gobierno de Julio María Sanguinetti con el apoyo del Partido Colorado y del Partido Nacional. El 27 de octubre de 2011, el Parlamento finalmente aprobó la ley Nº 18.831, que proponía el restablecimiento del "pleno ejercicio de la pretensión punitiva del Estado para los delitos cometidos en aplicación del terrorismo de Estado hasta el 1º de marzo de 1985, comprendidos en el artículo 1º de la Ley Nº 15.848, de 22 de diciembre de 1986", delitos que catalogó como "crímenes de lesa humanidad de conformidad con los tratados internacionales de los que la República es parte".

[2] Recién el 27 de octubre de 2011 se revocó la Ley de Caducidad. El artículo "La sociedad civil y el resurgir de la lucha contra la impunidad en Uruguay (1986-2012)", de Jo-Marie Burt, Gabriela Fried Amilivia y Francesca Lessa (2015), describe el recorrido y la lucha de diversos organismos de Derechos Humanos y de ciertos sectores de la sociedad civil que condujeron a este revoque y que van pautando diversas estrategias y políticas de la memoria, impugnadoras del contexto de silencio y olvido.

de las macronarrativas, el quiebre de la univocidad de la "verdad" y la ruptura de la "totalidad" como lógica del devenir histórico.

En esta nueva arquitectura cultural nos interesa abordar la viga del "desarme" que atraviesa el universo simbólico en diversos sentidos. En primerísimo lugar, el desarme atañe a la beligerante polaridad amigo-enemigo que dominó la política conosureña en las décadas de los sesenta y setenta. Esta antítesis, roturada por Carl Schmitt en 1932, fue no sólo un concepto central en la fragua de los totalitarismos del siglo XX, sino que además intervino en la coyuntura latinoamericana. Para Schmitt esta antinomia puntualiza la "esencia" de lo político: mientras la moral se basa en la distinción entre el bien y el mal, la estética en la de lo bello y lo feo, la economía en la de lo beneficioso y perjudicial, la especificidad de lo *político* se define a partir del antagonismo amigo-enemigo, sostiene el autor en *El concepto de lo político* (1932). Esta oposición marca el grado máximo de unión o separación por parte de una comunidad, para la cual el enemigo es el otro, es el ajeno. La alteridad del extraño puede representar, en un conflicto concreto, la negación del propio modo de existencia y por ello será necesario rechazarlo o combatirlo para preservar la "propia forma esencial de vida" (57). Sólo desde esta ecuación el Estado puede exigir a los hombres el sacrificio de sus vidas o dar poder a otros hombres para derramar sangre y matar (65).

Estas perspectivas exudan una idea homogénea y unitiva de las comunidades nacionales, fundada en la tendencia de los pueblos a agruparse según se consideren amigos o enemigos (58). A las teorías pluralistas del Estado que ponen de relieve los múltiples vínculos y lealtades de un ciudadano a diversas asociaciones, como miembro de una religión, de un sindicato, de una familia, de un club deportivo entre otros, Schmitt le opone la compacta unidad social y política como aquella que marca la pauta dentro de la comunidad y que se encuentra garantizada por un Estado centralizador y vigilante (70-74). Es el Estado quien tiene la función primordial de tomar la *decisión fundamental* que da identidad, unidad y cohesión a la Nación, reflejando la unidad voluntaria del pueblo a través de ciertas *ideas directrices* que marcarán una diferencia y serán defendidas frente a quienes no la comparten tanto en el interior como en el exterior de la comunidad (Agapito 1991). La homogeneidad cultural y la centralidad de lo político con su lógica combativa permean los diversos dominios de la realidad, tanto la economía como la religión, la educación, lo jurídico o la cultura. De allí la acerba crítica a las teorías liberales que, para Schmitt, tienden a despolitizar y autonomizar las diversas esferas que configuran la vida en sociedad, procurando erradicar el Estado y sus políticas violentas, e instauran una metafísica humanitaria asentada en la búsqueda de la libertad individual y del progreso económico (Schmitt 97-106). La eventualidad de una lucha –la guerra y la guerra civil– es constitutiva a la antítesis amigo-enemigo. La guerra es la realización extrema de la enemistad, su última *ratio*, y el Estado es quien tiene la potestad de la *jus belli* (el derecho a la guerra) definiendo quién es el enemigo (interno o externo) y cuándo atacarlo.

Estas propuestas, elaboradas por Carl Schmitt luego de las dificultades constitucionales de la República de Weimar, ante el descrédito de la democracia y del liberalismo y en la antesala del triunfo del Estado total del nazismo (no podemos olvidar el fuerte compromiso de Schmitt con el nazismo), ya no resultan apropiadas para dar cuenta de contextos donde la democracia participativa vuelve a ocupar un lugar central. La antinomia amigo-enemigo y su apuesta a los enfrentamientos violentos, a la guerra interna y externa como vías para imponer una dirección única y sin fisuras a la sociedad, ya no sirve a las sociedades asentadas en la pluralidad de posiciones y en la heterogeneidad de los proyectos que la surcan. No se trata de negar la existencia ineludible y siempre presente de las dicotomía y los enfrentamientos entre sectores, de ignorar los conflictos y las amenazas que las "diferencias" desatan, sino de ensayar otras alternativas como la recuperación de aquellas políticas que procuran arribar a soluciones pacíficas, racionales, a través tanto de acuerdos como de negociaciones de los conflictos, por medio de la deliberación y del consenso entre las partes enfrentadas, poniendo énfasis en la ética de la comunicación, en el Estado de derecho y en las concepciones reformistas de la política. Si para Schmitt lo *político* es visible y actúa en el antagonismo radical e insoluble, para otros –como Hannah Arendt en *Sobre la violencia*– lo *político* termina cuando el conflicto irreconciliable desemboca en la guerra y justamente lo *político* se ejerce para evitarla (López de Lizaga).

En segundo lugar, el desarme se modula en el debilitamiento de aquellas concepciones sobre la violencia armada como vía para transformar el mundo, como razón emancipatoria, como proyecto revolucionario, tal como fue largamente argumentada en los textos que rodearon las experiencias guerrilleras latinoamericanas de los sesenta. Así la *violencia del foco* de Ernesto Guevara y Régis Debray, la violencia colonial de los condenados de la tierra, esgrimida desde las perspectivas sobre el colonialismo de Frantz Fanon y Jean-Paul Sartre, la *violencia estudiantil* en las protestas del mayo del 68, e incluso la defensa del empleo de la *violencia justa* contra la *violencia injusta* por parte de la Iglesia "rebelde" reunida en Medellín, configuraron algunas de las perspectivas, entre tantas otras, que se ocuparon de alegar en favor de la violencia revolucionaria. Para destacar esta insistencia en la capacidad creativa de la violencia (más que en sus efectos destructivos), generadora de nuevas subjetividades, creadora de una "sociedad mejor" y liberadora de las sujeciones políticas, fue útil recurrir a la idea de una violencia *performativa* y proponer la figura del *intelectual armado*.

El "desarme" en los noventa va a atravesar los discursos y narrativas de escritores e intelectuales en varias direcciones. Se abordan críticamente las antinomias que dominaron las décadas de los sesenta y setenta para explorar otras vías basadas en la *razón comunicativa*. La crítica a las armas que atañe –teniendo en cuenta sus diferencias y sin caer en simplificaciones como la teoría de los dos demonios[3]– tanto al Terrorismo de Estado como a la izquierda insurreccional del MLN-Tupamaros, reaparece continuamente. Es posible leer en estos textos tanto el desarme del intelectual revolucionario, que se fraguó en torno a la revolución cubana de 1959 y que alcanzó la dimensión de un símbolo latinoamericano en la estampa de Calibán creada por Roberto

---

[3] Carlos Demasi explora los diversos usos –en especial como coartada exculpatoria– de la "Teoría de los dos demonios", focalizando en la apertura democrática por parte de diversos sectores de la sociedad uruguaya, desde el gobierno, las Fuerzas Armadas, los partidos políticos y la sociedad civil ("Un repaso" 67-74).

Fernández Retamar, como el desarme de las macronarrativas "arrogantes" o excluyentes dentro de la tradición identitaria uruguaya, junto con la deconstrucción de las identidades monológicas y de las verdades unívocas. La revisión de la historia nacional constituye otro de los ejes de estos textos, cuya tendencia primera se dirige al reemplazo de una historia del progreso por otra atenta a las violencias que tuvieron lugar en el pasado. Incluso en la factura de ciertos géneros literarios como el *ensayo de interpretación nacional* y la *novela histórica*, también en la escritura, los tropos y modos de la argumentación, encontramos cierto desarme de la violencia verbal y simbólica, en especial aquella vectorizada a través de figuras retóricas como la diatriba o de modos de la argumentación bajo la lógica del amigo-enemigo. Estamos frente a otras políticas de la letra.

Una de las preguntas que atraviesa a trasluz este texto y nos ha orientado en su escritura se refiere al modo en que la experiencia de la derrota dio lugar a nuevos planteos en el campo cultural uruguayo y en qué medida éstos permiten salir tanto de una visión congelada en la nostalgia de un pasado dorado por los ideales de un "mundo mejor", como de una mirada hacia el futuro que ignora o evita revisar el pasado reciente sacudido por la lucha de la izquierda armada y por la implantación del terrorismo de Estado. ¿Cuáles son, entonces, los *saberes de la derrota*? Gran parte del corpus elegido nos ha permitido auscultar la presencia de una memoria reflexiva y crítica en un contexto de impunidad y silencio, dominado por la ya mencionada Ley de Caducidad de la Pretensión Punitiva del Estado.

En la primera parte encaramos el análisis de los *debates intelectuales*, repasando una serie de intervenciones que, en el escenario de la apertura democrática, procuran interrogar, de cara al futuro, los cambios acaecidos en la historia reciente, y nos detenemos especialmente en la redefinición del ensayo, en el interior de la tradición latinoamericana del género, llevada a cabo por Hugo Achugar. En la segunda parte abordamos los *diseños literarios* focalizando en la novela histórica, cuyo auge marcó una de las tendencias más significativas del campo literario de la transición. Las producciones de Tomás de Mattos y de Amir Hamed permiten explorar las disímiles propuestas de dos generaciones que se cruzan en la década de los noventa para interrogar el *desarme*.

PRIMERA PARTE:

Debates culturales

Los desafíos del campo intelectual de la posdictadura

1. LOS DESAFÍOS

Durante los años noventa, luego de la dictadura cívico-militar que se extendió entre junio de 1973 y febrero de 1985, se desató un debate que interrogaba la identidad uruguaya, los imaginarios nacionales y las políticas culturales en el marco de un nuevo escenario en el que se advierte la obsolescencia de las líneas de fuerza y de los proyectos que atravesaron el campo intelectual previo al golpe de Estado, y se percibe la gestación de nuevos factores que perturbarán los modos anteriores de fraguar las narrativas nacionales. La derrota de la izquierda armada y la trágica experiencia de la dictadura, que no sólo atañen a Uruguay sino a varios puntos de América Latina y en especial al Cono Sur, van a ocupar un lugar protagónico en la nueva agenda.

A fines de la transición y en los primeros años de la democracia existió un creciente interés por reflexionar sobre la dictadura, por conocer y compartir públicamente las diversas historias padecidas de violencia y autoritarismo. Un "estallido de la memoria" atravesó el período 1983-1989; sin embargo, varios analistas sostienen que a partir del año 1989, con el triunfo en el plebiscito del voto que sancionaba la amnistía a los militares acusados de violaciones a los derechos humanos, desapareció casi totalmente la discusión acerca de la dictadura tanto en el espacio público como en el ámbito académico, iniciándose una "época de silencio", una fase de "desmemoria". Este hiato se iría subsanando a partir de 1996, con la marcha de silencio convocada por familiares de desaparecidos que exigían verdad sobre el destino de los mismos (Cosse y Markarian 7; Marchesi, Markarian, Rico y Yaffé, *El presente* 12). Sin embargo, ciertos eventos y publicaciones permiten visualizar un –tal vez no extendido pero sí significativo– movimiento de ideas que colocaba en el centro la experiencia de la dictadura. Aquí nos centraremos en ciertos focos de debates que tuvieron lugar en las publicaciones de la colección *Desafíos* de *Ediciones Trilce*, fundada significativamente en 1991, así como en ciertas revistas y semanarios entre los que se destaca *Cuadernos de Marcha* (3ra. época). Además de algunos encuentros, seminarios y coloquios, como por ejemplo aquellos que Hugo Achugar organizó –en varias ocasiones junto a Gerardo Caetano– en los inicios de la década de los 90 en Uruguay, que luego fueron publicados en compilaciones: *Cultura mercosur: política e industrias culturales* (1991); *Cultura(s) y nación en el Uruguay de fin de siglo* (1991); *Identidad uruguaya: ¿mito, crisis o afirmación?* (1992); *Mundo, región, aldea. Identidades, políticas culturales e integración regional* (1994), entre otros. En estos espacios se congregará un importante y destacado número de estudiosos, intelectuales y ensayistas empeñados en disputar las políticas del olvido.[4] El "ensayo" y el "debate" se convierten en los vehículos formales más adecuados a la productividad de esta usina de pensamientos, al despliegue de esta tormenta de ideas (*brainstorming*), al cruce de diversas voces, a la formulación de preguntas, hipótesis y problemáticas más que al trabajo académico decantado y paciente (aunque también lo encontraremos). Esas producciones culturales –entre las cuales iremos seleccionando las colaboraciones que nos interesan, sin pretender abarcar todos sus aportes– constituyen nuestro punto de partida, aunque no nuestro límite, ya que iremos sumando otras contribuciones cuando el tema en cuestión lo demande. Ellas marcan un punto inicial en el campo de investigación sobre el pasado reciente.[5]

---

[4] En *Fracturas de memoria. Crónicas para una memoria por venir* (1993), Maren y Marcelo Viñar advierten los peligros que se inauguran con la política del olvido para el funcionamiento de la democracia uruguaya en tanto el "terror no metabolizado" fractura y escinde a la sociedad, obturando la proyección de un futuro compartido. Así, interrogan las consecuencias de la *Ley de caducidad* en la sociedad uruguaya.

[5] Resulta muy interesante el recorrido que, en la "Introducción. Pensar el pasado reciente: antecedentes y perspectivas" (2004), realizan Aldo Marchesi, Vania Markarian, Álvaro Rico y Jaime Yaffé sobre la paulatina construcción del campo de estudios académicos en torno al pasado reciente en Uruguay, marcando etapas, instituciones, ejes de investigación y diversos y productivos aportes.

Antes de abordar el *corpus* de ensayos, resulta indispensable explorar un acontecimiento que aparece como un claro antecedente del debate desatado en Uruguay: se trata de la "Conferencia" convocada por Saúl Sosnowski en la Universidad de Maryland en marzo de 1986 y que luego fue publicada en un volumen colectivo bajo el título *Represión, exilio y democracia: la cultura uruguaya* (1987). Más que un antecedente, esta reunión constituyó un punto de encuentro, un toque de reunión de quienes luego intervendrían en el debate y una puesta al día de los temas a discutir. La configuración de una guía en torno a lo que llamaría la "operación retorno". El regreso al Uruguay implicaba tanto la vuelta al país por parte de los emigrados como el retorno a la democracia para quienes permanecieron en el país y para los que fueron encarcelados. Un "desexilio" en sentido amplio que atañe a tres grupos, los exiliados, los prisioneros y los insiliados, y que adquiere un valor refundacional, visible en los términos que una y otra vez se reiteran en las diversas propuestas: "construir y crear", "reedificación de la cultura nacional", "proceso de redemocratización", "reincorporación a la vida uruguaya", entre otros. Es un volumen cargado de la energía propia de los inicios de una empresa, tensionado hacia el futuro inmediato, de carácter proyectual, definido por la búsqueda y el agón más que por el arribo a conclusiones, tal como se advierte en la frase de cierre de Saúl Sosnowski: "Me pareció apropiado que Juan Rial terminara la sesión con un interrogante en vez de con una respuesta categórica" (357). Es un punto de partida más que de llegada, de esta "operación retorno" que real y simbólicamente se llevó a cabo *fuera* del Uruguay.

En esta Conferencia de Maryland, la tarea de "reconstrucción" de la cultura nacional se focaliza en el análisis de los "mitos" del Uruguay (propuesta en primer lugar por Juan Rial, 63-89), en especial aquellos que atañen al país modelo, para evaluar su vigencia. Si bien en esta ocasión la pugna entre la tendencia a salvaguardarlos y su cuestionamiento (y su posible reemplazo) parece resolverse por el "deseo de preservar los mitos fundacionales" (13), el derrotero posterior de este dilema, ya en Uruguay, se inclinará por colocar el énfasis en la revisión a fondo y en la deconstrucción de los mismos. En todo caso lo que interesa es la pregunta, retomada en varias oportunidades, que Rial formula claramente: "El fin del régimen dictatorial, y la redemocratización replanteaban el problema: ¿Se mantendrían o no los mitos básicos que conformaban el imaginario social?" (85). Esta interrogación de difícil respuesta seguirá inquietando en el futuro.

Sin embargo también aquí despuntan algunas perspectivas que señalan la emergencia de nuevas matrices desde las cuales reconstruir la cultura uruguaya, como la del *pluralismo* esgrimido por Hugo Achugar cuando convoca a considerar que no hay un Uruguay sino varios y diversos, e insta a tender puentes entre ellos (167; 273; 277; 355-57). En una línea similar, Juan Rial señala la búsqueda del *consenso* entre diversas posiciones y el protagonismo de la *democracia* como mito básico del presente ("No se habla ya del Uruguay feliz [...] el mito básico pasa a ser ahora el del Uruguay democrático, el del Uruguay donde el consenso debe predominar a toda costa" [85]). Resulta interesante la discusión entre los participantes sobre los modos de articular esta "pluralidad" porque permite ver las discrepancias entre la configuración "cultural" de múltiples y disímiles voces, por un lado, y por el otro los pactos que procuran arribar a acuerdos en el campo "político". No es posible traducir la índole de lo plural desde el campo de la cultura hacia el de la política sin atender a sus propias lógicas autonómicas. Esta desigualdad será medular a la hora de reflexionar sobre la tradición uruguaya del "consenso" y amerita distinguir entre las formulaciones culturales y las políticas, más allá de las posibles confluencias entre ambas. Por otro lado, este pluralismo es además visible en el *régimen* de esta "Conferencia" que articula –como dice Sosnowski en su lúcida (y profética) "Introducción"– un "diálogo cívico" conformado por la presencia de "voces discrepantes" pertenecientes a "diversas posturas y distintas generaciones", un debate movilizado por "turbulentos desacuerdos", "discrepancias de fondo", "zonas de fricción" que sin embargo buscan arribar a cierto "consenso" –de allí que el volumen incluya, además de los artículos, las diversas discusiones posteriores que permiten entrever la potente dinámica de este encuentro– (11-22).

Este "diálogo cívico" será relocalizado y profundizado en el territorio uruguayo para enfrentar los desafíos de una nueva coyuntura que deja en el pasado la matriz autoritaria para indagar las formas democráticas que ocuparán el centro de la lógica cultural. El extenso reinado del semanario *Marcha* (1939-1974), que hegemonizó por más de tres décadas el campo cultural uruguayo, ya resultaba un modelo caduco frente a varios cambios acaecidos, tales como el avance de la cultura visual, que desafiaba con sus nuevos formatos; el desarrollo de la "especialización" que, para algunos, pondrá en jaque al *ensayo* como género privilegiado para explorar la identidad y su recambio por trabajos escritos desde disciplinas específicas como la historia, las ciencias sociales, la economía o la literatura; la pérdida del monopolio de la izquierda en el trazado de la cultura ante la aparición de varios medios de comunicación que propugnaban una pluralidad de perspectivas sin la férrea escolta de un grupo ideológico –entre los cuales aparece *Búsqueda* (1972) como el espacio serio de la filosofía conservadora, lo que resulta "una verdadera novedad para este país" (Migdal, "Formación" 186)–; la creciente importancia que cobra el mercado y el consiguiente debilitamiento del Estado en las políticas neoliberales de los 90 que promueven nuevos relatos; el brote de una promoción de jóvenes que no se formó con *Marcha* sino con el rock and roll, el videoclip y las películas de Spielberg; y, en especial, la fractura que significó la dictadura en la continuidad del *tempo* nacional.

Estos movimientos de inestabilidad y recambio en la matriz cultural suscitaron un sentimiento de *crisis* que interpelaba los canales, modos y dispositivos capaces de reflexionar sobre los relatos nacionales, y que se hace visible en los constantes señalamientos de la incertidumbre, la perplejidad, la preocupación que acosaba a los ensayistas, o se vierte en los títulos de varios textos que apelan a la interrogación (como *Identidad uruguaya ¿mito, crisis o afirmación?*, volumen coordinado por Hugo Achugar y Gerardo Caetano en 1992) o reponen el sintagma del "Uruguay como problema" acuñado por Methol Ferré en 1967. Incluso se llega a poner en duda la existencia misma de una "Nación". Mientras Larre Borges señala la debilidad de la nación en el caso del Uruguay –"nuestra nacionalidad es una entidad un tanto pálida, incierta y no muy definida"–, Carlos Maggi pone aún más en duda la posibilidad misma de su existencia y prefiere hablar de una *trivialidad* que alude a la vez al cruce de caminos y a la escasez de pobladores:

> [...] no todos los países tienen nación [...] tres millones de personas son un barrio de una ciudad importante [...] Reunirnos para discutir la nacionalidad uruguaya empieza por ser una exageración, porque somos demasiado pocos [...] somos un país de frontera, somos un cruce de caminos y un puñadito de persona. (Achugar, *Cultura(s) y nación* 77)

Entre la caducidad de los modelos anteriores a la dictadura y la incertidumbre del presente se articulan los *desafíos* que interrogan a los intelectuales de la posdictadura.[6] Y es justamente la colección *Desafíos* de *Ediciones Trilce*, que Pablo Harari inaugura en 1991, la que va a servir en gran medida como punto de reunión que congrega a intelectuales, investigadores y escritores como Hugo Achugar, Fernando Andacht, Rodrigo Arocena, Rafael Bayce, Klaus Bodemer, Gerardo Caetano, Gabriel Peluffo, Luis Pérez Aguirre, José Rilla y Marcelo Viñar, entre otros. Ante el fin de la dictadura uruguaya se hacía necesario reflexionar sobre el pasado reciente y sobre el futuro inminente en el marco de las transformaciones acaecidas en las últimas décadas, desde la crisis de la izquierda hasta los debates en torno a la posmodernidad, desde las herencias de la dictadura hasta las posibilidades de la democracia. Los rumbos viables de la izquierda, las vías de la democracia, los imaginarios nacionales, las tradiciones intelectuales uruguayas, las posibilidades de una integración regional, el exilio, las alteridades afro e indo-uruguayas,

---

[6] Quisiera señalar una cuestión, que sin embargo no intento resolver ni siquiera encarar. Roxana Patiño (1997) propone explorar para el caso argentino a los "intelectuales en transición", considerando el periodo que va de 1981 a 1983 (y que podría incluso extenderse unos años más). Quedaría pendiente considerar si resulta productivo pensar la posibilidad de "intelectuales en transición" para el caso uruguayo. Para Gerardo Caetano y José Rilla (1987) la "transición" uruguaya va de 1980 a 1985, iniciándose con la pérdida del plebiscito de 1980 por parte del régimen militar, en torno a la reforma constitucional, lo que cierra la posibilidad de una continuidad de la dictadura para comenzar la apertura de los caminos hacia la democracia. Más allá de los nombres y posibles recortes temporales, lo que sí resulta evidente es que en el campo intelectual uruguayo se lleva a cabo una notable transición desde una matriz autoritaria hacia otra democrática (éste constituye el foco que aquí nos interesa), y en este sentido sí encontramos una usina de ideas en ebullición que van a configurar los nuevos parámetros del futuro inmediato.

constituyen algunos de los ejes de estos "desafíos" que se encaran desde un foco crítico provisto por los "pos" –la posmodernidad, el posmarxismo, el posestructuralismo, la sociedad postindustrial y la posdictadura, entre otros. La colección no se ofrece aún como producto de un sector político o ideológicamente definido sino con la voluntad de articular una "reflexión abierta y pluridisciplinaria" donde puedan convivir perspectivas diversas (Harari 5). Gerardo Caetano señala la voluntad de repensar y reconstruir la identidad uruguaya "en clave abierta y multidimensional" (Caetano, "Notas" 18)

La editorial *Trilce* fue en gran medida uno de los espacios en el cual los debates tuvieron lugar. En otras transiciones, como la argentina y la chilena, cobraron protagonismo, ciertas revistas como, entre otras, *Punto de Vista* dirigida por Beatriz Sarlo y la *Revista de Crítica Cultural* a cargo de Nelly Richard cuyas propuestas circularon por América Latina. ¿Cuáles fueron en Uruguay las revistas de ese calibre? *Cuadernos de Marcha* en su tercera época, que abarca desde 1985 hasta 2001, se constituyó, también, en un punto de encuentro de ensayistas, escritores, académicos, especialistas, intelectuales de diversas disciplinas en los inicios de la apertura democrática, en una "tribuna abierta para quienes piensen el país, un espacio necesario para quienes se propongan discutir ideas admitidas, un ámbito de reflexión sereno y riguroso en la prosecución de soluciones a los problemas nacionales", tal como figura en el prólogo del número 8 (junio de 1986). Sin responder a compromisos partidarios y abiertos al disenso, estos cuadernos abordaron diversos temas entre los que se destacan el análisis del socialismo real, la renovación de la izquierda en el escenario uruguayo y mundial, la defensa de los derechos humanos, la oposición a la Ley de caducidad de la Potestad Punitiva del Estado, la preocupación por el Mercosur, la "unidad latinoamericana", entre otros.[7] También proliferaron otros semanarios –ya un poco antes del fin de la dictadura– con sus suplementos culturales o con noticias culturales, tales

---

[7]   En "De *Marcha* a *Cuadernos de Marcha*. Un proceso ideológico inscripto en el tiempo histórico" (2003), María Angélica Petit lleva a cabo un análisis más completo de esta tercera época de *Cuadernos de Marcha*.

como *Aquí, Las Bases, La Juventud, Búsqueda, Jaque, La Democracia, Brecha, Compañero, El Popular, Alternativa Socialista, Opinión*, así como los suplementos de los principales periódicos como *El Día, El País, El Diario, La Mañana*, entre otros (Migdal, "Formación"; Barros-Lémez).[8]

También podemos leer esta demanda de apertura, multidimensionalidad y heterogeneidad como un nuevo espacio, un nuevo comienzo, que la izquierda uruguaya está diseñando para sí en momentos en que cuestionan y revisan una tradición en la que ya no se reconocen. La colección de Trilce se convierte en un verdadero laboratorio de lo que vendrá. Resulta interesante que el volumen que inaugura la serie *Desafíos* sea *La crisis del socialismo de estado y más allá* (1991), donde Rodrigo Arocena explora un nuevo horizonte para la izquierda, interrogando el futuro de la izquierda uruguaya pero no reponiendo posiciones de la ortodoxia marxista o del pasado de la izquierda revolucionaria uruguaya o latinoamericana sino redefiniendo sus rumbos desde un escenario intelectual marcado por la autocrítica de la izquierda, las posiciones del posmarxismo, la pluralidad democrática y las necesidades de las llamadas sociedades posindustriales.

En este horizonte de la posdictadura uruguaya, Arocena se pregunta "¿La propuesta socialista tiene hoy vigencia?" (14). Cuando muchos piensan que el socialismo ha muerto o que la izquierda ya no está de moda o que no da respuestas a las demandas de una nueva sociedad (tal como argumentó Touraine en *L'après socialisme* [1980]), Arocena revisa y traza los posibles rumbos de la izquierda en Uruguay considerando tanto el fin del "socialismo real" como el advenimiento de una sociedad llamada alternativamente "posindustrial", "tecnocrática" o "programada", sopesando la escasa viabilidad del socialismo insurreccional triunfante en la Revolución cubana del 59 y su necesaria reformulación de cara al siglo XXI. Si un gran ciclo del socialismo llega a su fin, éste debe repensar sus

---

[8] Por su parte, Roxana Patiño aborda un considerable *corpus* de revistas del "periodismo cultural y literario" argentino a través de las cuales los intelectuales en transición formularon sus debates, y José Luis de Diego analiza el campo intelectual de la posdictadura argentina repasando varios debates en diversas publicaciones periódicas; a su vez, Ana del Sarto en *Sospecha y goce: una genealogía de la crítica cultural en Chile* (2010) explora los avatares de la crítica cultural chilena focalizando en la producción de Nelly Richard y su *Revista de Crítica Cultural*.

fundamentos y propuestas para volver a enfrentar las nuevas formas de la explotación, la desigualdad y la dominación.

Coloca el socialismo en el escenario crítico del fin de siglo, atravesado por el cuestionamiento de las utopías y las meganarrativas (que Jean-François Lyotard encara en *La condición postmoderna* [1979])y por el debilitamiento de las certezas que han caracterizado a la teoría marxista en su pretensión de "conocer la totalidad" –un "pecado de soberbia" que es aquí cuestionado–. En su lugar, reconoce la urgencia de abordar en toda su complejidad y variedad las diversas facetas de lo real en una sociedad que es necesariamente "plural, proteica y multiforme" (28). El advenimiento y la visualización de una sociedad atravesada por la heterogeneidad e irreductible a un relato único pone en crisis el "socialismo monista" que será necesario reactualizar y remplazar por un socialismo basado en una pluralidad de legitimaciones.

No obstante, Arocena se levanta contra la extrema parcelación del conocimiento, contra quienes decretan el fin de la historia, contra el abandono en la búsqueda de utopías, contra el pesimismo posmoderno, contra el realismo político, contra aquellas posiciones radicales; pero no para reponer las viejas certezas, totalidades, paradigmas únicos y utopías megalómanas, sino para auscultar las posibilidades de un posmarxismo que sea a la vez una integración y una superación del viejo marxismo. Asimismo, prefiere una revaloración no utópica de las utopías que proyecte ciertos ideales a partir de una concepción de la realidad "nada rosada" y que combine el pesimismo de la inteligencia con el optimismo de la voluntad.

Recuperando las propuestas de Ernesto Laclau y Chantal Mouffe sobre el posmarxismo (en *Hegemony and Socialist Strategy* [1985]) para rearticularlas en el contexto de la apertura democrática en Uruguay, el autor ofrece la sustitución de un socialismo revolucionario e insurreccional por un "socialismo democrático"; el relevo de la lucha de clases como eje del antagonismo social para focalizar en la democracia y el pluralismo que permitan la expresión de todos los antagonismos; el abandono del "socialismo de estado" que suponía la toma de poder por parte del proletariado a favor de un "socialismo de sociedad" en el cual los sectores marginales (las "voluntades colectivas" diversificadas) puedan articular estrategias en el interior de un poder deslocalizado y plural (que ya no es más visto como central y único) que circula en redes y permite combinar una multiplicidad de lógicas sociales y diversas formas de militancia social.

Enrique Rubio y Marcelo Pereira, en *Utopía y estrategia: democracia y socialismo* (1994), registran rumbos similares cuando, ante el shock ideológico y el impacto de los derrumbes del socialismo, proponen: una reconstrucción del socialismo que contemple el nuevo paradigma productivo basado en el dominio de la información, la transnacionalización de la economía, la diversificación de las luchas emancipatorias; el reconocimiento de la incertidumbre y la ambigüedad como condiciones del saber y de la praxis política sin caer en la disolución posmoderna de la historia; el establecimiento de una complementariedad entre el Estado y el mercado; la ruptura con la matriz mesiánica y vanguardista tradicional, y la inscripción en los marcos de la democracia con sus formas partidarias atentas a un nuevo perfil del militante político.

De este modo, en ambos textos se advierte un "giro" y un "desarme" que atañe al abandono del modelo de la izquierda latinoamericana revolucionaria y armada por una izquierda democrática, y que critica y desplaza los fundamentos ideológicos y los relatos redentoristas que sostenían y conducían aquel modelo. En los inicios de los años 90, varios insisten en la importancia de la incorporación de esta izquierda política como actor garante del pacto político fundante, quebrando el bipartidismo que caracterizó buena parte de la historia uruguaya del siglo XX (Caetano, "Notas").

Pero no sólo estaba en juego pensar el futuro de la izquierda uruguaya en la esfera política de la transición democrática, sino que además se estaba redefiniendo el estatuto del intelectual de izquierda en un momento en que, tal como lo explicó el mismo Pablo Harari, debían enfrentarse a "*cambios radicales* y *cuestionamientos profundos* a nivel local pero también a *nivel mundial*" (Harari 5).

Para esta movida intelectual fue necesaria, entonces, una nueva biblioteca –para decirlo con palabras de Hugo Achugar, quien acuñó el sintagma de la "biblioteca en ruinas"–, lo que suponía también renovados vínculos con las propuestas teóricas que provenían no sólo de América Latina sino además de otras latitudes. Mientras en los años sesenta, los intelectuales incorporaron los paradigmas del desarrollismo, del estructuralismo y del dependentismo, en cambio esta promoción incorporó al debate local los paradigmas del posmarxismo, de la posmodernidad, y del posestructuralismo para explorar la coyuntura de la posdictadura en un clima definitivamente capitaneado por los "pos", una inflación de los *pos* que inundó los discursos.

Se trata, en gran medida, de interrogar la experiencia de las recientes dictaduras en el Cono Sur a partir de las reflexiones provenientes de diversos *pos* y que, a su vez, ya han sido relocalizadas desde la tradición del pensamiento latinoamericano en ciertos enclaves. Se recuperó, en especial, el aporte de la *posmodernidad*, que ingresó con la apertura democrática en el Cono Sur en tanto paradigma capaz de ofrecer categorías útiles para pensar los pasados autoritarismos.

Uno de los estantes de esta renovada biblioteca fue, entonces, ocupado por los debates que se gestaron hacia fines de los años ochenta e inicios de los noventa en torno a la *posmodernidad* en ciertos pensadores latinoamericanos. La recepción y resemantización de estas ideas en diversas disciplinas sirvió para volver a revisar ciertas marcas características de América Latina. Fue el impulso "deconstructivo y antievolucionista" de la posmodernidad el volante que condujo a la percepción y desarme de la unidad monológica de las prácticas culturales autoritarias, y al reconocimiento de la variedad barrocamente inestable que se ocultaba por debajo, de una "heterogeneidad multitemporal" (García Canclini, *Culturas híbridas*).

Un sinfín de cuestiones fueron puestas en el tapete desde la perspectiva brindada por la posmodernidad en América Latina –que en ocasiones se han banalizado desde cierto cansancio en torno al abuso del término, pero que merecerían un estudio extenso e intenso–. En primer lugar, una revisión del *estatuto de la modernidad* –sus tensiones, contradicciones y desigualdades– en América Latina, nos diría si hemos vivido en sociedades modernas, premodernas o posmodernas *avant la lettre*; si vale la pena continuar el "proyecto incompleto" de la modernidad latinoamericana. Nos daría una pauta de qué significó el carácter periférico, dependiente o pseudo de la modernidad latinoamericana (Brunner, "Tradicionalismo y modernidad") y sobre todo la percepción de que no hay una sino varias y desiguales modernidades en América Latina (García Canclini, *Culturas híbridas*). Todo esto implicó el análisis y conteo no de las características de una sociedad latinoamericana *posmoderna*, sino de una *moderna* con sus hilvanes e hilachas pre y posmodernas.

En segundo lugar, el foco de la posmodernidad permitió volver a iluminar aquellas marcas de lo latinoamericano, en especial el *hibridismo* (García Canclini, *Culturas híbridas*) de su cultura, presente en la actual convivencia entre lo culto, popular y masivo, entre un mercado global y otro local (Martín-Barbero); o los *tiempos mixtos* entre una cultura moderna y otra tradicional (Calderón); o la *Torre de Babel* como producto de aquellos cruces (Brunner, "Notas sobre la posmodernidad"); o las estéticas del *collage*, del pastiche, de la copia, del kitsch, de la parodia (Richard, "Periferias culturales"), que, si siempre han caracterizado a la cultura latinoamericana, ahora lo hacen a tono con las tendencias teóricas del presente. Como sabemos, estas mezclas nacidas al calor de los choques culturales entre los nativos precolombinos, los españoles y los descendientes africanos (y luego la variedad de olas inmigratorias de diversos pueblos) han sido objeto de reflexión por parte de la tradición latinoamericanista bajo las fórmulas de "mezcla", "mestizaje", "sincretismo" (Alejo Carpentier), transculturación (Fernando Ortiz, Ángel Rama), barroco (José Lezama Lima, Alejo Carpentier), y heterogeneidad (Antonio Cornejo Polar), y ahora se renuevan ante el brote de la posmodernidad, haciendo del *hibridismo* la perspectiva favorita para releer sus potencialidades desde la conquista (Lienhard), sus enclaves en el Modernismo literario (Ramos) y sus cruces en las fronteras (García Canclini, *Culturas híbridas*).

Si bien estas dos líneas –modernidad e hibridismo– están presentes en los *desafíos* de los ensayistas uruguayos, la perspectiva que aquí queremos destacar (aunque estrechamente conectada con las anteriores) es aquella que se disparó en la escena posdictatorial[9] y que supuso la apropiación de ciertos núcleos de interés vinculados a las críticas sobre la vigencia de una modernidad que instrumentó las políticas bárbaras del nazismo, el estalinismo y las atrocidades de la Segunda Guerra Mundial, y que ponía en tela de juicio la "razón" moderna (las razones modernas), tal como se perfila en la crítica a los metarrelatos y a la noción de "totalidad" esgrimida por Jean-François Lyotard en *La condición posmoderna* (1987), en la defensa de una "razón comunicativa" en los trabajos de Jürgen Habermas en "Derechos humanos y soberanía popular" (2004) y de Richard Rorty en *Contingenia, ironía y solidaridad* (1991) y *Objetividad, relativismo y verdad* (1991), en las críticas a la razón instrumental por parte de Max Weber, Theodor Adorno, Max Horkheimer y Herbert Marcuse, entre otros.[10] Este debate, que destapa las "dialécticas del iluminismo", que critica los abusos de la razón, los peligros de los grandes discursos y las entrañas del poder que condujeron a las experiencias en Occidente de los

---

[9] Algunos de los trabajos donde es posible leer este debate de la *posmodernidad* efectuado desde América Latina, son los siguientes: (1) un *dossier* sobre posmodernidad en América Latina de la revista *David y Goliath* XVII/52, que contiene entre otros aportes: José J. Brunner, "Notas sobre la posmodernidad y lo moderno en la cultura latinoamericana"; Fernando Calderón, "América Latina: Identidad y tiempos mixtos"; Néstor García Canclini, "¿Un debate entre tradición y posmodernidad? Antropología versus sociología"; Franz Hinkelammert, "Frente a la cultura de la posmodernidad: proyecto político y utopía". (2) varios artículos en la revista *Punto de Vista*, tales como: José J. Brunner, "Entonces ¿existe o no la modernidad en América Latina?" X/31; Néstor García Canclini, "Los estudios culturales de los 80 a los 90: perspectivas antropológicas y sociológicas en América Latina" XIV/40; Norbert Lechner, "Un desencanto llamado posmodernidad" XI/33; Nelly Richard, "Periferias culturales y descentramientos posmodernos, marginalidad latinoamericana y recompaginación de los márgenes" XIV/40; Hector Schmucler, "Los rostros familiares del totalitarismo. Nación, nacionalismo y pluralidad" XI/33. (3) la compilación a cargo de Hermann Herlinghaus, y Monika Walter (eds.) *Posmodernidad en la periferia. Enfoques latinoamericanos de la nueva teoría cultural* (incluye trabajos de Herlinghaus y Walter, J.J. Brunner, Jesús Martín Barbero, N. García Canclini, Carlos Monsiváis, Marilena Chaui, Renato Ortiz, N. Lechner, N. Richard, B. Sarlo y H. Achugar). Y (4) también varios artículos publicados en la *Revista de Crítica Cultural* dirigida por Nelly Richard. No podemos dejar de nombrar al que fue quizás el libro clave del momento: Néstor García Canclini, *Culturas híbridas. Estrategias para entrar y salir de la modernidad*; así como el impacto de: Martín Lienhard, *La voz y su huella*.

[10] Un buen ejemplo de estas perspectivas se advierte en Casullo, *El debate modernidad-posmodernidad*.

totalitarismos de todo signo, es el que se retoma para pensar el despliegue de violencia de las recientes dictaduras –aunque también la coyuntura de la derrota de la izquierda armada latinoamericana– y las posibilidades de la democracia en las transiciones de los países del Cono Sur, para reordenar una democracia que deseaba superar el eterno retorno de los gobiernos militares, y para revisar las prácticas culturales hegemónicas, reductoras y excluyentes en el pasado y en el presente de América Latina.

En este enclave, la posmodernidad resulta más una caja de herramientas crítica y deconstructiva que un conjunto de signos y señas para describir o descifrar la emergencia de una sociedad posmoderna y sus nuevos sujetos, espacios y condiciones. La posdictadura se apropia del *vector antiautoritario* de la posmodernidad: retoma categorías, ideas, tendencias, términos creados al calor de las discusiones sobre la posmodernidad para pensar las herencias de la dictadura en los inicios de las democracias, y los posibles modos de rearticular las democracias latinoamericanas desde parámetros más cercanos al "desencanto" posmoderno (Lechner) y lejos de la disputa entre ideologías fuertes y proyectos mesiánicos –tal como se puede leer en la demanda por "organizar el conflicto" a través de "acuerdos" para evitar la "guerra de todos contra todos" (Brunner, "Notas sobre la posmodernidad" 37); en las críticas a los totalitarismos que ahora examinan "las dictaduras de la Seguridad Nacional en América Latina" (Hinkelammert); en la celebración de la capacidad para "deconstruir" las "pretensiones fundamentalistas del tradicionalismo, el etnicismo y el nacionalismo" y las "derivaciones autoritarias del liberalismo y el socialismo" (García Canclini, *Culturas híbridas* 23); en los "cambios destotalizadores cifrados por la teoría posmoderna" que Nelly Richard resitúa en la "experiencia posdictatorial de los países latinoamericanos" o la simple consideración de la democracia como la política donde las mixturas culturales pueden coexistir sin exclusiones ("Latinoamérica y la posmodernidad" 218). Una ola de deconstrucción y desarme impregna las nuevas tendencias intelectuales y va a modificar tanto el perfil del intelectual como la índole del ensayo.

Si bien es importante la matriz deconstructiva y su vector destotalizador y crítico de las macronarrativas junto con la desarticulación de los binarismos, la puesta en crisis de las verdades y certezas, y la focalización en el carácter ficcional de las identidades y discursos auspiciado por el giro lingüístico, también es posible advertir una tendencia contrapuesta. Desde el otro extremo de los "pos" resulta evidente el regreso de lo "real" y la búsqueda de la "verdad" a la hora de explorar las recientes dictaduras en el Cono Sur. La recolección de testimonios de las víctimas del terror estatal, la implementación de los juicios a los militares que requieren pruebas, la averiguación del destino de los desaparecidos, la búsqueda y reconocimiento de sus cuerpos, e incluso el impulso de revisar las historias nacionales para encontrar los antecedentes de la violencia estatal, todo ello se lleva a cabo apostando a la posibilidad de encontrar la "verdad" y persiguiendo la contundencia de lo "real". Esta tensión paradojal entre dos perspectivas enfrentadas y que colisionan entre sí va a dar lugar a la reformulación de ciertas matrices genéricas como el *ensayo* y la *novela histórica*, que ahora van a cuestionar sus pactos de lectura fundados en la apuesta a una "verdad" última y a una mirada abarcadora y totalizante pero sin abandonar del todo su búsqueda.

Alicia Migdal en "Formación de la opinión cultural" (1991) e "Imágenes simbólicas" (1992) y Roberto de Espada, "La producción cultural urugaya" (1991), señalan el debilitamiento del *ensayo* como género predilecto para indagar los diversos aspectos de la identidad nacional, pero tal vez tendríamos que revisar y afinar un poco más esta percepción ya que se evidencia la caducidad de un tipo de ensayo – aquél que muchos nombran bajo la etiqueta del *ensayo de interpretación nacional*– pero también su vigencia y reformulación desde otros parámetros. Lo que está en juego no sólo concierne al ensayo sino también al rol del intelectual. Migdal observa el proceso de especialización del intelectual, marcando el pasaje desde los aportes analíticos de la crítica cultural de la prensa (en especial *Marcha*, de la década del cincuenta, que exhibía una cultura humanista, general y de amplio espectro) hasta la alta especialización afincada en disciplinas particulares característica de los años ochenta ("Imágenes"). Afirma, incluso, la extinción del "ensayo" y de la "sensibilidad ensayística" entendidos como ese divagar imaginativo, no especializado, autofundado y libérrimo, y su reemplazo en democracia por las órdenes de especialización que no dialogan entre sí ni bajan a un público mayor ("Formación"). En consonancia, Roberto Espada describe el predominio del ensayo de especialistas mientras escasea el ensayo sostenido en el libre juego con las ideas y la imaginación, el ensayo como género *ilimitado* tal como lo entendió Carlos Real de Azúa.

La pérdida de hegemonía del ensayo enunciado desde el espacio de la "cultura", de las "letras", que se abocaba a la tarea de definir los destinos de la Nación, es una percepción compartida por muchos. Beatriz Sarlo en "Intelectuales: ¿escisión o mimesis?" (1985) plantea el desmoronamiento ya no de aquél intelectual clásico sino más específicamente de aquel surgido en los años sesenta. El rol de este intelectual politizado y revolucionario se conformó en torno a la crítica al encierro, a la especialización y a la guetificación académica, junto con la voluntad por articular perspectivas más globales, debates significativos y de interés general para insertarse en una esfera pública que le permitiera dirigirse a un público amplio e intervenir en la política; en la fuerte subordinación de su autonomía a las demandas de la política (signando el fin del intelectual crítico); en el ejercicio analítico de carácter totalizador basado en un único principio explicativo;[11] y en la formulación de una narrativa optimista, utópica, revolucionaria y redentorista. En cambio, en los años ochenta, ese saber totalizante del intelectual politizado de los sesenta se ha derrumbado con el estallido de los sentidos y el deterioro de las certidumbres, con el descentramiento del sujeto y la paulatina visibilidad de sujetos heterogéneos. En esta pérdida de representatividad y de injerencia en la esfera pública y en la arena política, Sarlo alerta –aun cuando aprueba tanto la recuperación de la autonomía crítica del intelectual como el abandono del sentido único– sobre el actual peligro

---

[11] "Filosofías sociales totalizantes, versiones hegelianas del marxismo y del peronismo [...], versiones integristas de la política, el Partido o el Estado, se convirtieron en principios unificadores en nombre de los cuales se pulverizó toda idea de diversidad e, incluso, de coexistencia y conflicto" (3).

de encerrarse en la "plácida comodidad corporativa". De allí que abogue por la articulación de un intelectual atravesado por la compleja tensión entre cultura y política –ni subordinado a la política ni desinteresado de ella–. Ejemplo de ello es su propia práctica en la revista *Punto de Vista* o la de Nelly Richard en la *Revista de Crítica Cultural*.

En "¿Arcaicos o marginales? Situación de los intelectuales en el fin de siglo" (1993), Sarlo profundiza algunas líneas sobre la crisis del intelectual clásico y su mirada "general" al advertir el brote de múltiples sujetos sociales atravesados por una diversidad de sentidos, de nuevas minorías que fragmentan el campo cultural y requieren la agencia de intelectuales más especializados, capaces de representaciones particularistas. Si bien se trata de una mutación inevitable hacia la especialización y acorde a las transformaciones del momento, Sarlo indica el peligro del abandono de los valores éticos y de las ideas globales en la conversión extrema y radical del intelectual en *experto* que sólo se atiene a la racionalidad disciplinar de su particular zona. Si bien la *fragmentación* y la *diferencia* del campo social y cultural vuelven *arcaicos* los modelos del intelectual clásico y del politizado, asentados en una visión homogénea de la sociedad y en un sentido único de los destinos de la Nación, aún es necesario mantener algunos de sus logros como una visión global (que no es lo mismo que total) y los vínculos con las diversas esferas del saber (en especial con los valores éticos). Así propone una solución intermedia, un modelo que procura redefinir el rol del intelectual para reposicionarlo en el nuevo escenario que se abre sin darlo de baja.

Similares parámetros van a regir en gran medida los cambios en el modelo del ensayo, que perderá su óptica totalizante pero no abandonará el interés por explorar los destinos futuros del país –una puesta al día necesaria para reactivar su potencia–. Esto implica un giro y un desafío a la importante tradición uruguaya del ensayo en el siglo XX, que José Enrique Rodó popularizó y expandió hacia América Latina con la publicación de *Ariel* en 1900 y que también fue central en el semanario *Marcha*, una lectura obligada para los intelectuales latinoamericanos. Advertimos en la década de los noventa una notable proliferación de ensayos que exploran las tramas de los relatos nacionales y reactualizan las políticas culturales. Si bien es posible colocar estos ensayos en la línea del ensayo de interpretación nacional y en la tradición uruguaya, se insinúan ciertos cambios que atañen tanto a los modos de producción y circulación como a los protocolos y características del género. La organización de seminarios y coloquios que luego dan lugar a compilaciones pone en práctica el debate, la discusión, el intercambio de ideas por parte de varios participantes, muchos de los cuales no se reconocerían como intelectuales, distanciándose así del modelo tradicional del ensayo de interpretación nacional latinoamericano, aquel que ofició como vehículo privilegiado para hablar sobre la Nación desde la figura del ensayista como un "profeta", un maestro, un vate que viene a "revelar" los "misterios", el "enigma" latinoamericano (o nacional), a iluminar la "teleología" que subyace a los procesos históricos y culturales configurando una única macronarrativa lineal y progresiva (Domingo Faustino Sarmiento, José Martí, José Enrique Rodó, etc.). Esta deconstrucción y desarme de los sentidos monológicos imprime un quiebre en la práctica del ensayo, detiene su continuidad y permite visualizar como un todo el peso y el espesor de su tradición en Uruguay. Al mismo tiempo que se critica y reformula el género, se exhibe su trayectoria, densidad y riqueza. La vasta relectura de este género literario va a poner, entonces, en discusión tanto los saberes e imágenes identitarias como la "forma" y el pacto de lectura que caracterizaron el ensayo uruguayo. Por otro lado, y como luego veremos en la producción de Amir Hamed, la generación joven comienza a escribir, durante los noventa, un ensayo que apuesta a las destrezas de la literatura, al trabajo con la escritura y a la potencia de la imagen, proveniente de la tradición neobarroca fundada por Lezama Lima, como es el caso del mismo Amir Hamed y de Roberto Echavarren, entre otros.

2. El ensayo de la posdictadura uruguaya: revisión de los imaginarios nacionales

La deconstrucción, encarada en este *nuevo ensayo uruguayo*, de los imaginarios nacionales con los cuales se reconocían los uruguayos implicó: un examen crítico de la tradición intelectual y sus modos de imaginar la nación y proyectar su futuro –además de la revisión de la tradición de la izquierda para auscultar las posibilidades de un posmarxismo, como ya esbozamos–; una relectura de la historia uruguaya a fin de desmontar el relato teleológico del progreso y la modernidad, para leer en su lugar las sucesivas dictaduras, genocidios o políticas autoritarias del Estado; y una recuperación de las *alteridades periféricas* como los charrúas y los afro-uruguayos.

Un renovado marco categorial se evidencia en el momento de señalar los parámetros que inciden en el análisis de la identidad y su relación con los imaginarios sociales. Por un lado se arremetió contra toda versión esencialista de la identidad, apuntando al carácter procesual de la misma. Se insiste en la índole de "constructo" e "invención" de todo imaginario, lo que facilita su crítica. En esta línea, los trabajos de Benedict Anderson (*Comunidades imaginadas. Reflexiones sobre el origen y la difusión del nacionalismo*, 1983), Ernst Gellner (*Naciones y nacionalismo* [1983]), Eric Hobsbawm (*Naciones y nacionalismo desde 1780* [1991]), Pierre Nora (*Les Lieux de mémoire* [1984-1992]) y Homi Bhabha (*Nation and Narration* [1990]), entre otros, contribuyeron a poner en foco la dimensión simbólica de la nación. Asimismo, todos parecen coincidir en la conveniencia de postular no *una* identidad nacional, sino muchas y no siempre convergentes: "la posibilidad de una identidad nacional plural, de naturaleza controversial, sometida a una tensión dialéctica muchas veces vigorosa, pero capaz de involucrar [...] a un vasto conjunto de uruguayos" (Caetano, "Notas" 18).

En primer lugar se advierte, entonces, una voluntad por repasar las tradiciones, los aportes de varias generaciones y los imaginarios con los que los uruguayos se identificaron a lo largo de su historia, en especial la "generación del 900", el "imaginario batllista", la "generación del 45", la "conciencia crítica", el "declinio", la "generación del sesenta" y el "imaginario de la dictadura", entre otros. En estas revisiones aparecen nuevas líneas de lectura que reordenan la tradición intelectual uruguaya del siglo XX, anudando vínculos y continuidades allí donde antes se percibían diferencias y saltos, y estableciendo nuevos cortes. En este sentido la dictadura aparece como el *corte decisivo*, y los noventa de la redemocratización se ofrecen como un punto de mira, una atalaya, para revisar un pasado que se vuelve objeto de análisis e inspección. Parece necesario reordenar la tradición intelectual para pensar el presente de la democracia e imaginar el futuro, pero también para comprender la historia reciente de autoritarismo y violencia.

El imaginario batllista

El denominado imaginario batllista aparece como uno de los principales focos de atención. A fines del siglo XIX comenzaron a perfilarse los rasgos que serían característicos del Uruguay moderno y que expresarían su "excepcionalidad" en el contexto de los países de América Latina. El impacto modernizador impulsado por los países centrales colocó a Uruguay ante un rápido proceso de transformaciones y puestas al día, mientras el aluvión inmigratorio y el crecimiento demográfico reconfiguraron la nueva sociedad emergente. Ante estos desafíos se proyectó una idea de nación que perfilaba uno de los modelos paradigmáticos de la identidad uruguaya. Los gobiernos de José Batlle y Ordóñez (que abarcaron dos períodos, de 1903-1907 y de 1911-1915, y dieron lugar al vocablo *batllismo*) protagonizaron este proceso identificatorio bajo los siguientes términos: la definición de un nuevo modelo integrador ante la inmigración europea, el "crisol de razas", que procuraba diluir las diferencias culturales a través, fundamentalmente, de la educación, la unidad lingüística y la participación política; una profunda transformación de las estructuras políticas con la renovación del Estado, la formación del sistema partidario moderno y el desenvolvimiento de una cultura democrática; la reivindicación del reformismo frente a la conservación o la revolución; un marco nacional de desarrollo; y la emergencia de un nuevo orden social con primacía de la clase media. Se creaban así condiciones para establecer una identificación de la nación con la comunidad política, que se expresaba en un Estado representativo de la sociedad civil. Estos procesos fueron conformando un imaginario optimista anclado en las ideas de progreso, la marcha victoriosa del país y el desenvolvimiento de su riqueza; en la importancia de las instituciones democráticas y liberales que celebraban un legalismo sin par en estas comarcas; en la peculiaridad del Uruguay, que lo diferenciaba de los conflictos de América Latina ya que carecía de un fuerte legado colonial y de una cultura indígena o negra capaz de "oponer resistencias" a la civilización. Ello propiciaba su "cosmopolitismo" y lo acercaba a la cultura europea.[12] Como resultado se exaltaba el carácter homogéneo de su población, lo que facilitaba la integración social. En síntesis, este relato asentado en las figuras de la mesocracia, el cosmopolitismo europeizante, el culto a la ley, el aura cultural de la ciudadanía y la homogeneidad étnico-consensual venía a diseñar la "excepcionalidad" uruguaya –carente de las "barbaries" latinoamericanas–, y colocaba en los gobiernos de José Batlle y Ordóñez la "edad de oro".

La profundidad, la penetración y el largo alcance de este imaginario batllista[13] lo convirtieron en una suerte de religión laica, de mitología, que coloca en su centro no la divinidad sino la ley y que establece un contrato entre los ciudadanos y el Estado basado en la fe (Perelli y Rial, *De mitos y memorias* 9-14). Para Juan Rial, el imaginario en torno al "Uruguay feliz", a la "Suiza de América" se caracteriza por cuatro mitos. El mito de la *medianía* da cuenta del amplio predominio de la clase media en la sociedad uruguaya, surgido a partir de un Estado asistencial que protegió a las clases subalternas. La *diferenciación* se asienta en el carácter europeizado del Uruguay, que lo distingue y lo hace superior al resto de

---

[12] Panizza matiza y complejiza –sin descartarlas– algunas de estas afirmaciones sobre la "europeidad" y la apuesta a la "civilización" por parte del batllismo, al sostener que el mismo Batlle y Ordóñez reinterpreta la dicotomía "civilización y barbarie" del liberalismo oligárquico que colocaba en Europa los principios de la libertad y la civilización mientras los bárbaros remitían tanto a los caudillos rurales y las tribus de la pampa como a cualquier amenaza de participación popular en la vida política. José Batlle y Ordóñez reorienta el sentido de "civilización", considerándola no ya como un artefacto de exclusión de toda forma de participación popular, sino como una vía para dar cabida a las reivindicaciones sociales del pueblo. Asimismo advierte en Europa la presencia de la "barbarie" en la explotación que sojuzga a los trabajadores y los conduce a la lucha de clases, una característica del "viejo mundo" heredada del pasado feudal y monárquico. En cambio, Uruguay, como "país nuevo", puede situarse al margen de esas barbaries provocadas por el capitalismo e implementar una civilización capaz de instituir un orden social justo y libre de la explotación (41-53).

[13] Panizza (1990) extiende el Uruguay batllista –aun con sus discontinuidades– desde el inicio del gobierno de José Batlle y Ordóñez hasta el neobatllismo de Luis Batlle cuyo fin está marcado por la derrota electoral del Partido Colorado en 1958.

los países de América Latina envueltos en constantes guerras, con altos grados de desigualdad, atraso y analfabetismo –aunque también busca diferenciarse de Europa y Estados Unidos–. El *consenso* es la apuesta a la democracia, al Estado de derecho, al orden y a la ley, mientras que el cuarto mito señala la presencia de un país *culturoso* dada la importancia y el éxito de los planes de alfabetización y de los proyectos educativos de corte nivelador e igualador que favorecieron la formación de las clases medias. A su vez, a partir de esta estructura simbólica se crean una serie de *mitos naifs*, entre los que el autor señala: "Como el Uruguay no hay"; el Estado como "Padre"; la leyenda celeste de Artigas que recupera su figura como padre de la patria, entre otros, todo lo cual abría para los ciudadanos "una suerte de utopía del buen orden mediocre". El carnaval, el fútbol y las conmemoraciones constituyen los rituales de esta religión que celebra al país modelo (Perelli y Rial, *De mitos y memorias* 15-37).

Gerardo Caetano en "Identidad nacional e imaginario colectivo en Uruguay: la síntesis perdurable del Centenario" (1992) procura desmontar cierta visión monopólica que sólo reconoce la presencia del batllismo, y por ello introduce otros imaginarios que van a competir con aquel y a complejizar las alternativas identitarias. Centra su análisis en el alternativamente denominado "proyecto integrador", "utopía integradora" o imaginario del "Centenario" desarrollado durante las tres primeras décadas del siglo XX, y que, en definitiva, se corresponde con el llamado por otros "imaginario batllista", término que le resulta insuficiente ya que supone una visión "batllicentrista" que no da completa cuenta de un proceso más complejo que se enriqueció con fuertes herencias y proyectó nuevas síntesis. Este imaginario recoge del siglo anterior –modificándolo– el imaginario nacionalista de la generación de 1880 (Francisco Bauzá, José Zorrilla de San Martín, Eduardo Acevedo Díaz, entre otros) y se articula en torno a las generaciones del 900 y del Centenario, las cuales proponen un proyecto integrador basado en el *crisol de identidades*.

En "Notas para una revisión histórica sobre la 'cuestión nacional' en el Uruguay" (1991), Caetano señala la fuerte imbricación de los procesos de integración ya que estamos frente a una *sociedad aluvional*, lo

El desarme de Calibán

que además tiende a gestar una conciencia nacional *abierta* identificada
con valores más o menos modernos y universales (en desmedro de una
conciencia nacional *cerrada* asentada en caracteres autóctonos y enraizada
en el suelo ancestral).[14] Si bien insiste en apuntar la hegemonía del
imaginario batllista, no obstante establece una pugna entre dos focos
identitarios: la *uruguayidad* (sostenida por el batllismo), que supone una
conciencia nacional de matriz fuertemente cosmopolita, identificada
con valores "universales" y articulada con el *afuera*; y la *orientalidad* que
reivindica una índole telúrica, se afirma en el pasado de la tradición y
marca el límite con el afuera extranjero. La tensión entre lo *uruguayo*
y lo *oriental* va a perdurar con diversos perfiles a lo largo de la historia
nacional. ¿En qué medida este *imaginario dorado* se va a sostener frente a
la reciente experiencia de la dictadura y ante las demandas de una nueva
sociedad? Caetano percibe en el imaginario del Centenario, en esta utopía
igualadora, los "costos" de una integración que terminó condenando
la diferencia, que desconoció las divergencias entre Montevideo y el
Interior, y que tendió a la "uruguayización" de los inmigrantes. Señala,
además, la perduración por décadas de este imaginario del Centenario,
aun cuando sufrió crisis y resignificaciones (la crisis estructural desatada a
mediados de los 50 y la emergencia de un nuevo escenario en los sesenta),
lo que impidió la formación de una renovación durante los casi cuarenta
años de su "declinio". Detecta, sin embargo, que hoy este imaginario se
encuentra agotado y anuncia la necesidad de inventar uno nuevo, que
ha sido largamente postergado.

También Fernando Andacht (*Signos reales del Uruguay imaginario*
[1992]) percibe el agotamiento del imaginario batllista que ha reinado
"durante casi ochenta años" y al cual considera la mayor manifestación
del siglo XX de fe religiosa y devoción laica al mito moderno de la
democracia uruguaya –de allí que llame a su padre y creador, José Batlle
y Ordóñez, el "Mumi" de los uruguayos (es decir, el Gran Jefe de una
tribu)–. Por un lado, Andacht repasa las características de este imaginario

---

[14] Para Caetano, la construcción identitaria nacional se articuló a partir de ciertos ejes: la
búsqueda del origen fundante del Estado-Nación (disputado entre dos fechas) en la *historia*; el
papel configurador del *afuera*; la fuerte impronta de los *partidos* y la *política*, y el interés por la
viabilidad del Uruguay ("Notas").

iluminista, racionalista y austero de la mesocracia uruguaya, definidor del pequeño país modelo, fundador del *Welfare State* que ofrece la bienvenida al banquete del Estado providencialista, que incluye a través de la integración y la homogeneización a las diversas comunidades de inmigrantes, y que ha peleado contra la barbarie que siempre acecha. Por el otro, va describiendo las resquebrajaduras de este imaginario y el avance de nuevas pautas culturales que apenas despuntan en los últimos años, a través del análisis de varios acontecimientos que van desde actos políticos hasta propagandas en televisión.[15]

Si bien Andacht reconoce en los ejemplos analizados la perduración del imaginario batllista, en general sus observaciones descubren aquellos momentos de quiebre en que brotan nuevas conductas no contempladas por el principio mesocrático, aquellos "signos reales" del Uruguay imaginario, como augura el título. Así, tanto la *performance* cómica de Pinchinatti como la presencia de la familia de Lacalle en el living de un programa televisivo introducen el espacio del individuo, el sitio de la intimidad, el ámbito del deseo, la sexualidad, lo femenino, el cuerpo, el placer, el hedonismo, que habían permanecido ausentes en el imaginario sobrio, recatado, masculino y ascético del racionalismo batllista. También la cultura joven, el rap y las risas, la presencia de lo trivial, el dominio de lo *light* y la sintaxis de la videocultura, visibles en la serie *Anímese*, rompen la seriedad y la pesantez de la demanda ideológica y trascendental del universo de Mumi. La propaganda de los Lubricantes Ancap, en la cual un camión sale de los límites fronterizos de Uruguay

---

[15] Desde la perspectiva de la socio-semiótica, Andacht analiza no los grandes acontecimientos de la historia, sino pequeños eventos, en muchos casos *bloopers*, en donde es posible leer subrepticiamente ciertos cambios en las conductas culturales y el cansancio del imaginario batllista. Éstos son: el acto llevado a cabo en el Obelisco de los Constituyentes el 27 de noviembre de 1983 con la voluntad de defender la democracia durante la dictadura bajo la consigna "Un río de libertad"; el entierro en 1989 de Raúl Sendic, el principal líder del MLN-Tupamaros, televisado por el programa *Subrayado*; la *performance* humorística que caricaturiza la figura del candidato político en el Uruguay preelectoral de 1989, por parte del personaje Pinchinatti, que se inicia en el programa de televisión *Decalegrón*; la presencia de Lacalle y su familia en el *talk show* "Hablemos" del canal 10; el reparto de mercadería para conmemorar el Día del Feriante, organizado por la Asociación Nacional de Feriantes el 27 de agosto de 1990, que culminó con una multitud desbordada; y finalmente una serie de avisos publicitarios de Lubricantes Ancap.

(del "pequeño país modelo") para llegar a través de la cordillera a Chile, introduce una doble novedad: celebra las posibilidades comerciales y los desplazamientos territoriales augurados por el Mercosur y elogia las virtudes del empresario y de la eficacia industrial (desplazado en el imaginario estatista del batllismo).

Además, Andacht considera, frente al monopolio del mundo de Mumi, el carácter disidente, el estatuto de "contra imaginario" (la "herejía", el "Otro"), tanto de la experiencia histórica que articuló el grupo guerrillero MLN-Tupamaros, como de la dictadura cívico militar, evidenciando un sentimiento, que domina en varios críticos, respecto a la "extrañeza" de estos eventos ajenos a la tradición democrática del batllismo. También Abril Trigo en *¿Cultura uruguaya o culturas linyeras?* (1997) visualiza no sólo el acaecimiento de una crisis del imaginario batllista en los años cincuenta, sino además la emergencia de dos "contraimaginarios": el socialista-nacional de los años sesenta y el neofascista de los setenta, los cuales recuperaron ideomitos del imaginario fundacional y bárbaro (la orientalidad), que es anterior e impugnador de los saberes del batllismo.

Desde la posdictadura, desde las experiencias de la historia reciente determinadas por el accionar de la guerrilla y por la implantación de la dictadura se va a sopesar el carácter democrático de la sociedad uruguaya, ya sea afirmando la extrañeza, ajenidad o novedad de los tupamaros y de los militares, ya sea buceando antecedentes en la historia del pasado para rectificar la imagen del país modelo. Desde la heterogeneidad negada que expulsa al otro y desde la violencia política –dos instancias de la historia reciente– se pone a prueba el imaginario batllista.

En su gran mayoría, los analistas apuntan su mirada indagatoria hacia el batllismo como si allí estuviera el punto de partida de su ejercicio crítico, el centro de aquello que precisa ser revisado, la matriz primera. Frente al acontecimiento de la violencia dictatorial se derrumba el perfil del país modelo –democrático, civilizado, legalista– pero también se cuestiona la *homogeneidad* de la sociedad que se hizo trizas en los enfrentamientos ideológico-político-bélicos de los setenta (reveladores de una heterogeneidad ideológica) y en la emergencia de tendencias indianistas y africanistas en los noventa (ahora una heterogeneidad étnico-cultural), así como se deconstruye el monopolio del imaginario batllista de la *uruguayidad* de los *civilizados*, ocultador de la *orientalidad* de los *bárbaros*. Junto a ello, el surgimiento de una nueva generación de jóvenes y el despliegue de nuevas tecnologías en el espacio cultural mostrarán la obsolescencia de la racionalidad batllista, en ciertas zonas del espectro cultural. No obstante, desde algunas perspectivas, se sostiene que el Frente Amplio terminó por recuperar algunas zonas del batllismo en clave del siglo XXI.

La generación del 45

La generación del 45, nucleada en torno a la revista *Marcha* (1939-1974), en la cual cobraron protagonismo su director Carlos Quijano y quien estuviera como Secretario de redacción, el escritor Juan Carlos Onetti, será la primera en poner en crisis la imagen del país dorado del batllismo. Junto a la demolición del optimismo batllista, proyectaron un tono pesimista denominado "imaginario crítico" o "imaginario del declinio".

Ángel Rama en "La conciencia crítica (1969) y *La generación crítica* (1972) llama "generación crítica" o "conciencia crítica" a un amplio movimiento cultural que abarca desde 1939 a 1969 e incluye dos promociones intelectuales: la del cuarenta y cinco y la del sesenta. Aun cuando marca diferencias entre ambas promociones, Rama establece cierta continuidad con recambios entre los dos momentos, y entiende como una de sus tareas centrales la crítica al imaginario batllista. La generación del 45 o del 40 (que va de 1939-1955) presencia los primeros signos de la descomposición del liberalismo uruguayo que desembocaron en la crisis económica de 1955 y en el giro político en las elecciones de 1958 con el triunfo del Partido Nacional por sobre el Partido Colorado, que venía gobernando desde hacía 93 años, y que posteriormente condujeron a la percepción de la inviabilidad del proyecto liberal mismo y a la necesidad de un cambio sistémico. El Uruguay del bienestar, del civilismo y de la democracia acuñado por el batllismo comienza a desmoronarse y en su lugar emergen los signos de la crisis económica, de las promesas incumplidas a la hora del reparto, y de la degradación y corrupción política de las instituciones democráticas (dañadas desde el golpe de Terra en 1933).

Esta insatisfacción y desilusión serán las bases de la "conciencia crítica" que abarca un amplio espectro de perspectivas literarias, filosóficas y políticas, y que adopta una posición adversativa para enfrentar a los valores dominantes y oficiales. Es el inicio de la escisión entre los intelectuales y la política de los partidos tradicionales. Contra el intento celebratorio y optimista del batllismo, se eligió el análisis desintegrador, el pesimismo existencialista, el sentimiento de inseguridad y precariedad de la vida, la desconfianza en los proyectos colectivos y la preferencia por el aislamiento individualista. Al idealismo utópico anclado en el futuro se opuso la grisura del presente, tal como se despliega en el universo literario de Juan Carlos Onetti.

Pero además, esta generación del 45 se propuso construir una cultura de corte universal, moderna y urbana (ante el crecimiento de las ciudades, el avance de los medios de comunicación y el vertiginoso desarrollo tecnológico) desde la cual articular las preocupaciones nacionales, distanciándose de las posiciones de un nacionalismo al que consideraban conservador, retrógrado y folclorista. Se inició un gran desarrollo cultural –continuado en la siguiente generación– que incluyó la apertura de editoriales, la fundación de revistas, la promoción del teatro nacional, el extraordinario crecimiento de la prensa, la fundación de instituciones como el Sodre, la Comedia Nacional, la Facultad de Humanidades y Ciencias, el Instituto de Profesores, la creación de bibliotecas, entre otros. Se procuraba elevar la cultura uruguaya al rango de las demandas del mundo contemporáneo. En *La generación crítica* (1972), Rama destaca el *internacionalismo* de la generación del 45: Uruguay se consideraba como un "país europeo dentro de América Latina, democracia política estable, socialmente avanzada; estructura civilista y cultura ampliamente difundida; participación activa en la información mundial; sociedad pequeño burguesa emprendedora e ilustrada; bastante equilibrada distribución de la renta nacional entre los sectores medios" (22). Una continuación, en parte, del batllismo, aunque también reconoce el avance en el campo de la historiografía de un nacionalismo productivo que irá enriqueciéndose con variados aportes.

La *conciencia crítica* postuló una grieta entre pensamiento y acción política, una ruptura con la ortodoxia oficial y sus instituciones –hizo del oficialismo una mala palabra–, y se atrincheró en la autonomía y especificidad del intelectual, una plataforma que le permitía ejercer la crítica sin mancharse en las bajezas de la política. Fueron los "críticos puros" que defendieron una independencia *rabiosa* (dice Rama) de los poderes políticos, de la rectoría espiritual del gobierno, de los intereses económicos y de las posturas dogmáticas, y encumbraron una ética principista frente a la degradación del poder y de la política. Este alejamiento, tanto de las políticas del Estado como de los partidos tradicionales e incluso de los de izquierda, fue considerado como una tercera posición (el denominado "tercerismo"). El tercerismo sostenido por algunos miembros de *Marcha* se caracterizó por su no alineación a los dos bloques (soviético y capitalista) en pugna durante la Guerra Fría a nivel internacional, mientras que a nivel local procuraba una toma de distancia respecto a los partidos; fue un giro de la izquierda uruguaya para diferenciarse del comunismo prosoviético y configurar una izquierda democrática. Contrario a todo totalitarismo político, el tercerismo apostaba a la libertad de espíritu, la democracia con justicia social, el antiimperialismo, el nacionalismo de izquierda y el latinoamericanismo, y se acercaba al socialismo (no el soviético) como alternativa al capitalismo (Gatto 88-123). Esta defensa de la autonomía radical del intelectual, el rechazo a aliarse a las fuerzas políticas que movían y podían transformar la sociedad, la distancia frente a la democracia real y frente al socialismo real, la crítica a la sociedad pero sin colaborar en su transformación, fue objeto de severas críticas (y autocríticas) por parte de la generación del sesenta (la segunda promoción para Ángel Rama) que buscaba una decidida intervención en la política.

¿En qué medida las innovaciones y alcances de esta generación –el pesimismo y el espíritu crítico especialmente– serán rechazados o recuperados por los intelectuales de la posdictadura? Indudablemente el "espíritu crítico" será uno de los vectores que se reactivará para volver a dirigirlo ahora contra otros aspectos del imaginario batllista que aún perduraban en la sociedad uruguaya.

Pero también se percibe cierta similitud entre el clima de desilusión y desencanto frente a los ideales dorados del batllismo que caracterizó a la promoción del 45, y la pérdida del paraíso que ahora en los 90 se focaliza en el desmoronamiento de los ideales revolucionarios de los sesenta. En 1998 Amir Hamed escribió un ensayo –"Adiós, muchachos"– en donde relee, en un cuento de Juan Carlos Onetti, el fin de la épica por parte de la juventud: una metáfora que pone en contacto el clima de desilusión que rodeaba a Onetti a inicios de los años sesenta y el desencanto que percibe Hamed en los noventa. "Jacob y el otro" (el cuento de Onetti publicado en 1960) se centra en el desafío que Jacob van Oppen, un ex campeón mundial de lucha en todos los pesos, ahora en decadencia, viejo, cansado, convertido en un "gigante moribundo" (260) y en una "bestia lenta de dos metros" (260), lanza al mejor postor para batirse en el ring por 500 pesos, luego de su arribo al pueblo de Santa María. Mario, llamado el turco, un joven de veinte años "mucho más bruto, más peligroso" (268), que exhibe una "juventud sin desgaste" (270), acepta finalmente el desafío ante la desesperación del manager de Jacob quien teme la derrota de su protegido. Contra todas las expectativas Jacob vence brutalmente a Mario. En la derrota de Mario, Hamed lee la "caducidad de las épicas" y las "ilusiones perdidas" que aquejan a las generaciones jóvenes en el clima del fin de siglo y que marcan su diferencia con los sesenta:

> Tal vez como ninguna, la obra de Juan Carlos Onetti da cuenta de una tensión: la de la cancelación de este combate, que se promete en cada joven, y que termina casi antes de haber empezado. En su narrativa se percibe la herrumbre del tiempo contenido y no renovable, la caducidad de las épicas, que siempre fueron cosa del pretérito. Muchos de los personajes onettianos creen que se remozan, por un tris, cuando su mirada tropieza con un adolescente o con una muchacha, pero en última instancia, se descubren dándoles una rabiosa bienvenida al varicoso paisaje de las ilusiones perdidas. ("Adios, muchachos" 81)

La generación del sesenta

En *La generación crítica* (1972), Rama aborda la generación del sesenta como la segunda promoción de la *conciencia crítica*, una continuidad con cambios que se inicia con la crisis de 1955 y pervive hasta 1969 con el asalto a la ciudad de Pando por parte del MNL-Tupamaros, a partir del cual comienza otra época.

Frente al internacionalismo dominante de la pasada generación del 45 (aunque ya convivía con una creciente mirada hacia lo nacional), ahora los intelectuales se abren íntegramente a las perspectivas ofrecidas por el nacionalismo, un nacionalismo renovado –superada su tendencia retrógrada, conservadora y folclorizante– que le permite volver a explorar los problemas del Uruguay. Ahora el nacionalismo coloca los estudios históricos al servicio del progreso social, se interesa por los movimientos populares, recorre el interior del país, establece vínculos con el socialismo, instaura lazos con el latinoamericanismo, se vuelve reformista y pone sus ojos en la acción inmediata –luego, con el líder tupamaro Raúl Sendic va a proponer la toma del poder (67)–. También promueve la literatura uruguaya y latinoamericana a través de la fundación de editoriales y de la participación en el *boom* literario que recorrió América Latina en los sesenta.

La generación del sesenta se configura a partir de la penetración de las ideologías socialistas, del impacto de la Revolución cubana, del interés por los problemas de América Latina. Bajo este contexto se promueve una literatura social, una estética del realismo socialista, ciertos géneros como la canción de protesta y la literatura de denuncia. Cambia también el perfil y el rol del intelectual: se abandona la autonomía, la virulencia crítica y el purismo de la primera promoción, ahora reemplazados por una voluntad de participar en la política, de transformar la realidad y de impulsar la revolución. Esta repolitización del intelectual implicó acallar las críticas y las censuras para poder llevar adelante acciones comunes, fortalecer lazos internos, acomodar las diferencias, negociar posiciones, es decir "tragarse el sapo de cada día para poder actuar" (83), para poder finalmente hacer la revolución. Se colocó la acción política por encima del arte, adhiriendo a las doctrinas político-literarias de los países socialistas. El "intelectual comprometido" (aquel que apoyaba los procesos revolucionarios pero resguardaba la autonomía literaria y la facultad crítica) fue paulatinamente sustituido por el "intelectual revolucionario", quien promovía una literatura de acción, un arte de agitación y protesta.

Por momentos ambas generaciones parecen definitivamente tan diferentes que nos preguntamos por el impulso que llevó a Ángel Rama a establecer un encadenamiento entre ambas, tal vez como un modo de establecer él mismo una adhesión con las acciones del MLN-Tupamaros por parte de alguien que provenía de la generación crítica y había colaborado sostenidamente en *Marcha*. Así, Rama parece trocar la ruptura que suponen los sesenta respecto de la conciencia crítica por una continuidad que aceite su propia trayectoria, trazando un itinerario intelectual que enlaza tres momentos: el Uruguay del bienestar, del civilismo y la democracia acuñado por el proyecto batllista (un paraíso ya perdido); la puesta en crisis de ese bienestar –sus promesas incumplidas– a cargo de la función crítica de la generación del 45; y finalmente la conversión de esa crítica en un reclamo a través de la lucha armada y del intento de asalto al poder por el MLN-Tupamaros. Rama escribe *La generación crítica: 1939-1969* en 1971, al calor de la toma de Pando por parte del grupo guerrillero, y muestra cierto acercamiento y sintonía con sus demandas; por ello podemos interpretar el recorrido trazado allí por el crítico uruguayo, que va desde el liberalismo al socialismo, como un intento de reinstalar en una secuencia histórica el activismo tupamaro, de nacionalizar su proyecto, de colocarlo en una línea histórica prestigiosa para garantizar sus reclamos y darle legitimidad. E incluso está dando por finalizada la generación crítica e inaugurando al intelectual revolucionario. Es un ensayo fuerte, jugado, de definiciones y tomas de posición, de rupturas e inicios, de fin y recomienzo, organizado en torno al asalto de Pando como acontecimiento central.

Por su parte, en "El imaginario social uruguayo y la dictadura. Los mitos polítiocs (de-re)construcción" (1986), Rial percibe una continuidad entre el imaginario del país modelo del batllismo y el contraimaginario cultural de los sesenta en la similar proyección utópica. La crisis de los años cincuenta gestó la pérdida de la edad de oro y ello dio lugar a un nuevo intento de reactivar la esperanza a través de una mitología militante y de una versión contracultural que exhibía ciertos corrimientos, cambios y nuevos relatos respecto al modelo anterior: el mesianismo y la salvación de la edad perdida reescriben la utopía de un país ordenado y mediocre; la europeidad y diferencia del Uruguay ahora se quiebra ante la identificación con América Latina, y la pureza viene a sustituir la corrupción que socavó la creencia en la legalidad. Lo que además fue acompañado por una apuesta al socialismo, por una recuperación de la juventud, por la opción de la lucha armada y del rechazo al juego democrático en ciertos sectores. El contraimaginario social de los sesenta no significaría una ruptura con el país modelo del batllismo sino la emergencia de un imaginario en sintonía que busca reparar su quiebre. La ruptura advendrá, en cambio, con la dictadura. Resulta evidente que Juan Rial relee las tradiciones identitarias desde la experiencia de la dictadura entendida como un parteaguas.

Sin embargo, no todos perciben continuidades entre los intelectuales del 45 y los del sesenta como estipula Ángel Rama. Muchos consideran que aquellos intelectuales cada vez más radicales, simpatizantes o miembros del proyecto del MLN-Tupamaros –que van cobrando protagonismo en la escena pública– configuraron una propuesta muy diferente a sus antecesores "críticos", e incluso ajena a la tradición intelectual uruguaya.

La épica tupamara

¿Cómo se considera el accionar, los programas, los ideales, las demandas del grupo guerrillero y sus ideólogos en el contexto de la posdictadura, atravesado por la derrota de la izquierda armada, por la experiencia de la reciente dictadura y por el inicio de la democracia? El MLN-Tupamaros es puesto en foco considerando dos ejes que aquí nos interesan: la legitimidad de la apuesta revolucionaria y del empleo de las armas en la lucha política (la teoría de la "guerra justa") por un lado, y por el otro la continuidad o no con la tradición intelectual y política del Uruguay.

Respecto al primer punto, las perspectivas van desde la defensa y justificación del accionar del grupo hasta las críticas al mismo: la llamada por algunos literatura de las virtudes frente a las posiciones esgrimidas desde una distancia crítica (Gatto). En *La izquierda armada* (2001), Clara Aldrighi, quien perteneció al grupo armado, se sitúa en la literatura de las virtudes, mientras Hebert Gatto emprende una crítica y deconstrucción de las propuestas de los tupamaros en *El ciclo por asalto* (2004). Pero entre ambos polos también hay otros enfoques y otras preguntas.

La primera cuestión que salta es la justeza misma del derecho a levantarse en armas por parte del MLN-Tupamaros, es decir el derecho a la rebelión que todo pueblo tiene frente a un gobierno opresivo (*jus ad bellum*). Aldrighi recoloca la emergencia del grupo guerrillero a partir de un complejo contexto nacional, latinoamericano e internacional que permitiría explicarlo y justificarlo. A nivel local, la crisis económica y productiva de 1955 se había ido ahondando hasta desembocar en protestas por parte de los sindicatos obreros y de los estudiantes que inundaron las calles creando un clima de insatisfacción. La inmovilidad de los partidos políticos y el descrédito de las instituciones democráticas (y del capitalismo) para solucionar esta crisis, para garantizar el bienestar material, la estabilidad política y la paz, y finalmente la escalada autoritaria del gobierno crearon un contexto propicio para las propuestas revolucionarias. El impacto de la Revolución cubana en el resto de los países latinoamericanos y la prédica de los intelectuales de izquierda cada vez más radicalizados en su defensa de la lucha armada –en el contexto de la Guerra Fría– fueron armando, a su vez, un terreno favorable para la formación de grupos guerrilleros.

Hebert Gatto, en cambio, lleva a cabo una vasta deconstrucción del MLN-Tupamaros que abarca la ideología, el programa, las prácticas y los imaginarios. En primer lugar pone en tela de juicio la necesidad política, social y ética –la justeza misma (*jus ad bellum*)– de la revolución y de la lucha armada empuñada por los tupamaros en medio de un régimen republicano y democrático de gobierno, lo que implicó la devaluación de las instituciones democráticas y el descrédito de la política. Se pregunta cómo se explica que el Uruguay, ejemplo –aunque maltrecho– de democracia del continente, viera nacer primero la lucha armada y luego la dictadura. La propuesta de los tupamaros no respondía a las necesidades del Uruguay ni el país ofrecía las condiciones que una acción revolucionaria precisaba: no se anclaba en el país real dado el arraigo de la tradición democrática del pueblo oriental. Los guerrilleros tenían una distorsión de la realidad debida en gran medida a la hegemonía de la teoría de la dependencia en América Latina, que sostenía la inviabilidad del capitalismo y la democracia en países dependientes de las economías centrales. Incluso en su conferencia en Uruguay en 1961, el Che Guevara reconoce el peso de la democracia en Uruguay que posibilita una vía pacífica de lucha y progreso (Gatto 163). Gatto termina afirmando: "Lo que sin embargo sorprende no es que en Uruguay faltaran algunas de las condiciones para la revolución; lo que causa estupor es que faltaran todas, excepto una: la referida a la radicalización de los intelectuales" (150). Aquí una de las claves del debate se encuentra en la diferente evaluación respecto al estatuto de la democracia uruguaya: mientras para Aldrighi y para los tupamaros era una máscara que ocultaba un pesado sistema de dominio y opresión, para Gatto aún era una alternativa política viable. Así la perspectiva que el MLN tenía de Uruguay habría sido extremadamente negativa y distorsionada: "El MLN [...] no podía ignorar que el país no era el emporio de la explotación económica más desembozada, la dependencia imperialista más cruda ni la opresión política más abierta y declarada"(174).[16]

---

[16] Véase la siguiente cita: "Se describía al país regodeándose en lo malo –que lo había– pero olvidando al mismo tiempo lo no tan malo: sus extendidas clases medias, las coberturas de salud, la jubilación temprana, la educación gratuita otorgada por el estado, y hasta la casa en la ciudad y en la playa, languideciente préstamo estatal mediante, para muchos funcionarios públicos [...] ¿verdaderamente se trataba –como argumentaban– de una sociedad condenada, sin retorno ni posibilidad de mejora? ¿Todo era realmente tan irrecuperable como sin matices ni inflexiones buscaban exhibir los documentos de la Organización? ¿Era la suya la única y desesperada alternativa frente al sufrimiento que el Uruguay dispensaba a sus desgraciados habitantes?" (172).

Respecto a la "crítica de las armas" (*jus* in *bellum*) la discusión opone dos argumentos: o bien se trata de una "violencia defensiva" que el MLN-Tupamaros empleó frente a lo que consideraba un sistema de explotación y que se activó luego de la represión por parte del Estado (Aldrighi), o bien la violencia era "consustancial" al proyecto de los tupamaros –y previa a la escalada represiva del Estado uruguayo– ya que era necesario un enfrentamiento armado para la profunda transformación social que la revolución suponía (Gatto).

Ambos estudiosos coinciden, sin embargo, en una característica que permeaba el contexto del momento: la imposibilidad del "diálogo" cuya oclusión cerraba las puertas a la política. No era sólo el descrédito de la democracia como espacio de la política sino también la imposibilidad del diálogo en un contexto local e internacional –la coyuntura de la Guerra Fría– de enfrentamiento radical y de polarización política que reconocía como protagonistas a la izquierda armada y a los sectores más reaccionarios de las Fuerzas Armadas. El diálogo culmina por ser demonizado y es sustituido por la retórica del "enemigo": por un lado, los tupamaros constituían el "enemigo interno" para los sectores militares de derecha, el "extranjero" que no representaba los valores nacionales, un cuerpo extraño que debía extirparse, un sujeto al margen de la ley que había que combatir con las armas del Terrorismo de Estado; por el otro, los tupamaros en su lucha por instaurar la revolución no apelaban a la negociación como práctica política ni como vía hacia la toma del poder (Aldrighi 42-43, 102-03). Cosse y Markarian analizan las políticas de la memoria ejercidas por la dictadura en torno al "Año de la Orientalidad" (1975), a través de decretos e imposiciones, sin previa consulta a la ciudadanía ni a sus representantes, sin dar lugar a la discusión, sin permitir el intercambio historiográfico, acallando las voces adversas, como una "clausura del debate"(14).

No obstante, hubo algunos signos de acercamiento a la política en 1971, cuando se creó el Movimiento de Independientes 26 de marzo como un grupo legal y un brazo político dentro del MLN-Tupamaros para participar en las elecciones presidenciales de ese año, integrándose a la recientemente creada coalición de izquierdas del Frente Amplio. Pero luego vino la derrota del MLN en 1972 –y el exilio de varios militantes–, que volvía a poner en escena la preponderancia del sector militar por sobre el político en el interior del grupo guerrillero. Finalmente aconteció la división de 1974, a través de la cual se separa el sector que buscaba la vía política dejando de lado la lucha armada. Será recién en 1989, cuando se inicia la democracia, que el MLN se integra al Frente Amplio.[17]

Respecto a la segunda cuestión, es decir la continuidad o no con la tradición intelectual y política uruguaya, las posiciones divergen entre quienes perciben una prolongación y quienes ven una ruptura –considerada ésta positivamente como "novedad" (Aldrighi) o negativamente como "ajenidad" (Gatto)–, aunque muchos alternan entre una y otra. Para Gatto, la lucha armada de los tupamaros significa un desvío de la historia y de la tradición cultural uruguaya sostenida en los valores de la democracia y en el respeto a la ley, implica una separación de la "Suiza de América". Pero, al mismo tiempo, el empleo de la violencia y el levantamiento en armas contra gobiernos autoritarios es visto como una herencia de la tradición "púrpura" de las revoluciones liberales, de la voluntad política de los uruguayos de combatir todo despotismo y sometimiento, que se extiende a lo largo de su historia desde las guerras de independencia (Aldrighi 76-80, 88-89). Los mismos miembros del MLN-Tupamaros apelaban a las revoluciones y guerras civiles uruguayas como ejemplo de la constante rebeldía contra la tiranía, de la justicia social contra la opresión. Carlos Quijano, en un texto publicado a raíz de la toma de Pando bajo el título de "La tierra púrpura" (1969), reconocía en la insurgencia del MLN toda una tradición histórica de revueltas, levantamientos y actos revolucionarios: la "revolución inconclusa", que venía desarrollándose desde Artigas, las guerras civiles del siglo

---

[17] Faltaría explorar la cuestión de la "autocrítica" del MLN-Tupamaros, que desató algunas controversias ya que varias perspectivas señalan la falta de una autocrítica profunda de la experiencia de la lucha armada de los años sesenta por parte del grupo guerrillero. Cfr. Kimal Amir; Yaffe, entre otros. Para el caso argentino, Patiño señala la importancia del debate sobre la "derrota" de la izquierda revolucionaria (emprendida en especial por la revista *Controversia* publicada en el exilio mexicano) como punto de partida fundamental para el giro político-cultural de los intelectuales de la transición ("Intelectuales en transición").

XIX, la gesta de Aparicio Saravia, el alzamiento de 1935, entre otros acontecimientos, podía ahora finalmente alcanzar su objetivo.[18]

En realidad, a la hora de explicar la novedad de los tupamaros se cruzan dos tradiciones y dos imaginarios opuestos aunque igualmente válidos: el de los levantamientos, revueltas y revoluciones (la tierra púrpura) que se corresponde con la "orientalidad" de los "bárbaros", y el del legalismo, la democracia y el republicanismo (la Suiza de América) que se vincula a la "uruguayidad" del batllismo.

El imaginario desplegado por el MLN-Tupamaros se articuló más con la orientalidad que con la uruguayidad.[19] Si bien comparte el perfil del guerrillero latinoamericano con su apuesta a la revolución, la entrega a la militancia, el sacrificio por la patria –a lo que se añade cierta particularidad en cuanto a la elegancia de sus "aventuras" y al uso no indiscriminado de la violencia–, en la figura del tupamaro hay una recuperación de lo *oriental* desde un nacionalismo de izquierda que privilegia lo local, el interior empobrecido y rural en oposición a la oligarquía portuaria, las urbes modernizadores y lo extranjero. Se trata del rescate de la barbarie frente a la civilización, de la recuperación de Artigas y sus tupamaros.

En esta línea, se configuró una narración épica en torno a una gesta revolucionaria y justiciera contra el enemigo de la clase dominante que explotaba la nación. Aunque también se incluía el humor como, por ejemplo, aconteció en la toma de Pando en 1969, un acontecimiento clave en la saga tupamara, cuya llegada a la ciudad se hizo acompañando un cortejo fúnebre. Gatto se ocupa de desmontar y deconstruir esta macronarrativa que emplea una trama del tipo "romance" –en términos de la clasificación que hace Hayden White– a través de la cual el héroe

---

[18] Aunque, por otra parte, el accionar del MLN significaba una ruptura respecto de la tradición legalista y reformista de la izquierda uruguaya (Aldrighi 92-96).

[19] Como señala Francisco Panizza, es necesario advertir que la *orientalidad* fue recuperada tanto desde la izquierda como desde la derecha, como muestra el despliegue que el sector del herrerismo llevó acabo desde el triunfo del Partido Nacional en 1958 (104). De hecho, agregamos, también la *orientalidad* fue reinstaurada por la dictadura, como luego veremos.

logra la victoria de la virtud sobre el vicio, la luz sobre las tinieblas. El grupo guerrillero sería el vector de la liberación nacional en un contexto de enfrentamiento entre el bien y el mal (Gatto 361-90). En la vasta operación deconstructiva de las macronarrativas que se lleva a cabo en la posdictadura, también le llega su turno a la narración épica de los tupamaros.

Si Gatto, desde la propuesta de una izquierda uruguaya democrática y reformista, lleva a cabo una deconstrucción profunda y abarcadora, en Aldrighi, más allá de su pertenencia a *la literatura de las virtudes*, no hay una recuperación de la lucha armada como una posibilidad vigente para el momento actual. Su perspectiva se sostiene desde un presente en el que reconoce los nuevos valores de la democracia, la política, el diálogo, y su análisis se centra en una operación de contextualización esgrimida para comprender y explicar la emergencia de los tupamaros. A pesar de sus notables divergencias, ambos hablan desde el "giro democrático" y apuestan a la viabilidad de una izquierda democrática, descartando la vía de las armas.

El decurso posterior de cierta zona importante de la izquierda en la constitución del Frente Amplio en 1971 configuraría otra instancia en que las marcas y los imaginarios identitarios dan un giro notable a partir de la apertura democrática (el MNN-Tupamaros se integró en 1985 a la vida legal, renunciando a la lucha armada, y se sumó al Frente Amplio en 1989). Jaime Yaffe, en "Memoria y olvidos en la relación de la izquierda con el pasado reciente" (2004), explora la fragua de un relato identitario, de una tradición inventada, que realizó este partido a inicios de la democracia, en la cual ingresaron diversos elementos (tanto como se "olvidaron" otros). La resistencia a la dictadura y la lucha contra el autoritarismo configuraron el momento fundante, el núcleo más significativo del relato frenteamplista en un tramo de su historia signado por la persecución, la prisión, el exilio, la clandestinidad, la tortura, la desaparición y la muerte; y desde allí se construye una épica heroica y una mística. En este sentido la epopeya de la historia reciente ocupa para el Frente Amplio un lugar equivalente al que en otro tiempo supieron ocupar algunas tradiciones de revueltas, levantamientos y motines para blancos y colorados. Asimismo, recuperando también elementos de las tradiciones de blancos y colorados, el Frente Amplio se colocó como una síntesis de las mejores tradiciones nacionales, definiendo su tarea histórica en términos de la realización de los grandes proyectos frustrados de transformación del país –como la revolución artiguista– y aunando una dimensión revolucionaria con el acatamiento de las normas democráticas. Yaffe detecta ciertos bloqueos en la construcción de la memoria frenteamplista debido en gran medida a la necesidad de reacomodar la tradición *revolucionaria* de los setenta a las demandas del nuevo contexto democrático: de allí el "olvido" de las posturas antidemocráticas (la democracia era "liberal", "burguesa" y "capitalista") en el pasado, y la ausencia de una política fuerte de reclamo en torno a las violaciones de los derechos humanos para no malquistarse con las Fuerzas Armadas en el nuevo juego político que la democracia había instaurado.

El imaginario de la dictadura

Vamos a interrogar el acontecimiento de la dictadura desde dos preguntas: por un lado, ¿cuáles fueron los imaginarios que desplegó a lo largo de su trayecto?; y por el otro, ¿cómo se evaluó la historia reciente desde el campo intelectual de la democracia?; y en especial; ¿qué efectos provocó la experiencia de la dictadura en la tradición uruguaya de los imaginarios identitarios?

Las operaciones de la dictadura en el campo cultural, en la esfera pública y en el escenario de los imaginarios pueden vertebrarse en, fundamentalmente, dos políticas que atravesaron la sociedad: la "cultura del miedo" y la "refundación de una cultura nacional". Dos estrategias que se oponen pero también se complementan en el doble intento de controlar a la ciudadanía –siguiendo la letra de la Doctrina de Seguridad Nacional– pero también de rediseñar los imaginarios identitarios en el contexto de la Guerra Fría, vencer en la trinchera de las ideas desbancando la fuerte tradición cultural de la izquierda uruguaya para sustituirla por otro relato fundacional bajo el nombre del "Nuevo Uruguay".

A fin de ubicar temporalmente las intervenciones culturales, resulta indispensable señalar los principales períodos en que suele dividirse la dictadura. Gerardo Caetano y José Rilla, en *Breve historia de la dictadura (1973-1985)* (1987), recuperando la propuesta de Luis E. González (1985), distinguen tres etapas: la dictadura *comisarial* (de 1973 a 1976), donde se instrumentaron los mecanismos represivos (incluyendo el "apagón cultural" a través del despliegue de medidas tendientes al control, a la persecución, al cierre y a la intervención de diversos enclaves culturales) con el fin de "poner la casa en orden" para luego construir una vida política saneada y regresar a la democracia; el *ensayo fundacional* (de 1976 a 1980), marcado por un cambio cualitativo del régimen autoritario, ya que los militares van más allá de su rol "militar" para fraguar el "ensayo fundacional" (no llega a ser un proyecto completo) de un nuevo orden político a través de la reforma de la Constitución y del despliegue de una cultura "oriental" en actos conmemorativos y en festividades. Finalmente, la etapa de la *transición* (de 1980 a 1985) se inicia con el plebiscito de 1980, perdido por el régimen militar, en torno a la reforma constitucional, que cierra la posibilidad de una continuidad de la dictadura para comenzar a abrir los caminos hacia la democracia.

Juan Rial (*De mitos y memorias políticas* 39-69) explora el pasaje y transformación desde el Estado asistencial, benefactor y proveedor acuñado en las presidencias de Batlle y Ordóñez hasta el Estado paternal, popular, autoritario y represivo que se fue configurando paulatinamente desde la crisis del 55 hasta su instalación definitiva con el gobierno de facto de 1973. La política represiva de la dictadura se canalizó a través de la "cultura del miedo" que implicó una serie de medidas y cambios en diversos órdenes e instancias, desde leyes hasta hábitos iniciados en los gobiernos previos al golpe. Las leyes, decretos y medidas permitieron el arresto de personas y los registros domiciliarios sin autorización judicial previa; sancionaron la figura jurídica del "estado de guerra interna" (1972) que suponía reconocer la existencia de una suerte de guerra civil; implantaron la justicia militar en casos de "sedición"; suspendieron las garantías individuales; aprobaron, entre otras, la Ley de Orden Público de Seguridad del Estado (1972), que proporcionó la base jurídica para combatir a los grupos "subversivos"; disolvieron el Parlamento (1973); reglamentaron el movimiento sindical e intervinieron a la Universidad. La prensa y las comunicaciones (las cadenas de radio y televisión de la hora 20) manejadas por las Fuerzas Armadas emplearon la propaganda persecutoria para crear un clima de miedo. Las instituciones carcelarias, en especial el llamado "Penal Libertad", se adaptaron como lugares de detención para los procesados, imputados y condenados por actividades subversivas, y asimismo se creó el Penal Nº 2 destinado a las detenidas mujeres. La tarea primordial de las cárceles era destrozar al prisionero en tanto individuo, desconectarlo de su entorno y volverlo "loco", someterlo física y psicológicamente a través de un régimen de control y torturas, pero también mostrar ejemplarmente esos castigos a la sociedad para atemorizarla.

Fueron tres los comportamientos de la población ante esta "cultura del miedo": el *silencio* impulsado tanto por la censura como por la autocensura (el "no te metas" o "yo no tuve nada que ver con eso"); el *aislamiento* en el resguardo del ámbito privado que también restringía la sociabilidad buscando disminuir la solidaridad y despolitizar la vida pública en un tipo de "autismo social"; y finalmente la *desesperanza* que generaba la parálisis social y política de la población, que se encontraba sometida a sistemas de censura, control, vigilancia, castigo, despolitización, desmovilización y miedo (Perelli y Rial, *De mitos y memorias políticas* 39-69). El miedo perduró, en parte, durante los primeros años de la democracia en la figura del "cuco verde" ya que, como sabemos, el inicio de la transición uruguaya se efectuó pactando con las Fuerzas Armadas, y no desde la derrota de éstas como aconteció en Argentina (Sosnowski 267).

Esta "cultura del miedo" generó una abolición del tiempo en tanto devenir, una amputación del futuro que se sustituye por un regreso al pasado, y una puesta entre paréntesis del presente –ahora cerrado en sí mismo bajo la vigilancia del Estado dictatorial que impone la censura, genera la autocensura y quiebra las solidaridades intrageneracionales–. Implicó también un cierre de la esfera pública y una consiguiente privatización de la vida de los ciudadanos, lo que Diego Pérez Pintos denomina un "inxilio", que dará lugar, según Rial, a diversas salidas identitarias por parte de algunos sectores sociales: la conducta social asumida por la generación de los adultos es el *autismo social* con su repliegue hacia la vida familiar y el espacio privado; los adolescentes – rebeldes en el período precedente– aparecen siempre sospechados ante los ojos militares de ser "subversivos", y se convierten en *marranos* ya que exhiben un acatamiento externo a las normas impuestas pero practican en secreto rituales prohibidos como la militancia clandestina; finalmente, la tercera generación de los más jóvenes, atrapados en la disociación entre las prácticas de silenciamiento impuesto por la dictadura y las místicas contraideologías aprendidas en el hogar, serán los *dionisíacos*, es decir quienes protagonizarán la emergencia de formas de resistencia subterránea como por ejemplo la asistencia a festivales de "canto popular", las protestas contra el control del uniforme escolar y la movilización de la Semana del Estudiante, todo lo cual dará lugar al inicio del fin de la cultura del miedo (Perelli y Rial 87-116). Las políticas de control, vigilancia, cierre de instituciones culturales, persecución de artistas y variadas prohibiciones en diversas instancias por parte del Estado autoritario provocaron el "apagón cultural" pero también dieron lugar al despliegue de diversas manifestaciones artísticas y literarias implementadoras de particulares estrategias tendientes a sortear la censura.[20]

Álvaro Rico prefiere hablar de la cultura del "terror" en "Sobre el autoritarismo y el golpe de Estado. La dictadura y el dictador" (2009). Explora allí las particularidades de la dictadura uruguaya,[21] situándola

---

[20] Son muchos los críticos que abordan las transformaciones y corrimientos del campo literario durante la dictadura. En el volumen compilado por Saúl Sosnowski (1987), que recoge algunos de los trabajos presentados en la Conferencia de Maryland, se exploran tres núcleos de la producción literaria durante la dictadura: la literatura del exilio, la literatura carcelaria y la "narrativa de la imaginación", surgidas en el contexto del "apagón cultural", de la "cultura empobrecida". Por su parte, Mabel Moraña en *Memorias de la generación fantasma* (1988) sugiere la necesidad de redefinir los parámetros de la teoría y crítica literarias –considerando el impacto de la censura y la autocensura, atendiendo a la tensión entre el discurso hegemónico y la cultura de la resistencia, redefiniendo el territorio nacional para incluir a las producciones en el exilio, etc.– a fin de comprender las peculiares producciones culturales y literarias sometidas a un régimen autoritario.

[21] En un interesante recorrido, Álvaro Rico transita un amplio espectro de particularidades

en la emergencia del "nuevo autoritarismo latinoamericano" que exhibe tanto prácticas autoritarias como totalitarias, entre las cuales se destacan la implementación, por parte del "Terrorismo de Estado", de una represión a gran escala con un número de víctimas mucho mayor que las acaecidas en otros ciclos dictatoriales latinoamericanos (muchas de estas víctimas sufrieron la "desaparición" aunque en el caso uruguayo predominó el encierro en cárceles y centros clandestinos).

En sintonía con el clima persecutorio, el régimen militar implementó una política higienista que procuraba mejorar su imagen pública a través de campañas antipornográficas, del lanzamiento de la "Operación Aseo" que prohibía escribir en los muros y de la publicación de *slogans* al estilo de "Ahora es diferente" y "Póngale el hombro al Uruguay" (Caetano y Rilla 21). Pero además, la última dictadura procuró refundar la cultura nacional durante su etapa "fundacional": llevó a cabo una abusiva política de "memoria por decreto", una memoria "autoritaria", programando un imaginario propio a través de recuperaciones de determinados enclaves de la identidad nacional y del despliegue de una amplia política de conmemoraciones de eventos históricos, entre los que ocupan un lugar destacado las celebraciones de los ciento cincuenta años de la Cruzada Libertadora, realizadas durante el año 1975 bajo el rótulo de "Año de la Orientalidad" –que Isabela Cosse y Vania Markarian, a quienes seguiremos sintéticamente en este punto, analizan exhaustivamente. Una gran parafernalia patriótica saturó la escena pública durante ese año plagado de festejos con la intención de recrear por otras vías aquellos lazos con la ciudadanía característicos de la vida democrática y que ahora se habían quebrado con el golpe de Estado. Los festejos fueron, en este sentido, espacios alternativos de ratificación del gobierno dictatorial y de sustentación de la unidad política para el Estado, lugares de comunión de los lazos sociales abolidos a través de esta nueva "religión laica". Estas festividades procuraban fundamentar el proyecto ideológico-político del

---

propias de la dictadura uruguaya, tales como: la "vía democrática hacia la dictadura", que supuso la emergencia del autoritarismo desde el interior de la democracia y desde la legalidad de la Constitución; la peculiaridad de un "golpe" de Estado llevado acabo por el mismo Presidente electo quien devino en Dictador para luego dejar paso a una dictadura institucional; las marcas "autoritarias" y "totalitarias" del régimen, entre otros aspectos.

ala conservadora de las Fuerzas Armadas que ahora se concentraba en la *orientalidad* desde la cual se dirimían los límites de la Nación: quiénes eran los verdaderos ciudadanos y patriotas capaces de defenderla y quiénes los extranjeros o traidores que venían a atacarla.

¿Cuáles fueron los eventos de la historia, los héroes, los relatos, los mitologemas que configuran este imaginario de la *orientalidad* promovido por la dictadura? ¿Qué zonas de la tradición iluminó y cuáles oscureció, qué recordó del pasado pero también qué olvidó? En principio, la celebración de la Cruzada Libertadora de 1825 como fecha de la independencia implicaba una elección al interior de un debate de larga data que enfrentaba a los dos partidos –blancos y colorados– de mayor trayectoria en Uruguay. Los blancos, de perfil nacionalista, elegían el 25 de agosto de 1825 y sostenían que para esa fecha ya existía un afianzado sentimiento "nacional" forjado desde la Colonia y reforzado por Artigas, una tesis providencialista que suponía una suerte de predestinación del Uruguay a la Independencia ("tesis de la independencia clásica"). En cambio, los colorados preferían el 18 de julio de 1830, cuando se juró la Constitución ante las gestiones de Inglaterra, descreían de la predestinación y explicaban el proceso independentista analizando el contexto geopolítico del momento. En este debate, la elección de 1825 nos sitúa en el imaginario de la *orientalidad* del discurso nacionalista, tomando distancia de la fecha de 1830 ligada al imaginario de la *uruguayidad* característico del batllismo.

Si bien los festejos del Sesquicentenario de 1825 se extendieron y abarcaron diversas fechas, eventos y héroes, hubo ciertos acontecimientos y figuras que jugaron un papel central. La Cruzada Libertadora encabezada por Juan Antonio Lavalleja, que puso fin a la dominación brasileña, fue el motivo de la conmemoración de los ciento cincuenta años bajo el signo de la independencia. La construcción del Mausoleo de Artigas en la Plaza Independencia en Montevideo colocó en relación la Independencia de 1825 con la figura de Artigas.[22] Además, se repatriaron

---

[22] Cosse y Markarian señalan la problematicidad (y simplificación) que supone vincular la figura de Artigas con la independencia de 1825: "dos procesos cuya interrelación centraba,

los restos del Coronel Lorenzo Latorre, quien gobernó de facto entre 1876 y 1879 consolidando la etapa conocida como el "militarismo" (1875 a 1886), caracterizada por su autoritarismo, el debilitamiento de las libertades públicas y la fuerte agencia del sector militar en el gobierno. La élite militar recuperó del gobierno de Latorre, además del aporte al proceso modernizador, de su labor cultural de corte nacionalista y de la reforma educativa instrumentada por José Pedro Varela durante su gobierno, su capacidad –como militar y desde un gobierno de facto– para luchar contra la anarquía y la disputa entre facciones, y lograr la estabilidad, el orden y la unidad del país. Aun cuando se trataba de una figura conflictiva para la ciudadanía, Latorre servía para legitimar el establecimiento de un gobierno de facto capaz de traer el orden.

Todos estos eventos vinculaban la gesta de la independencia –la defensa de la Patria contra todo enemigo– a la actuación de la casta militar como su principal protagonista, haciendo entonces de los militares los custodios de la Nación que ahora debían enfrentar al enemigo "subversivo", al enemigo marxista o comunista, encarnado en los tupamaros. Se trata de una relectura de la historia que recalaba en los momentos protagónicos de las épicas militares, ilustrando su capacidad para defender al pueblo, en un intento por restablecer el compromiso de los militares con el "pueblo" a través de la mística de la orientalidad y por fuera de las urnas democráticas.

La recuperación de la épica de la independencia se articula desde el imaginario anclado en la *orientalidad* –que precede a la *uruguayidad* de Batlle y Ordóñez–. En realidad la "orientalidad" se retrotrae aún más: a la época Colonial, a la Banda Oriental, y a la "provincia Oriental" durante el período artiguista. Proyecta una serie de características del Uruguay: recupera el ámbito rural frente al predominio de Montevideo; se asocia al partido Blanco de corte nacionalista; configura una identidad anclada

---

todavía, una polémica historiográfica" (36). Esta vinculación supone también una apropiación de la figura de Artigas que privilegia un perfil nativista, patriótico y nacional frente a otras perspectivas que preferían un contenido universal (37). Se insiste, además, en mostrarlo como una figura unificadora por encima de los diversos partidos políticos, aunque recuperaban su mandato de "enfrentar y destruir una sedición arrogante, asesina, artera y solapada, que actuaba agresivamente desde las sombras" en clara referencia a los tupamaros (63-69).

en lo autóctono y en la tradición local, en los valores de lo "criollo" y el arte vernáculo, capaz de resguardar la "esencia nacional" para protegerla de la contaminación foránea. Todo lo cual explica el énfasis puesto en la organización de fiestas camperas, jineteadas, torneos de payadores, asados con cuero, en el fomento de la literatura gauchesca, de los cuentos de campo, en la creación del "Día de la Juventud Agraria" o del Festival "Canciones de mi Patria", en la promoción de concursos con temas patrióticos, entre otros ejemplos que muestran el privilegio otorgado a las culturas folclóricas (Cosse y Markarian 78-84). En cambio, la *uruguayidad* se recuesta sobre el nombre de Uruguay, connotado por la centralidad de Montevideo y su carácter urbano, y se vincula con el partido colorado (que tiene a Batlle y Ordóñez como uno de sus gobiernos destacados) y con la proyección de una identidad nacional capitalina, cosmopolita, europeizante, laica, abierta hacia afuera, tal como señalamos a propósito del "batllismo" (Cosse y Markarian 21-26).

El gobierno dictatorial vinculó la vertiente conservadora de lo *oriental* (no podemos olvidar que el Movimiento de Liberación Nacional-Tupamaros también apeló a la orientalidad aunque desde otro lugar, así como la orientalidad también es artiguista) con la Doctrina de la Seguridad Nacional que se fundaba en la existencia de una guerra entre aquellos sectores que minaban los valores nacionales y quienes los defendían. Esta relación autorizaba el pasaje de las ideas a la *praxis* militar. La recuperación de la *orientalidad* señalaría el arraigo y la conexión del imaginario instaurado por la dictadura con un núcleo de la tradición cultural que conjugaba elementos del catolicismo, del hispanismo y del nacionalismo conservador –dejando de lado la tradición democrática y liberal–. En ese sentido, Cosse y Markarian se oponen a quienes "niegan los referentes nacionales de los sustentos filosóficos y doctrinarios de la dictadura, concibiéndolos como implantaciones mecánicas" (115). Además, este imaginario de la *orientalidad* fraguado por la dictadura tenía uno de sus puntos de contacto en el pasado con el terrismo fruto de la "Dictadura de [Gabriel] Terra" (1933-1938). El terrismo se opuso a la imagen del Uruguay batllista –aunque su protagonismo fue menor y no logró presencia duradera– ya que recuperó, desde un nacionalismo conservador y xenófobo, la imagen rural del país y el artiguismo (Cosse y Markarian 12).

Las investigaciones de Cosse y Markarian se inscriben en la crítica y el desmontaje de los discursos, las narrativas y los proyectos culturales implementados por la dictadura, señalando lo que podemos considerar como una política del "abuso" de la memoria –en términos de Todorov– con el fin de crear lazos de comunión con la ciudadanía que lograran invisibilizar (desde la saturación) tanto la interrupción de los canales democráticos como la clausura de muchas instituciones y proyectos culturales de izquierda.

Aldo Marchesi, en "'Una parte del pueblo uruguayo feliz, contento, alegre'. Los caminos culturales del consenso autoritario durante la dictadura" (2009) analiza las complejidades (e incluso las contradicciones) que atravesaron las políticas culturales implementadas por la dictadura. Introduce nuevas perspectivas que muestran la capacidad del gobierno dictatorial para suscitar respuestas, apoyo incluso, y un diálogo con la sociedad que, si bien restringido a sectores afines, permitió configurar un espacio público. Aunque las recupera e incluye, Marchesi va más allá de las miradas que instauran una polaridad entre un Estado autoritario que censura, prohíbe, persigue, silencia, clausura y vacía la cultura ("cultura del miedo"), y una resistencia contracultural que trabaja en la clandestinidad y en el exilio. Aborda diversas aristas del proyecto cultural desplegado por el gobierno de la dictadura con la intención de refundar los imaginarios, deteniéndose en tres aspectos. Un despliegue de *nacionalismo y exaltación patriótica* (como los festejos del "Año de la Orientalidad" analizados ya por Cosse y Markarian) promovido a través de monumentos, festividades sociales y culturales de carácter masivo, conmemoraciones de eventos históricos y de héroes nacionales, de signo nativista, tradicionalista, rural, conservador y folclorista como un modo de combatir la extranjería de los "subversivos" y recuperar la independencia y la soberanía nacional. Esta refundación cultural proyectó la imagen de un "Nuevo Uruguay" y supo concitar cierta participación popular. El segundo aspecto es la implementación, manejo y desarrollo de un sistema oficial de *medios de comunicación* a través del cual poder efectivizar tanto el control de la información como la divulgación y propaganda ideológica, lo que asimismo permitió el despliegue de una *esfera pública* que, aunque restringida, ofició como espacio de diálogo, intercambio y debate con "una parte del pueblo". Finalmente la intervención de la *educación* para la construcción de una *nueva juventud*: la imposición de nuevos saberes como la educación "moral" que venía a sustituir la educación cívica y democrática, y el énfasis en las prácticas deportivas, afines a la impronta militar, procuraron reencauzar a los jóvenes en los valores de la cultura del "Nuevo Uruguay" alejándolos de aquellos jóvenes politizados de los sesenta (la denominada "generación perdida"). En estas líneas, Marchesi no se acota sólo a las dimensiones coercitivas del régimen autoritario, sino que también explora las dimensiones consensuales que permiten explicar las diversas formas a través de las cuales el Estado fue adquiriendo apoyo social.

El autor detecta tres marcos ideológicos que se entrecruzan en el campo cultural de la dictadura, provocando algunas desinteligencias, contradicciones o desajustes, pero que no llegan a estorbar la viabilidad de los mismos. Una corriente *conservadora tradicional*, que se nutre de diversas líneas de la tradición intelectual uruguaya como el catolicismo de ultraderecha, el revisionismo nacionalista de la primera mitad del siglo XIX y las corrientes del ruralismo político (contraria al laicismo, a la impronta ciudadana y al vínculo cosmopolita con el afuera, propios del batllismo), impulsa en especial el ámbito educativo y las festividades patrióticas apostando a un relato nativista. Una nueva corriente, el *neoliberalismo*, enarbolada por la revista *Búsqueda* (1972), una de las escasas publicaciones que logró establecerse durante la dictadura y estimular ciertos debates a tono con los valores del gobierno, exaltó el rol del individuo y de las iniciativas privadas junto con una visión negativa del Estado (con ello se oponía a la extensa tradición estatista del pasado uruguayo). Finalmente, la *Doctrina de la Seguridad Nacional* se ofrecía como el marco mayor en donde se enfrentaban en lucha las concepciones político-culturales del bloque capitalista y del comunista imponiendo la dialéctica del "amigo-enemigo" y de la "guerra interna". En el interior de este discurso, los militares eran los guardianes de la patria y sus salvadores frente a la amenaza desintegradora del comunismo. Las tres apuestas lograron interlocutores en la sociedad civil, sostuvieron prácticas culturales y configuraron un espacio público restringido.

En un trabajo anterior, *El Uruguay inventado. La política audiovisual de la dictadura, reflexiones sobre su imaginario* (2001), Aldo Marchesi ya se había internado en otra propuesta cultural del régimen dictatorial, la política audiovisual, para explorar los imaginarios sobre el "nuevo Uruguay" realizados por la DINARP (Dirección Nacional de Relaciones Públicas, creada en 1975) a través de los informativos para cine (*Panorama* y *Uruguay hoy*) y de los documentales sobre diversas temáticas (a lo que se suma un solo film de ficción titulado *Gurí* [1980]). Allí detecta y analiza ciertos núcleos —muchos de los cuales ya fueron mencionados— que responden a la consabida mentalidad conservadora del "pensamiento ruralista". Reaparece lo ya conocido: la organización, en escenarios rurales, de diversas festividades tradicionales, gauchescas y folclóricas conmemorativas de héroes nacionales o de fechas patrias; el despliegue de desfiles cívico-militares en los que participaban estudiantes jóvenes y niños ante la presencia de padres y abuelos.

Pero además, sostiene el autor, durante la dictadura van apareciendo algunos perfiles nuevos, tales como la realización e inauguración de obras públicas (las represas de Salto Grande y Palmar, por ejemplo), la construcción de escuelas, complejos habitacionales y rutas en diversos departamentos que ponen de manifiesto no sólo la voluntad de rescatar el interior del país (a contrapelo de la urbe montevideana, emblema de la *uruguayidad*, el interior es el territorio de la *orientalidad*) sino también un impulso *desarrollista y modernizador*. Se edifica una imagen *idílica* y *despolitizada* del país bajo el lema "Paz y Futuro" —que entre otros efectos intentaba atraer al turismo hacia la "costa privilegiada" de Punta del Este— a través de la focalización en el pasado lejano, engalanado por los héroes nacionales, y del desvío de la mirada sobre el pasado reciente atravesado por la crisis, los conflictos sociales y la lucha contra la "subversión". En la consigna de paz y futuro se proyectaba, asimismo, la formación de una *nueva juventud* —a salvo de los errores cometidos por los jóvenes politizados de los sesenta— forjada más en los ejercicios disciplinantes de la educación física y de los deportes (una marca registrada de los regímenes totalitarios) que en los saberes siempre peligrosos de la cultura. El Estado montó un vasto proyecto de desarrollo deportivo a través de la realización de festivales y campeonatos masivos, promoviendo los Juegos Atléticos Deportivos Estudiantiles y los Festivales de Atletismo realizados anualmente. Estas políticas "culturales" audiovisuales formaban parte del discurso fundacional y a través de ellas se procuraba testimoniar la emergencia y los valores del "proceso revolucionario" que los militares estaban llevando a cabo.

Esta apuesta *fundacional* del régimen dictatorial desplegada en estas series de imágenes y consignas constituye, para Álvaro Rico, parte de las características del "nuevo autoritarismo latinoamericano" que emerge en el último ciclo de las dictaduras que recorrieron América Latina. En el marco de las tensiones de la Guerra Fría y luego de que Cuba organizara un gobierno socialista, Brasil instauró una dictadura en 1964 que fue el punto inicial del "nuevo autoritarismo latinoamericano" en tanto las Fuerzas Armadas no se limitaron a su función de árbitro sino que se convirtieron en una fuerza que pretendía forjar un nuevo orden político, económico, ideológico y cultural en contraposición y competencia con el modelo cubano.

Si en el frente interior, el gobierno uruguayo de facto articulaba la imagen de los *salvadores de la patria* apelando a las tradiciones locales en la línea nacional y telúrica del orientalismo y en la épica militar de la independencia, también en el frente externo exhibía un relato salvífico, pero ahora incluido en la narración global de la Guerra Fría, en donde se mostraba como guardián de la civilización occidental contra el comunismo internacional. Se trató de una "guerra de imagen" que el régimen dictatorial, a través del Ministerio de Relaciones Exteriores, sostuvo ante los embates y las críticas por las violaciones de los derechos humanos, tal como Vania Markarian estudia en "Una mirada desde los derechos humanos a las relaciones internacionales de la dictadura uruguaya" (2009). La autora analiza la política exterior del gobierno cívico-militar ante los reclamos que, en nombre de la defensa de los derechos humanos, efectuaban algunas organizaciones no gubernamentales y organismos internacionales (Amnistía Internacional [AI], la Comisión Interamericana de derechos humanos [CIDH], etc.) así como el Congreso estadounidense, quienes se hacían eco de las denuncias de los exiliados uruguayos. Mientras las Fuerzas Armadas implementaban una vasta arquitectura de represión tanto hacia dentro del país como hacia afuera –a través de su participación en la Operación Cóndor (1973-1984), que coordinaba la lucha "antiterrorista" en el Cono Sur–, su diplomacia procuraba ocultar, encubrir y/o justificar estas prácticas, desmintiendo las imputaciones (se trataba de una "campaña" de desprestigio orquestada por los sectores marxista-leninistas) y defendiendo su accionar en el escenario de la Guerra Fría: Uruguay combatía al comunismo internacional sosteniendo una "gran lucha histórica en defensa de la libertad" para salvaguardar los valores del "mundo occidental y cristiano" (269-70). Si bien este recorrido permite visualizar la decidida voluntad de los militares por roturar un perfil cultural propio en varios frentes y a través de diversos medios, el imaginario (los imaginarios) que fraguaron no logró perdurar en la sensibilidad ciudadana.

Veamos la segunda interrogación que planteamos, es decir: ¿cómo impactó y se evaluó la historia reciente desde el campo intelectual de la democracia?, considerando tanto las *herencias* del terror estatal en la transición como las *relecturas* de la tradición uruguaya de los imaginarios identitarios.

La reflexión intelectual inaugurada en la apertura democrática implica una proyección de la experiencia de la dictadura en el presente y en el futuro bajo la consigna del "Nunca más", lo que supone conocer y evaluar la experiencia autoritaria para evitar su reiteración. Sin embargo, Álvaro Rico, en un interesante artículo titulado "La dictadura, hoy" (2004), también se pregunta por las proyecciones de la dictadura en democracia, y descubre las vías en que el autoritarismo sigue rigiendo algunos enclaves de la vida democrática, actualizándose sobre todo en los discursos y políticas estatales destinadas a asegurar el orden social y la obediencia ciudadana. Entre varios ejemplos señala la aprobación de la Ley de Caducidad de la Pretensión Punitiva del Estado que roturaba la impunidad bajo el temor a desatar el caos, azuzar los conflictos y confrontaciones ya dejados en un pasado que quería olvidarse, clausurando la revisión de las responsabilidades de los diferentes sectores sociales. Aquí el argumento de la dictadura funciona como un instrumento coercitivo, conservador, disciplinante y controlador fundado en el miedo a reiterar la dictadura y al servicio del mantenimiento de la estabilidad del orden político, de la continuidad del modelo económico y de la impunidad estatal.

En realidad, Álvaro Rico percibe una doble continuidad que enlaza dos períodos: la primera va desde la democracia de los presidentes constitucionales Jorge Pacheco Areco (1967-1972) y Juan María Bordaberry (1972-1973) hasta el golpe de 1973 (la "degeneración de la democracia" o la "vía democrática hacia la dictadura") que supone el ejercicio (y su justificación) del autoritarismo desde el interior de la legalidad democrática, a través del abuso de decretos y medidas de excepción (Rico, "Sobre el autoritarismo y el golpe de Estado"). Una segunda continuidad se extiende desde la dictadura hacia la democracia impregnándola de bolsones autoritarios, como acabamos de reseñar ("La dictadura, hoy"). Para Rico, hablar de un corte entre la dictadura y la democracia, y colocar al golpe de Estado como un hecho "ajeno" a las tradiciones democráticas uruguayas, fruto del enfrentamiento entre los "dos demonios" de la guerrilla y el Terrorismo de Estado, suele convertirse –por un lado– en una coartada exculpatoria para varios sectores de la sociedad bajo el argumento de estar al margen de esa lucha intrusa, y –por el otro– ha permitido reinstalar el relato de la "excepcionalidad" uruguaya como si nada hubiera acontecido.

Varios ensayistas suelen percibir una *ruptura*, una *discontinuidad* en la tradición intelectual, en los imaginarios sociales y en las prácticas políticas, un *corte* en la temporalidad nacional y una *fragmentación* de la sociedad en democracia, ocasionados por la emergencia de la dictadura uruguaya en la secuencia que hemos trazado.[23] Si bien en ciertas ocasiones se han

---

[23] Resulta abundante la bibliografía que aborda las diversas "causas" que llevaron al golpe de Estado de 1973, muchas de las cuales se encuentran sintetizadas en el artículo de Gonzalo Varela Petito (2004) "El golpe de Estado de 1973, revisitado", quien repasa buena parte de los principales aportes analíticos que hacen hincapié en: el agotamiento del modelo económico y

percibido quiebres y saltos, ninguno de ellos alcanza la radicalidad de la última dictadura, de allí que se hable de un "cambio sustancial", "cambio radical", una "disonancia". La dictadura emerge como un "accidente en la vida del país", como una "década infame", una interrupción que el regreso a la democracia viene a subsanar. Incluso, desde el polo opuesto, el ímpetu de "fractura radical" (Demasi, "La evolución del cuerpo políto de la dictadura" 54) con el pasado está en la pulsión fundacional de los militares que se proyecta en el nombre del "Nuevo Uruguay" con el que bautizan la etapa iniciada por ellos mismos, dando por finalizado un pasado atravesado por la crisis y el caos provocados por el marxismo y la corrupción política.[24]

Maren y Marcelo Viñar, en *Fracturas de memoria. Crónicas para una memoria por venir* (1993), describen, desde las perspectivas del psicoanálisis, las "fracturas de memoria" en democracia, que escinden el cuerpo social entre quienes han sido las víctimas más o menos directas y quienes no se han sentido o se sienten afectados por la represión del aparato dictatorial, lo que condujo al enfrentamiento entre quienes apoyaban las políticas de olvido emanadas de la Ley de Caducidad y aquellos que demandaban su derogación bajo las banderas de verdad, justicia y memoria. Sin embargo, para los autores, tal deslinde entre afectados y no afectados se asienta en un error ya que niega el carácter "colectivo" de las políticas del Terrorismo de Estado que afectaron a la ciudadanía en su conjunto. En esta línea, la experiencia del terror impuso a *todos* los ciudadanos aquella lógica polar del amigo-enemigo, una dicotomía totalizante sostenida en contrarios monolíticos, absolutos e irreconciliables, lo que supone una tergiversación de la percepción de

---

la crisis subsiguiente a mediados de los años cincuenta; las protestas sociales por parte de los sindicatos y los estudiantes; la incapacidad de los partidos políticos tradicionales para responder a estos conflictos; la radicalización tanto de la izquierda armada del MLN-T como de las Fuerzas Armadas en el escenario de la Guerra Fría; el crecimiento del autoritarismo en los gobiernos de Jorge Pacheco Areco y Juan María Bordaberry, entre otras (91-105).

[24] Uno de los debates centrales en torno a la *Shoáh*, aquel que se reconoce como la "Querella de los historiadores" (*Historikerstreit*), se interroga sobre el vínculo de la "catástrofe alemana" con respecto a la tradición histórica nacional, esto es, si se trataba de un acontecimiento previsible dentro de la política belicosa y militarista de Alemania y parte de su camino (*Sonderweg*) o si constituyó una excepción, un corte en el camino, producto de un grupo de criminales (Friedlander).

la alteridad a través de su reducción a un único rol (el del subversivo) y su demonización como enemigo a aniquilar. Este desgarro se traslada al presente democrático para enfrentar a una mayoría, deseosa de olvidar los años de plomo, con una minoría herida y ávida de memoria, obturando la posibilidad de restaurar un diálogo entre todos, entorpeciendo el despliegue de una pluralidad conflictual que permita el debate entre las diversas voces, sin demonizar al opositor, e impidiendo la construcción de un proyecto colectivo para el futuro. Se hace necesario, entonces, elaborar colectivamente las herencias de la violencia impuesta en dictadura –a través de las políticas de la memoria– a fin de recomponer los vínculos sociales, suturar las fracturas de memoria, instaurar un "diálogo controversial", y recuperar el espacio de la comunidad y su capacidad para compartir códigos, memorias, ideales y expectativas desde las cuales volver a proyectar el futuro –una "memoria por venir", como reza el título de su trabajo–. Tanto el reclamo por "desarmar" la matriz del terror estatal desplegada en la persecución, el exilio y la aniquilación del enemigo durante la dictadura pero cuyas consecuencias aún afectan la democracia, como la demanda por un "diálogo controversial", van a constituir directrices para los intelectuales que en la posdictadura están revisando sus saberes y roles de cara a un nuevo escenario.

Como adelantamos, junto a esta fragmentación traumática, heredada del pasado, que escinde polarmente a la sociedad, varios visualizan la emergencia de diversas heterogeneidades como signo de las nuevas sociedades dispuestas a reconocer los derechos de las minorías. En esta línea, considerando la multiplicidad de memorias que atraviesan la democracia, Carina Perelli también propone un diálogo abierto y fraterno "en que todos escuchemos a todos" (Perelli y Rial, *De mitos y memorias políticas* 117-29). Juan Rial por su parte advierte ciertos peligros de la fragmentación de la memoria colectiva y se pregunta sobre la posibilidad de volver a edificar un imaginario social hegemónico ("El imaginario social" 89). Para Hugo Achugar, en cambio, esta fragmentación desafía los modos de pensar los relatos y permite explorar la posibilidad de modular una pluralidad de voces, una comunidad asentada en la diferencia ("Entre dos orillas").

Resulta entonces significativo el contraste que la proyección de la dictadura en democracia implica para el campo de los discursos y prácticas políticas por parte del Estado y para los debates intelectuales: mientras para los primeros el autoritarismo se cuela y rebrota en democracia (el "cuco verde" y las políticas del olvido), los segundos reconvierten esa "herencia" en un saber y en nuevas prácticas sociales que procuren instaurar el diálogo y los trabajos de la memoria; mientras los primeros impactan en la "realidad" inmediata, los otros –como acontece con la cultura– van colaborando en la formación de la opinión pública; mientras unos reciclan el autoritarismo en la praxis política, los otros pastorean en las vías del pos-autoritarismo. No se trata ya sólo de las herencias nefastas, de las secuelas del Terrorismo de Estado en el presente democrático sino de los efectos "productivos" del acontecimiento traumático: el desafío de revisar la maquinaria de la dictadura y sus antecedentes autoritarios para diseñar otro contrato social.

El mito democrático y la narrativa de los derechos humanos

El fin del régimen dictatorial y la apertura democrática pusieron en escena la necesidad de acordar un renovado contrato entre los uruguayos que privilegiara los valores de la democracia,[25] la defensa de los derechos humanos, y las políticas de la memoria que configuraron una suerte de horizonte desde el cual revisar, desmontar, rearmar los imaginarios nacionales. Para Juan Rial el mito básico y dominante pasa a ser ahora el del Uruguay democrático, el del Uruguay donde el consenso debe predominar a toda costa para alejar la posibilidad de una guerra o de una

---

[25] Si bien advertimos la existencia de múltiples usos y significados del concepto de "democracia", para decirlo de un modo sucinto, aquí nos referimos a su redefinición en el complejo espacio de la posdictadura atravesada por la recuperación de la tradición democrática uruguaya así como por la puesta al día de la misma en el contexto del posmarxismo. Resulta interesante el análisis que Carlos Demasi hace sobre los vaivenes de la noción de democracia en el Uruguay desde la década de los sesenta –en "La evolución del campo político de la dictadura" (2009)– focalizando en el proceso de vaciamiento que el régimen autoritario fue ejerciendo sobre la idea de democracia (se instauraba la dictadura para salvar la democracia). Si la dictadura instaló la oposición democracia versus marxismo, la transición se organizó en torno al antagonismo democracia versus dictadura.

confrontación, junto con el respeto a las libertades individuales (Perelli y Rial, *De mitos y memorias políticas* 15-37; Rial, "El imaginairo social"). Se deja en el pasado la desconfianza hacia la democracia considerada como "máscara" engañosa que ocultaba un sistema de opresión capitalista y que debía sustituirse por un régimen revolucionario, para procurar encontrar renovados lazos entre democracia y socialismo.[26]

Carina Perelli y Juan Rial rastrean la centralidad de los Derechos Humanos en tanto dispositivo que, por un lado, se vuelve un punto clave en torno al cual se construyen y reconstruyen las identidades políticas de los diferentes partidos y fuerzas políticas en el inicio de la democracia. En su nombre, por otro lado, se van a formular demandas y reclamos en la escena de la transición hacia la democracia (respecto a los niños desaparecidos, la liberación de los presos políticos, la responsabilidad de las Fuerzas Armadas, los asesinatos y secuestros de los parlamentarios Zelmar Michelini y Héctor Gutiérrez Ruiz, entre otros), aun cuando sus resultados no hayan sido los esperados. Los autores señalan el inicio de los debates sobre los derechos humanos en Uruguay con el llamado "Caso Roslik": la muerte de un médico de origen ruso, por apremios físicos a manos del personal militar en abril de 1985. Incluso fue desde el exilio –durante la misma dictadura– y frente a organismos internacionales donde se canalizaron las primeras denuncias por reiteradas violaciones a los derechos humanos cometidas por el régimen militar uruguayo (*De mitos y memorias políticas* 71-86). Por su parte, Jo-Marie Burt, Gabriela Fried Amilivia y Francesca Lessa focalizan en las demandas y esfuerzos persistentes de ciertos grupos de la sociedad civil quienes desarrollaron estrategias novedosas e incorporaron nuevos actores para fortalecer paulatinamente la lucha contra la impunidad, logrando la revocación de la Ley de Caducidad en 2011, en un contexto sinuoso que resistía las políticas de verdad y justicia.

En "Una mirada desde los derechos humanos a las relaciones internacionales de la dictadura uruguaya" (2009), Vania sondea los

---

[26] José Luis de Diego estudia la revalorización de la democracia en el Cono Sur y señala exhaustivamente un extenso número de factores que coadyuvaron en esta perspectiva (*¿Quién de nosotros escribirá el Facundo?* 219-28).

antecedentes ya en plena dictadura de los reclamos efectuados en nombre de los derechos humanos que se articularon por parte de varias instituciones, organismos internacionales y gobiernos que, como el de Estados Unidos, cobraron gran protagonismo. Si bien la intervención de Estados Unidos en América Latina fue compleja y tuvo diversas etapas (en los años sesenta Estados Unidos coadyuvó a la instauración de los regímenes autoritarios en la región del Cono Sur), a partir de mediados de los setenta —bajo la presidencia de Jimmy Carter— se fortalecieron las políticas de derechos humanos, estimuladas por las denuncias de los uruguayos exiliados que acusaban al gobierno de facto de cometer todo tipo de atropellos a las leyes y solicitaban poner fin a la represión ilegal.

Serán estas perspectivas las que van a conducir progresivamente a las políticas de la memoria, justicia y verdad, uno de cuyos momentos cruciales es la derogación de la Ley de Caducidad de la Pretensión Punitiva del Estado en 2011, restableciendo el "pleno ejercicio de la pretensión punitiva del Estado para los delitos cometidos en aplicación del Terrorismo de Estado hasta el 1º de marzo de 1985, comprendidos en el artículo 1º de la Ley Nº 15.848, de 22 de diciembre de 1986", delitos que catalogó como "crímenes de lesa humanidad de conformidad con los tratados internacionales de los que la República es parte".

3. Nuevos desafíos en el escenario intelectual de los noventa: la reemergencia de las alteridades, la creación del Mercosur, las herencias de la dictadura

En estas revaluaciones sobre las tramas y tradiciones culturales del Uruguay cobran protagonismo, en la escena intelectual de la posdictadura, determinados factores que desestabilizan aquellos imaginarios heredados: el interés por las *alteridades* que surcaron el territorio uruguayo, la creación del *Mercosur* y el impacto de la *dictadura* reciente —que ya hemos explorado—.

Las alteridades: las mitologías de ausencia, el país frontera y las culturas linyeras

Una renovada atención a las *alteridades* y diversidades culturales de todo signo conduce a desmontar el mitologema de la "europeidad" uruguaya y a hacer visible la heterogeneidad de sujetos y culturas que habitan y habitaron el territorio y la historia del país. En gran medida los proyectos de integración —en especial aquellos que, como el "crisol de razas", fueron implementados por los Estados latinoamericanos hacia fines del siglo XIX— desplegaban políticas de asimilación frente a las alteridades.

Teresa Porzecanski en "Uruguay a finales del siglo XIX: mitologías de ausencia y de presencia" (1992) y "Nuevos imaginarios de la identidad uruguaya: neo indigenismo y ejemplaridad" (2005) indaga el brote, hacia fines de la década de 1980, del interés por la "africanidad" y la "indianidad" en tanto manifestación de una voluntad por recuperar al menos simbólicamente las identidades segregadas de la Nación uruguaya; Milita Alfaro, "Cultura subalterna e identidad nacional" (1992) y Abril Trigo, *¿Cultura uruguaya o culturas linyeras?* (1997) exploran las culturas populares y los modos alternativos de configurar sentimientos nacionales y construir modos de pertenencia a través del fútbol, la murga, el carnaval, los grafitis y las culturas linyeras; Alicia Migdal, "Imágenes simbólicas y realidades históricas" (1992) reclama el estudio del sujeto femenino y Gabriel Peluffo, "Crisis de un inventario" (1992), así como varios de los participantes de la temprana Conferencia organizada por Saúl Sosnowski en Maryland (1987), insisten en redefinir el inventario de lo nacional a partir de la desterritorialidad y discontinuidad de los exiliados.[27] El presente y también el pasado se van poblando de aquella pluralidad entrevista por Achugar.

---

[27] Silvia Dutrénit Bielous en "Represión política y asilo diplomático en el Cono Sur" (2004) aborda el exilio uruguayo (desde una perspectiva comparatista con otros países conosureños) focalizando en aspectos jurídicos, políticos, diplomáticos, institucionales y subjetivos del "asilo diplomático" en México y los múltiples problemas, trabas y desafíos que ello implicaba para los exiliados (109-26).

Desde la apertura democrática en Uruguay, tal como describe Porzecanski en sus insoslayables trabajos, la escena pública se vio paulatinamente invadida por un inédito interés en torno al tema indígena, focalizado en los charrúas. Esta preocupación se hizo visible en manifestaciones de muy diversa índole: obras de teatro, pinturas, instalaciones y novelas; se crearon también sociedades dedicadas a la defensa de lo indígena y a su reivindicación, desde las cuales se llevaron a cabo diversas actividades como encuentros, festejos, demandas, entre las que se destaca la repatriación de los restos de los últimos charrúas que se encontraban en el Museo del Hombre de París, lo que dio lugar a una serie de polémicas de alto impacto en la opinión pública. Las editoriales, a su vez, comienzan a publicar diversos textos sobre la cuestión del indio, desde estudios antropológicos hasta libros de divulgación.

Porzecanski recoloca este proceso como reacción característica de las sociedades de fin de siglo, y entiende que en Uruguay procura "habilitar un espacio protagónico indio en la(s) nueva(s) version(es) de la Historia Nacional" ("Nuevos imaginarios" 422). Frente a las incertidumbres que ofrece el presente, ante los quiebres operados por la experiencia dictatorial, o también como respuesta a modelos impuestos por la industria cultural globalizada, las nuevas mitologías indígenas se vuelcan a la búsqueda de un "mito del origen puro", de una "genealogía originaria intocada por la civilización", a la construcción de una "Arcadia originaria, aquella de las armonías paradisíacas" que hacen del indio la figura protagónica y ejemplar (426).

Abril Trigo en *¿Cultura uruguaya o culturas linyeras?: para una cartografía de la neomodernidad posuruguaya* (1997) estudia las "culturas linyeras" que emergieron durante la dictadura y en democracia, abarcando desde las contraculturas del insilio –el canto popular y las culturas de raíz afrocubana como el candombe– hasta la lumpenpoesía, el rock y los grafitis, es decir las subculturas juveniles de la generación de los jóvenes dionisíacos. Estas contra y subculturas exhiben la otredad interior que permaneció sumergida durante la larga duración del imaginario de la "República Modelo". Para Trigo, el imaginario batllista (con su ethos capitalista, racional y moderno) logró sobreponerse frente al imaginario fundacional nacional (con su *pathos* precapitalista, mítico y cimarrón) que lo precedió, y su triunfo permitió archivar el pasado bárbaro y sus alteridades bajo la imagen del Uruguay "Modelo". Esta primera disyunción entre dos imaginarios, este forcejeo que tuvo como resultado la preeminencia del imaginario batllista, conllevó una serie de medidas estatales tendientes a neutralizar, sumergir, arrinconar, asimilar, aculturar o sublimar las heterogeneidades de la sociedad uruguaya a través de tres políticas: la territorialización (de las culturas subalternas), el cosmopolitismo (introyección oxidocéntrica) y el insularismo (bloqueo frente a las culturas circunvecinas). Trigo advierte el resurgimiento de estas heterogeneidades sumergidas –el cambalache de Tristán Narvaja– y la manifestación de la "otredad interior" en las culturas linyeras. Por ello reactiva el imaginario del Uruguay como país frontera en su capacidad para articular las variadas subculturas evitando la tentación de volver a encontrar una (contra)identidad alternativa, ya que la frontera – como una tercera vía– exhibe un carácter abierto, nómade, errante, migrante, ambiguo, y en ella es posible articular prácticas de una nueva subjetividad atravesada por múltiples voces e identidades en constante fluidez.

Otra línea en la cual Trigo continúa indagando las heterogeneidades uruguayas se encuentra en sus trabajos de matriz etnográfica realizados en la comunidad de migrantes uruguayos de Fichburg (Massachussets, Estados Unidos) y que publica bajo el título *Memorias migrantes. Testimonios y ensayos sobre la diáspora uruguaya* (2003). Aquí investiga las derivas en las últimas décadas del imaginario uruguayo, ya presente con Artigas, del país frontera y sus múltiples y diversas migraciones, analizando la complejidad y los alcances de las categorías de migración e inmigración, diáspora y exilio de cara a los nuevos contextos articulados por la transnacionalización de los mercados y la globalización cultural.

Por su parte, Milita Alfaro en "Cultura subalterna e identidad nacional" (1992) aboga por una perspectiva que contemple la participación de las *culturas subalternas* (en tanto conglomerado heterogéneo que convive y se cruza con la cultura hegemónica desde una tesitura no meramente contestataria sino diferente) como clave configuradora de la identidad uruguaya y de varios de sus imaginarios nacionales (y que han sido en algunos casos no consideradas por parte de la cultura ilustrada): el fútbol (gestador del *Maracaná* como mitologema del "Uruguay feliz"), el carnaval y la murga, y el boliche con su bohemia nocturna, entre otros. Destaca además –como lo hacen Abril Trigo y Roberto de Espada (1991)– el empleo de ciertos códigos, expresiones y saberes subalternos en la conformación, durante la dictadura, de una cultura de resistencia contra el autoritarismo estatal.

El Mercosur: el imaginario del fin de siglo *en torno al desarrollo, expansión y viabilidad del pequeño país*

Una segunda línea vislumbra la importancia y el protagonismo del Mercosur como un desafío para repensar una larga discusión sobre la "viabilidad" del Uruguay, sus vínculos entre el adentro y el afuera, sus proyectos de integración y su lugar entre los vecinos países.

La firma del Tratado de Asunción el día 25 de marzo de 1991 por parte de Argentina, Brasil, Uruguay y Paraguay, en el cual se rubricó un acuerdo marco para el Mercosur, disparó entre los intelectuales uruguayos la urgencia por reflexionar en torno a las dimensiones "culturales" puestas en juego en dicho acuerdo, cuestión en gran medida soslayada en los debates que privilegiaban los enfoques políticos y económicos. Era hora de discutir la integración cultural en la región, de pensar las futuras políticas culturales, de interrogar la "cultura mercosur". Las reuniones y seminarios convocados por Hugo Achugar y Gerardo Caetano, y publicados luego bajo los títulos *Cultura mercosur (política e industrias culturales)* (1991b) y *Mundo, región y aldea. Identidades, políticas culturales e integración regional* (1994), exhiben algunas de las principales líneas de interés despertadas por el Mercosur, tales como:

a) Las políticas de *integración* no suponen una voluntad de homogeneizar las diferencias culturales tras alguna supuesta unidad cultural de América Latina, sino que deben considerar las heterogeneidades de los países latinoamericanos integrantes del bloque regional. Se sugiere la eventualidad de la emergencia de una "cultura mercosur" que se recorta como región en el mapa latinoamericano y que tendrá en cuenta la coexistencia de varios códigos simbólicos, las transacciones interculturales, ya que estamos ante una identidad latinoamericana que se reconoce como híbrida, políglota, multiétnica, migrante, hecha con elementos cruzados de diversa procedencia.

La integración del Uruguay involucra, además, un nuevo desafío que debe lidiar con los valores que porta la cultura uruguaya –¿cuál es el espesor y la índole de la oferta cultural del Uruguay que se desea integrar?– y qué implica considerar las tensiones entre el "nacionalismo" y el "universalismo", que busca definir un equilibrio entre lo local, lo regional y lo global, entre las demandas de los centros y las propuestas de las periferias, que procura evitar tanto los telurismos radicales como la aceptación irrestricta del afuera: se trata de lidiar entre las tortugas ninja y los charrúas pero en un nuevo escenario que redefine las territorializaciones. Rafael Bayce lo expresa gráficamente cuando sostiene: "ni charrúas ni ninjas, de qué manera podemos explotar alguna virtud charrúa para transformar lo que es ninja sin ignorarlo, porque los ninjas vienen de cualquier manera" (Achugar, *Cultura Mercosur* 66). También se advierte la necesidad de recuperar las culturas del interior –contra la hegemonía de Montevideo– e incluso de la frontera con el uso del portuñol que demanda la redefinición de las políticas de la lengua al interior del Mercosur. La advertencia sobre las *asimetrías* entre las culturas y las industrias culturales puestas en juego en la integración del Mercosur no es un dato menor y concita la reflexión a la condición de "pequeño país" del Uruguay que debe defender un espacio entre los vecinos.

b) A fin de ir más allá de una concepción belletrística y espiritualista de la cultura, se hace especial hincapié en los aspectos económicos de la producción cultural y del consumo de bienes culturales, en el mercado y sus lógicas, en las políticas de libre comercio al interior del bloque regional, en el rol del Estado ante el avance del neoliberalismo, en las prerrogativas de las empresas privadas, en las demandas del público, entre otras cuestiones. E incluso cobra importancia el factor dinero y el

empleo de fuerzas de trabajo que puede mover la industria de la cultura
–en contra de la idea de la cultura como un sector improductivo–.

c) Se propone abrir y ampliar el campo de lo que tradicionalmente
se denomina "cultura" tanto hacia las culturas masivas y las industrias
del espectáculo como hacia las culturas populares artesanales, evitando
reducirla a las artes y las letras y atendiendo asimismo a la aparición
de nuevas tecnologías que la impactan y modifican, desde las
telecomunicaciones a la informática.

d) Además, el Mercosur aparece como una nueva oportunidad
para la mutua colaboración en la consolidación de los recientes
procesos democráticos, y también para el ensayo de políticas culturales
democráticas que puedan decidirse en el espacio del intercambio, del
debate y de la "conversación" que estos encuentros intentan poner en
práctica.

e) Se vuelven a poner a prueba ciertos dispositivos identitarios y
algunos imaginarios ante el reto del Mercosur, en especial: la importancia
del "afuera", que ahora se desplaza desde la mirada hacia los países
europeos para considerar a los vecinos latinoamericanos firmantes
del Mercosur; la consiguiente "latinoamericanización" que diluye la
"europeidad" uruguaya; la reinscripción del imaginario del Uruguay como
país "frontera", zona de tránsito y tráfico mercantil; las posibilidades y
también las alertas del "pequeño país" ante el avatar de la integración
regional.

f) Con el Mercosur se recupera cierto optimismo puesto en la imagen
del Uruguay como proyecto viable que finalmente pueda sacar al país
de la crisis que lleva décadas. En esta línea, De Armas y Garcé indican
el fin de la "conciencia crítica" de la generación del 45, es decir la actual
deconstrucción del "pesimismo", de la grisura, de la inmovilidad y de la
incapacidad que caracterizaron al imaginario del "declinio". Para ellos
no estaríamos, entonces, frente a la crisis actual del imaginario batllista,
tal como sostienen, por ejemplo, Gerardo Caetano y Fernando Andacht,
ni ante la resurrección del optimismo del Centenario: se trataría de las

perspectivas de desarrollo y crecimiento que abre el Mercosur, lo que implica la aparición de un tercer imaginario, el del *fin de siglo*, que vendría a completar un modelo triádico junto a los imaginarios del Centenario o batllista y el *crítico*.

La dictadura: lo ominoso, Narciso y Calibán desarmado

Finalmente, desde los renovados valores de la democracia iniciada en 1985 la *dictadura* aparece como una experiencia desde la cual se revisa la tradición intelectual y cultural uruguaya, tal como fuimos explorando en las páginas anteriores. Mientras varios críticos eligen hablar desde "este fin de siglo" como un amplio espacio en el cual se cruzan las tendencias del neoliberalismo, el impacto de la videocultura, la consideración de los sujetos subalternos y las alteridades culturales, los debates sobre la posmodernidad (entre otras cuestiones), otros, sin desconocer esas tendencias, focalizan en "la dictadura" que ahora proyecta desde un "espejo deformante" los relatos de la nación. Se trata de comprender la historia reciente, la emergencia de la violencia y los autoritarismos, de explorar lo siniestro que anidaba en la familia uruguaya (Migdal, "Imágenes simbólicas"), de señalar las "memorias fracturadas" (Viñar y Viñar) para emprender la tarea de refundar los imaginarios nacionales (Caetano, "Notas").

Daniel Gil recupera, en el Prólogo escrito para *Fracturas de memoria. Crónicas para una memoria por venir* (1993) de Maren y Marcelo Viñar, una escena: varios uruguayos se encuentran durante su destierro europeo en el Memorial de la Deportación de París donde recorren los nombres de las víctimas de los campos de concentración nazi, a quienes ahora perciben como "hermanos". Esta imagen resulta emblemática en tanto da cuenta del cambio brutal de escenario que la dictadura provocó: París ya no es más el centro cultural donde las élites latinoamericanas van a abrevar sus saberes, Europa tampoco es recordada como la patria de la cual partieron los inmigrantes que arribaron a las costas uruguayas, sino el lugar de un nuevo encuentro con (otra) Europa a partir de la común experiencia de las barbaries de los totalitarismos que acecharon la historia de ambos márgenes del océano. Esta escena es también la proyección de las nuevas tareas que se abren para el intelectual conosureño bajo el imperativo de la memoria (Viñar y Viñar 5-11).

Ya hemos revisado varios debates vertebrados por el quiebre de la dictadura, sólo nos resta agregar algunas figuras e imágenes que metaforizan aquellas propuestas, en tanto la apertura democrática significó cierta posibilidad de *refundación* luego de la rotura del tiempo ritual ocasionada por la dictadura (Caetano, "Notas"). ¿Cuáles serían, entonces, las proyecciones de este nuevo imaginario: sus relatos y figuras emblemas, sus tropos, metáforas y narrativas, sus deseos y temores? Esta es una de las preguntas que guían el presente trabajo, y por ello nos proponemos explorar un *corpus* literario que nos sirva para articular una *imago* del imaginario de la posdictadura uruguaya, en el sentido en que Lezama Lima entiende el concepto: la literatura es capaz de reconvertir en un complejo haz de imágenes (*imago*) cada momento clave en la historia de un pueblo. Advertimos, no obstante, los límites de esta propuesta: si, por un lado, apenas daremos cuenta de algunas pocas imágenes, por el otro, resulta difícil –si no imposible– evaluar la penetración y la vigencia de éstas en la conformación de los imaginarios que, como sabemos, obedecen a una temporalidad y ritmo propios.

Aquello que en primer lugar se hace ostensible es el sentimiento de extrañeza provocado por la dictadura uruguaya y su Terrorismo de Estado en un país que se enorgullecía de su tradición democrática. Dos figuras, dos imágenes contrapuestas aunque concurrentes van a condensar este sentimiento: por un lado la emergencia de lo *siniestro* dentro de la familia uruguaya, que Alicia Migdal supo describir cuando se pregunta "¿cómo se formaron las larvas del terror en el Uruguay de fiesta democrática? ¿De dónde salieron los torturadores que fueron con nosotros a la escuela laica, gratuita y obligatoria, y vivieron en nuestro barrio, y en determinado momento imprevisible 'pasaron al acto'?" ("Imágenes simbólicas" 26).[28] Lo ominoso impulsó la exploración, en el

---

[28] Curiosamente Francisco Panizza se pregunta: "¿Por qué duró tanto tiempo [la democracia uruguaya]?" (11).

pasado de la historia uruguaya y en las narrativas nacionales, de aquellos momentos de emergencia de políticas autoritarias por parte del Estado, de guerras fratricidas y de levantamientos armados. Una arqueología de la violencia se hace necesaria para volver "familiar" lo siniestro dejado por la dictadura y para comprender históricamente su acaecimiento. De allí el auge, en el inicio de la democracia, de novelas históricas que recuperaban los eventos más violentos de la historia nacional. Por otro lado, la imagen de Narciso reflejando su rostro en aguas turbias –así titula Marisol Álvarez su ensayo: "Narciso en aguas turbias" (1994)– vehiculiza al mismo tiempo el desmoronamiento de los dorados imaginarios del paraíso uruguayo y el señalamiento de la cuota de soberbia que contenían.

La reiteración de ciertos tópicos como la conversación, el pluralismo, el diálogo, el desarme y la derrota (que aquí hemos nucleado en torno a la figura de Calibán desarmado) da cuenta de un punto significativo dentro del enclave de la refundación de los imaginarios uruguayos, y refleja también un parteaguas en el contexto latinoamericano de los noventa atravesado por el declive de la izquierda armada en varios países del continente y por el fin de diversas dictaduras, en especial aquellas del Cono Sur. Este *desarme* supone, entre otras cuestiones, una desarticulación de la lógica antagónica del amigo-enemigo imperante en el pasado de la historia reciente y que tiene en Uruguay una propia y particular trayectoria. En esta línea resulta indispensable recuperar las propuestas de Francisco E. Panizza vertidas en su texto *Uruguay: batllismo y después. Pacheco, militares y tupamaros en la crisis del Uruguay batllista* (1990), quien recorre el itinerario de la transformación de las formaciones políticas uruguayas (considerando tanto las instituciones políticas como las estrategias discursivas) desde el "sistema de diferencias" ejercido por el batllismo hasta las "relaciones de antagonismo" practicadas por el gobierno de Jorge Pacheco Areco, por los Tupamaros y los militares.

El "sistema de diferencias", formulado por el gobierno de José Batlle y Ordóñez y vigente hasta el neobatllismo de Luis Batlle, implicó una articulación hegemónica amplia por parte del Estado, integradora de diversos sectores sociales, ejercida desde una ideología –por momentos ambigua y contradictoria– que recuperó el discurso liberal oligárquico preponderante en América Latina pero descartando sus perfiles más conservadores y tendiendo puentes con propuestas populistas. Se propuso lograr la institucionalización del Estado (terminando con el poder de los caudillos e instaurando un orden legal y civilista) y la democratización del orden político atendiendo a las demandas sociales y sumando al sector obrero (y también a miembros de la oposición política del Partido Nacional). Para lograr el "consenso" de las principales fuerzas y tendencias políticas implementó el "transformismo", que consistió en una práctica hegemónica, emprendida por el poder estatal, destinada a bloquear la emergencia y consolidación de fuerzas antagónicas a través de la absorción selectiva de sus reclamos, de la negociación y de los acuerdos con ellas –y no del enfrentamiento–. Tampoco procuró destruir el poder de la oligarquía terrateniente, sino subordinarla al gobierno y negociar con él. Bajo esta modalidad –y aun con los límites, inconvenientes, fallas y crisis del sistema– el Estado se convirtió en un dispositivo articulador de un sistema de "diferencias" legítimas, constituido por identidades positivas, conformadoras de ciudadanía amplia, compleja y diversa con capacidad participativa, y en el cual están ausentes los antagonismos y las polarizaciones totalizantes.

En cambio, ya desde el gobierno de Pacheco Areco (1968-1972), considerado por muchos como el inicio del autoritarismo que luego desembocaría en la dictadura, comienzan a imponerse las "relaciones de antagonismo" como un intento de responder a la crisis económica y al progresivo deterioro institucional del momento, descartando la tradición del consenso batllista y sustituyéndola por los discursos de ruptura, la formulación de antagonismos, las prácticas confrontativas, la lucha político-ideológica y el incremento de la violencia política. Hacia el fin de su mandato, Pacheco Areco terminó por configurar un discurso populista autoritario, centrado en su propia figura, edificada en la confrontación con el enemigo subversivo en una lucha épica –en la cual estaba solo, colocándose por fuera de las fuerzas políticas tradicionales–. Los Tupamaros constituían el "otro", el mal absoluto a ser expulsado de la patria, no sólo por ser "antinacionales" sino además "antihumanos".

Asimismo, tanto los Tupamaros como los militares implementaron "relaciones de antagonismo" que –advierte Panizza– tenían puntos de contacto. Para los Tupamaros el enemigo primordial no eran las Fuerzas Armadas sino –en un nivel inmediato y coyuntural– la corrupción estatal, la complicidad de las clases dominantes, los negociados y la impunidad de los poderosos y –en una dimensión más profunda que justificaba la empresa revolucionaria– la oligarquía y el imperialismo que imponían un sistema político opresivo y socialmente injusto. En cambio, además de adversarios, los militares eran sus interlocutores y con ellos compartían una voluntad por defender la "Pa", así como también se sentían herederos de la tradición militar independentista –en especial aquella protagonizada por Artigas–. Cruzando los conceptos de "pueblo", "Patria" y "revolución", el MLN-T elaboró su propio discurso de ruptura proyectado sobre la antítesis pueblo-oligarquía: la Patria se encuentra explotada, apaleada y humillada por la oligarquía pero será liberada y devuelta al pueblo a través de la lucha revolucionaria.

Las Fuerzas Armadas reconfiguraron rápidamente su identidad ante el enemigo subversivo, dejando en el pasado la tradición legalista, civilista y apolítica que caracterizó a los militares uruguayos para diseñar un perfil de signo político. Desde la noción de "orden" instauraron como sujetos antagónicos de la Nación –de la que ellos se sentían guardianes– tanto a las fuerzas políticas tradicionales, corroídas por la corrupción, la inoperancia y el desinterés por el país, como a las fuerzas de la subversión y la sedición que perturbaban el orden (mientras la *subversión* abarcaba a quienes intentaban deteriorar el orden institucional, social, moral y económico nacional, la *sedición* era el sector de la subversión que pretendía alterar dicho orden a través de la lucha armada). Tanto para los Tupamaros como para los militares, la democracia uruguaya se encontraba sumamente deteriorada y constituía una máscara superficial y hueca que ocultaba una realidad opresiva y un orden social injusto (para la guerrilla) o un orden político corrupto y carente de patriotismo (para los militares). Las perspectivas de Panizza exhiben, de un modo minucioso y contundente, el imperio de los discursos de ruptura y de antagonismo durante los años del autoritarismo y Terrorismo de Estado, sobre los cuales situamos las políticas de desarme ensayadas por algunos intelectuales de la posdictadura.

Gustavo de Armas y Adolfo Garcé se preguntan: "¿qué extraños senderos recorrió la intelectualidad nacional para pasar desde el clima liberal, tolerante y suavemente escéptico del 900, al dogmatismo intransigente y maximalista de los sesenta?" (6). Frente a la continuidad de la "conciencia crítica" establecida por Ángel Rama, De Armas y Garcés eligen introducir un corte, un hiato, y ahondar las diferencias entre la generación del 45 y la del sesenta (o 65), y desde ese corte, regido por los conceptos contrapuestos de *tolerancia* y *dogmatismo*, establecen dos reagrupaciones: por un lado, vinculan la promoción del 45 con los pensadores del 900, en especial con José Enrique Rodó y con Carlos Vaz Ferreira. Este vínculo se basa en que ambos comparten el inconformismo, la vocación crítica y la incertidumbre, la duda y la interrogación respecto al destino del Uruguay (tolerancia). Por el otro, acercan la generación del sesenta con el neoliberalismo de los setenta y ochenta a través de la comparación de *Marcha* (cerrada por la dictadura en 1974) con *Búsqueda* (se crea en 1972). Esto los lleva a sumar una nueva etapa –la tercera– a la "conciencia crítica", la del neoliberalismo. Aun cuando detectan diferencias entre ambos medios, ya que *Marcha* constituye un órgano de la izquierda uruguaya mientras *Búsqueda* exhibe una ideología de derecha y defiende un modelo neoliberal, los autores exploran –no sin osadía– las simetrías y la "impactante continuidad" en base al *radicalismo doctrinario* que en un caso es de izquierda (*Marcha*) y en otro de derecha (*Búsqueda*).[29]

De este modo, colocan como filtro para reconfigurar la tradición intelectual uruguaya el par tolerancia/dogmatismo intransigente (concordante con el par diferencia/antagonismo de Panizza), que es uno de los núcleos críticos que surgen en la posdictadura para evaluar tanto el Terrorismo de Estado de la dictadura como las ideologías radicales de la izquierda. Un nuevo protocolo de lectura para interrogar las tradiciones

---

[29] Asimismo, Aldo Marchesi da cuenta de esta percepción de cierta continuidad entre *Marcha* y *Búsqueda* ("Una parte del pueblo uruguayo" 345).

culturales uruguayas así como el perfil del intelectual, un reordenamiento en cuya matriz está la desarticulación de la antítesis amigo-enemigo.

Desde la valorización de una democracia plural, abierta y tolerante –y bajo el paraguas del giro lingüístico–, reflexionan críticamente en torno a ciertas figuras radicales del intelectual como la imagen del *rey filósofo* (y sus variantes como la del *científico* que atañe al intelectual de matriz marxista) para quien la política se funda en el descubrimiento o la invención de modelos perfectos, fundados en certezas irrebatibles, sostenidos por un saber científico capaz de iluminar el destino de las sociedades y el curso ineluctable de la historia –y que en muchos casos desconoce los saberes locales–. Esta crítica apunta en gran medida al intelectual marxista que ejerció durante los años sesenta, exhibiendo un tono magisterial y un perfil ilustrado de raíz neopositivista. Despegado excesivamente de pautas locales e imponiendo un discurso técnico que juzgó la política nacional desde parámetros universales, según Gustavo de Armas y Adolfo Garcé terminó provocando una escisión del intelectual con el campo de la política.

En franca crítica a estas posturas, que califican de esencialistas y monistas, los autores exploran las posibilidades del pragmatismo y del pluralismo, y desde las reflexiones de Richard Rorty eligen considerar la construcción política como una práctica contingente y abierta que puede ser permanentemente criticada. Adhieren a un concepto también contingente de *verdad* alcanzada como resultado de los debates y combates y no como una certeza absoluta provista por un lenguaje científico universal. De allí que aboguen por un intelectual *hermeneuta* más que inventor.

El tránsito del intelectual alternativamente comprometido, revolucionario, militante, filósofo, científico, emancipatorio, que la izquierda insurrecta configuró en torno al evento decisivo de la Revolución cubana, hacia el intelectual intérprete, hermeneuta, posmoderno, demócrata, que adquirió relevancia en el contexto de la posdictadura, supone todo un proceso de "desarme" que involucra tanto un cambio ideológico –la apuesta a la vía democrática, a los derechos humanos, a la negociación de los conflictos en detrimento de la lucha armada– como una entera transformación simbólica que abarca desde los imaginarios proyectados hasta las narrativas y retóricas empleadas.

Del intelectual armado al desarme de Calibán

[…] cuando llegue el momento, el ensayo soltará
amarras e intentará a su vez ser él mismo una
obra, con su propia y temblorosa autoridad
Jean Starobinski

En este capítulo me interesa explorar el "desarme" del intelectual
–uno de cuyos símbolos en América Latina ha sido la figura de Calibán–
en el escenario de la posdictadura del Uruguay, trazando una línea que va
desde la figura del Calibán revolucionario de los sesenta hasta su desarme
en los 90, desde el ensayo del cubano Roberto Fernández Retamar hasta
el ensayo del uruguayo Hugo Achugar. Colocamos el *desarme* como una
de las alternativas que surge luego de la derrota de la izquierda armada
y del fin de las dictaduras de los setenta y ochenta, es decir, como una
propuesta que se articula en el contexto de la apertura democrática, en
el cual se discuten tanto las herencias de la reciente violencia estatal
como el colapso del proyecto revolucionario. Una de las preguntas
que atraviesa este trabajo se refiere al modo en que la experiencia de la
derrota dio lugar a nuevos debates y propuestas en el campo intelectual
y literario de la posdictadura uruguaya –es decir, ¿cuáles son los saberes
de la derrota?– y en qué medida permiten salir tanto de una visión que
se ha quedado congelada en la nostalgia de un pasado dorado por los
ideales de un "mundo mejor", como de una mirada hacia el futuro que
ignora o evita revisar el paso reciente sacudido por la lucha de la izquierda
armada y por la implantación del Terrorismo de Estado. Una memoria
reflexiva y crítica.

1. Las razones y las escrituras de las armas

El intelectual armado. La violencia revolucionaria en el escenario intelectual

En torno a los procesos revolucionarios de la izquierda armada de los años sesenta en América Latina, se ha hablado de la emergencia e importancia del intelectual comprometido y del intelectual revolucionario. ¿Cabría agregar una nueva etiqueta, la del "intelectual armado", cuando las armas ocuparon un lugar protagónico en la idea de revolución que irradió Cuba hacia el resto del continente latinoamericano y cuando la violencia impregnó los diversos discursos y saberes? ¿Cuáles son los debates, las ideas, los conceptos en torno a la violencia armada por parte de la izquierda? ¿Qué textos, escritores, intelectuales y propuestas configuran esta letra sobre las armas, esta literatura armada? ¿Cuáles son los argumentos, con sus retóricas y tropos, que legitiman el uso de las armas? ¿Qué perspectivas ideológicas activaron y vehiculizaron esta defensa de la violencia revolucionaria? ¿De qué tipo de violencia se habló: violencia revolucionaria, radical, defensiva, de abajo, de arriba, estructural, colonial, entre otras?

La "violencia revolucionaria" fue objeto de intensas elucubraciones teóricas, de una ingeniería conceptual, de la necesidad de un sustento y una fundamentación argumentativa que se fue articulando desde diversas esferas del saber. Así la *violencia armada* proclamada por la teoría del foco de Ernesto Guevara y Régis Debray; la *violencia colonial* en y de los condenados de la tierra, esgrimida desde las perspectivas sobre el colonialismo de Frantz Fanon y Jean-Paul Sartre, atravesadas asimismo por la influencia de la *violencia vitalista* de Georges Sorel; la *violencia estructural* del capitalismo y de la democracia en la Teoría de la Dependencia; la violencia estudiantil en las protestas del mayo del 68, que Hannah Arendt teorizó; e incluso la defensa del empleo de la *violencia justa* contra *la violencia injusta* por parte de la Iglesia "rebelde" reunida en Medellín: todas estas perspectivas –y otras más– se ocuparon de argumentar en favor de la violencia revolucionaria, de reflexionar en torno a las diversas categorías en que la violencia podía ser encarada y de exhibir la *performatividad* de la violencia armada.

La violencia revolucionaria *del foco*

La conceptualización de la *violencia revolucionaria* tal como circuló en la izquierda latinoamericana de los sesenta se gesta y perfila, en primer lugar, en la teoría del foco que Fidel Castro creó e implementó como práctica guerrillera privilegiada en Sierra Maestra, que Ernesto "Che" Guevara describió, narró e instaló como un modelo en *La guerra de guerrillas* (1960) y en *Pasaje de la guerra revolucionaria* (1958-1961), y que fue teorizada, sistematizada y popularizada a través de los textos de Régis Debray en "El castrismo: la larga marcha de América Latina" (1963) y en *¿Revolución en la revolución?* (1967), entre otros.

La violencia se vuelve protagónica y radical en el foco insurreccional ya que, como una simiente, va a crear la revolución incluso allí donde las condiciones para su surgimiento no estén dadas. En términos generales, la izquierda en América Latina adoptó dos programas diferentes: por un lado la *revolución a largo plazo* propuesta por la mayoría de los partidos comunistas en América Latina con la anuencia de la Unión Soviética, que partía del análisis de la condición colonial, semicolonial y subdesarrollada de los países latinoamericanos y su dependencia de los centros imperiales, y proponía el pasaje al socialismo para un futuro más o menos lejano en el que se hicieran visibles las contradicciones fundamentales entre burguesía y proletariado. Para acelerar esta modernización capitalista y derrocar a las "oligarquías retardatarias" era necesaria la formación de frentes y coaliciones que aglutinen a campesinos, a obreros y a la pequeña burguesía nacional abriendo así paso a la revolución socialista. Se trataba de una perspectiva evolucionista y reformista que el resto de la izquierda armada no compartía, ya que no se ajustaba al contexto de América Latina en donde no era visible una burguesía con intereses nacionales y antiimperialista, ni nadie quería apostar a un futuro incierto. Por otro lado, la opción por la *revolución armada* protagonizada por Cuba se sustentaba en la agencia del guerrillero y en la productividad del foco, que no precisaba aguardar la maduración de los factores externos ni la formación de frentes ya que por sí mismo generaría la revolución socialista y conquistaría el apoyo de obreros y campesinos. Esta postura hacía de la violencia armada el motor creador de la revolución sin pasar por la lenta maduración del capitalismo.

Para muchos, la Revolución cubana, más allá de sus aspectos novedosos, se articulaba con la tendencia del *marxismo humanista* (Gatto 205). El marxismo científico, seguido por los comunistas ortodoxos de línea soviética, analiza la sociedad a partir del determinismo y considera un conjunto de leyes "científicas" que describen e interpretan las estructuras estables y mecánicamente articuladas que van desde la base económica hasta la superestructura, y que son independientes de los hombres; el marxismo humanista, en cambio, se desata de las leyes sociales y los determinismos para asumir un voluntarismo y activismo revolucionario. Se trata de un marxismo profundamente activo, una vanguardia productora de focos, organizadora de columnas guerrilleras, transformadora de las condiciones adversas, reclutadora de soldados, formadora de conciencia; y en esta línea, la violencia armada aparece como una de las herramientas privilegiadas para el cambio, visible en la frase de Mao Tse Tung "el poder político surge del cañón del fusil". En la Revolución cubana nada superaba el protagonismo del ejército guerrillero y su activismo revolucionario, cuya autonomía no se sujetaba al Partido.[30] Se trata de una *violencia radical* inserta en el núcleo del foco, aun cuando en diversos grupos guerrilleros en América Latina se haya argumentado la necesidad de activar una "violencia defensiva" o una "táctica" como respuesta a una "violencia de arriba" proveniente del sistema capitalista y colonialista.[31] Una violencia radical y poderosa ya

---

[30] Régis Debray en la *¿Revolución en la revolución?* (1967), describió las características de la Revolución cubana señalando las innovaciones que aportaba a la teoría y práctica revolucionarias, entre las cuales menciona el protagonismo de la guerrilla como motor de la revolución frente al Partido, lo que suponía un intento de sustituir a los partidos comunistas en América Latina por los grupos guerrilleros y privilegiar el foco militar frente al movimiento político, ya que se trataba de hacer la revolución aun cuando las condiciones no estuvieran dadas, de anteponer la voluntad a las determinaciones materiales.

[31] Para dar un ejemplo entre otros posibles: en el caso del grupo uruguayo MLN-Tupamaros,

que –argumentan– debía enfrentar además a los poderes imperialistas dentro y fuera de América Latina.

El *foco* inaugurado como modo de acción en la guerra de guerrillas cubana comienza a actuar con un reducido número de selectos guerrilleros que, a través de la praxis combativa y de la propagación de sus ideas, irá sumando nuevos reclutas y adeptos dentro de los campesinos y pobladores, funcionando como una *propaganda armada*. Es una vanguardia militar autónoma y autogestionada que ejerce tanto funciones militares como políticas dentro de una estructura verticalista de mando, sujeta a un rígido reglamento e independiente del Partido. En este marco la violencia del foco revolucionario fija el inicio de su propio desarrollo y forja su capacidad para reproducirse. Cada instancia de enfrentamiento en la lucha va configurando la subjetividad del guerrillero a través de un proceso de aprendizaje que supone una serie de desafíos físicos y morales (Duchesne-Winter, *La guerrilla narrada*), desde las pruebas de resistencia ante las inclemencias del medio, el hambre, la sed hasta el aprendizaje de los valores del guerrero como el talante estoico, el compañerismo y la solidaridad, la valentía y el sacrificio.

La lucha armada del foco es, además, un medio de reclutamiento a través del ejemplo del arrojo heroico, del carácter épico, de la entrega de la vida de los guerrilleros que se ofrece como modelo a seguir. También es una *paideia* que enseña a los campesinos los valores revolucionarios y los prepara para el proceso de concientización: es el aprendizaje a través de la guerra, una pedagogía de las armas.

Sorprende la productividad que la teoría del foco otorga a la *violencia* (lo que llamaré su cualidad performativa) en tanto inicio del foco, configuración del perfil del guerrillero, estrategia de reclutamiento, enseñanza y concientización del campesinado, todo lo cual se engloba en el poder de la violencia para transformar la sociedad y acceder al poder.

Clara Aldrighi expone la tesis de la *violencia defensiva* esgrimida por los tupamaros frente a la violencia impuesta por el imperialismo, el capitalismo y la oligarquía dominante, mientras para Hebert Gatto, quien discute la interpretación de Aldrighi, se trata de una violencia radical cuya matriz se encuentra en la Revolución cubana.

De este modo, el foco se coloca como momento genesíaco, como una instancia originaria desde la cual se desarrollará la revolución, instalando un imaginario cuasi religioso ligado a la creación *ex-nihilo*, al fin de los tiempos y al inicio de otros nuevos. La violencia revolucionaria aparece como un acto refundacional, la inauguración de un nuevo ciclo que cancelaba el anterior, una violencia *fundatrix*, creadora, purificadora.[32] En este sentido la violencia revolucionaria (en especial el modelo jacobino) se vincula con la matriz escatológica de la tradición judeo-cristiana que profetiza el fin de los tiempos signados por el pecado original y el inicio de un período de renovación, de un tiempo nuevo de paz y felicidad, el milenio (Vezzetti; Gatto 224).

La violencia colonial *a partir de Frantz Fanon y Jean-Paul Sartre*

Otro de los textos más radicales sobre la violencia en los años sesenta fue *Los condenados de la tierra* (1961) del escritor martiniqués Frantz Fanon, que se abre con un primer capítulo titulado "La violencia" para convocar a una praxis *violenta* y *totalizadora*. Veamos la síntesis que lleva a cabo Jean-Paul Sartre en el prefacio al texto de Fanon a través de la cual el filósofo francés también explica y reinterpreta constantemente la cuestión de la violencia.

Lo que aquí está en juego es la "violencia colonial", tanto la que imponen los colonos y padecen los colonizados como la que estos últimos emplean en sus luchas de liberación. De modo que ambos textos (Fanon y Sartre) exploran la violencia revolucionaria desde la condición de las sociedades coloniales.

La argumentación sigue un recorrido –dialéctico, especular y espiralado– de la violencia, que se inicia con las políticas de sometimiento, opresión, domesticación y barrido que el colono efectúa sobre el nativo en

---

[32] En *La guerrilla narrada* (2010), Juan Duchesne-Winter critica esta idea del foco como punto inicial de la acción revolucionaria en el caso cubano –como si nada la antecediera–, señalando la intensa actividad de grupos de diversa condición que prepararon el terreno para la acción de la guerrilla comandada por Fidel.

todas las dimensiones de su existencia, y que supone una deshumanización –aunque no una aniquilación– del otro. Esta violencia enquista en su interior una contradicción entre las prácticas de sometimiento al otro y la necesidad de obtener el máximo rendimiento en su trabajo, una tensión entre el poder y la impotencia.

Esta violencia desenvuelve su propia lógica pasando del amo (quien suscita terror) al campesino quien ahora la emplea (convertida en furor) para ir contra el opresor: la violencia del colonizado es la violencia invertida del colono, su salvajismo es producto del salvajismo del colono, es el reflejo del colono en su propio espejo. Pero esa "rabia volcánica" hace del colonizado un hombre, lo humaniza, el odio es su "único tesoro" y son hombres "por esa loca roña, por esa bilis y esa hiel" (Sartre 8): "Hijo de la violencia, en ella encuentra a cada instante su humanidad" (10).

En principio, el colonizado oculta la violencia que el amo desata sobre él: censurada por su moral y por la del amo, impide que estalle y la desvía hacia sus propios hermanos en guerras inter-tribales, la hace girar en redondo hacia falsos enemigos, o la enajena y evade a través de rituales, en el regreso a mitos terribles en los que se simulan los asesinatos que no se atreven a cometer.

Pero en un momento posterior "el torrente de la violencia rompe todas las barreras" (9), desaparecen los complejos y las prohibiciones, y la violencia se vuelve contra los colonos, se convierte en un boomerang que los oprimidos emplean. Esta violencia no es la resurrección de instintos salvajes sino que tiene un carácter regenerador, reintegrador de la humanidad del colonizado escindida por el colonialismo. Es "el medio inhumano que los subhombres han asumido para lograr que se les otorgue carta de humanidad", ya que a través de las armas el colonizado se cura de la "neurosis colonial" y a partir de la guerra comienza a crear nuevas instituciones, nuevas tradiciones y nuevas leyes (9).

A las perspectivas de Fanon, Sartre agrega un nuevo momento de violencia, un último estadio en que la violencia como una *paideia* permite la transformación y descolonización de los propios europeos, la extirpación del colono que vive "en cada uno de nosotros", el desenmascaramiento de nuestro supuesto humanismo para mostrar sus mentiras, el reconocimiento de que detrás de los buenos espíritus, liberales y tiernos somos "una pandilla", "los enemigos del género humano", "los bárbaros".

Resulta notable la capacidad productora de la violencia de los condenados de la tierra en las perspectivas de Fanon y Sartre, quienes no se detienen solo en los poderes destructivos de la violencia ni en su accionar guerrero ni en su presunto carácter bárbaro o salvaje, sino en su capacidad para producir nuevos sujetos liberándolos del colonialismo y devolviéndoles su "humanidad", y con ello crear nuevas instituciones, leyes y sociedades. Aquí también se advierte la influencia de Georges Sorel y su texto *Reflexiones sobre la violencia* (1935), quien combina el marxismo con la filosofía de Bergson (Arendt, *Sobre la violencia*). Sorel considera y valoriza la violencia como la manifestación de la fuerza de la vida, de su creatividad, recuperando el élan vital de las filosofías vitalistas tanto de Henri Bergson como de Friedrich Nietzsche, quienes establecen la combinación entre violencia, vida y creatividad. Sorel denuncia el sistema burgués, la burocratización de la vida política como causa de la violencia, como una tiranía sin tirano, y ataca a la sociedad de consumo y a los burgueses pacíficos, complacientes, hipócritas, inclinados al placer, sin voluntad de poder, tardíos, decadentes y parasitarios productos del capitalismo más que sus representantes. En cambio, destaca las posibilidades del trabajador en tanto productor de nuevos valores.

La violencia justa *de la Iglesia rebelde*

El acercamiento de la Iglesia latinoamericana a los movimientos revolucionarios en la década de los sesenta tuvo su origen, como sabemos, en el Concilio Vaticano II (1962-1965), un acontecimiento clave en el giro de la Iglesia hacia las luchas de los "condenados de la tierra", alejándose de su larga e histórica vinculación con los poderes hegemónicos de las clases dominantes. Allí se puso en práctica un *aggiornamiento* que significó un vuelco desde el dogma hacia las demandas del presente, e implicó una reapertura de la Iglesia hacia los movimientos renovadores del mundo contemporáneo, reconociendo la legitimidad de importantes experiencias sociales de pueblos enteros y las aspiraciones de los sectores más pobres y oprimidos a emprender procesos de liberación (Cavillioti 7). En la encíclica *Gaudiumet Spes* se anuncia que la Iglesia debía "escrutar a fondo los signos de los tiempos e interpretarlos a la luz del Evangelio".[33] Esto condujo a una polarización de la Iglesia entre una postura *preconciliar*, apegada a posiciones conservadoras, y otra *posconciliar* que pugnaba por renovarse.

Este Concilio promovió un gran impulso transformador para ciertos sectores de la Iglesia de América Latina, quienes indagaron y estudiaron las condiciones socio-económicas de la pobreza y la opresión de sus comunidades denunciando las injusticias, explotaciones y privilegios impuestos por el capitalismo. Estos sectores se acercaron a los movimientos libertarios apostando al socialismo y a la revolución como caminos de lucha más próximos a los valores evangélicos, y recuperaron un cristianismo primitivo interesado en anunciar "la buena nueva a los pobres", destacando en sus análisis aquellos pasajes del Nuevo Testamento que hacen referencia al "potencial revolucionario de la ideología cristiana" (Cavillioti 11). Camilo Torres y Hélder Câmara constituyeron figuras ejemplares de este sacerdocio de la Iglesia rebelde de América Latina que se comprometió con las fuerzas populares en sus luchas por la liberación.

En este contexto las resoluciones del Consejo del Episcopado Latinoamericano (CELAM) fueron mostrando signos de renovación desde su reunión en Buenos Aires en 1970, y asimismo se formaron grupos sacerdotales de impronta "rebelde" en diversos países, entre los que se destacaron la renovación de la Iglesia chilena con el ascenso de Frei y la Democracia Cristiana a la presidencia en 1962, el compromiso de la Iglesia brasileña y su oposición a la dictadura militar de 1964 –que luego cobraría protagonismo con la figura de Hélder Câmara–, la formación del grupo Golconda en Colombia, las formulaciones de la "Teología de

---

[33] Véase *Vaticano II. Documentos Conciliares* (1988).

la liberación", el Movimiento de Sacerdotes para el Tercer Mundo en Argentina, el clero progresista del grupo ONIS (Oficina Nacional de Información Social) en Perú, la participación del colombiano Camilo Torres, el "cura guerrillero", quien se unió a la lucha armada renunciando a su estado sacerdotal para vivir de otro modo el "mensaje cristiano de amor al prójimo", entre otros ejemplos. Dos alternativas se abrían para los sacerdotes: asumir desde el interior de la Iglesia las nuevas propuestas revolucionarias a través de la concientización política por medio del trabajo pastoral, o abandonar el ejercicio de su ministerio para unirse a los laicos en la lucha revolucionaria.

En este contexto cabe preguntar: ¿cuál es el argumento sobre la violencia de esta Iglesia latinoamericana de izquierda? ¿Cómo se compagina la defensa de la revolución armada con la caridad cristiana? En una apretada síntesis, he elegido ciertos textos eclesiásticos posconciliares que debaten sobre la violencia, algunos desde posiciones intermedias y otros desde posturas más radicales.

Ante todo, aun para la Iglesia posconciliar, la cuestión del empleo de la violencia revolucionaria por parte del pueblo aparece como un nudo muy problemático y conflictivo respecto a ciertos valores cristianos que se afincan en la caridad, la paz, el camino de la reforma y el rechazo de la violencia; esto da lugar, en ciertos casos, a posiciones ambiguas, fluctuantes y equívocas, que admiten las luchas libertarias pero no las recomiendan.

Ya Pablo VI, en la Encíclica *Populorum Progressio* (1967), había alertado respecto a la "tentación de la violencia" como vía de protesta o a la "insurrección revolucionaria" para los casos de tiranía evidente y prolongada de aquellas poblaciones en situación de sometimiento y miseria. Aun cuando aconseja la vía de la reforma, esta encíclica dio lugar a debates en torno al derecho de los pueblos a rebelarse con las armas contra un régimen opresor.[34]

---

[34] Copio los dos parágrafos de la Encíclica *Populorum Progressio*, el 30 y el 31, que remiten a la violencia:

En el *Manifiesto de los Obispos del Tercer Mundo* (1967) se exponen los males que aquejaban a los países latinoamericanos, focalizando las críticas en el capitalismo, la dependencia, el imperialismo, el colonialismo interno, y se proclama la vía del socialismo como una salida. Al amparo de estas ideas surgió en Argentina el Movimiento de Sacerdotes para el Tercer Mundo, y en Medellín se llevó a cabo la *II Conferencia General del CELAM* (Consejo del Episcopado Latinoamericano) (1968), a la que asistiría el papa Pablo VI, y en donde un grupo de sacerdotes latinoamericanos presentaron –antes de la reunión– el "Documento sobre la violencia en América Latina", que exhibe una posición radicalizada. En el Documento central de esta II Conferencia del CELAM, por ejemplo, se advierte un tono fluctuante: se afirma el camino de la paz como el ideal del cristiano ("Nadie se sorprenderá si reafirmamos con fuerza nuestra fe en la fecundidad de la paz. Ese es nuestro ideal cristiano. La violencia no es cristiana ni evangélica"), y sin embargo se describe la "situación de injusticia" y la "violencia institucionalizada" que aqueja a América Latina, y que exige "transformaciones globales, audaces, urgentes y profundamente renovadoras" ya que puede despertar "la tentación de la violencia";[35] en cambio, el documento presentado por los Obispos

---

Tentación de la violencia
(a) Es cierto que hay situaciones cuya injusticia clama al cielo. Cuando poblaciones enteras, faltas de lo necesario, viven en una tal dependencia que les impide toda iniciativa y responsabilidad, lo mismo que toda posibilidad de promoción cultural y de participación en la vida social y política, es grande la tentación de rechazar con la violencia tan grandes injurias contra la dignidad humana.
Revolución
(b) Sin embargo ya se sabe: la insurrección revolucionaria –salvo en caso de tiranía evidente y prolongada, que atentase gravemente a los derechos fundamentales de la persona y dañase peligrosamente el bien común del país– engendra nuevas injusticias, introduce nuevos desequilibrios y provoca nuevas ruinas. No se puede combatir un mal real al precio de un mal mayor.

[35] Ver los parágrafos 15 y 16:
15: La violencia constituye uno de los problemas más graves que se plantean en América Latina. No se puede abandonar a los impulsos de la emoción y de la pasión una decisión de la que depende todo el porvenir de los países del continente. Faltaríamos a un grave deber pastoral si no recordáramos a la conciencia, en este dramático dilema, los criterios que derivan de la doctrina cristiana y del amor evangélico.
Nadie se sorprenderá si reafirmamos con fuerza nuestra fe en la fecundidad de la paz. Ese es nuestro ideal cristiano. "La violencia no es cristiana ni evangélica" [Pablo VI, Bogotá, 23/08/68 y 24/08/68]. El cristiano es pacífico y no se ruboriza de ello. No es simplemente pacifista, porque es capaz de combatir [Pablo VI, 01/01/68]. Pero prefiere la paz a la guerra. Sabe que "los cambios

latinoamericanos considera que "América Latina, desde hace varios siglos, es un continente de violencia". En este texto ("Documento sobre la violencia en América Latina") se expone, en primer lugar, la situación de "violencia institucionalizada" que, desde la Colonia, se abate contra un pueblo explotado desde todas las estructuras de poder –económico, político, social y cultural– nacionales o internacionales, que pretenden dominar a nuestros pueblos, y donde la democracia es más formal que real. En segundo lugar se articula una propuesta en la cual se reconoce el derecho de los pueblos a luchar por su propia liberación –agotada la vía pacífica– empuñando las armas, tal como ya lo hicieron en las guerras de Independencia. Aquí se esgrime la razón de la *violencia justa* de los oprimidos, que se ven obligados a recurrir a ella para lograr su liberación, contra la *violencia injusta* de los opresores que sostienen este "nefasto sistema".[36] En esta línea los sacerdotes no sólo hacen una autocrítica de la connivencia de la Iglesia con los poderes de turno, sino que además proponen que la religión deje de ser el "opio de los pueblos" y sirva a las luchas por la liberación, lo que significa un destacable cambio en el rol mismo de la Iglesia que ahora se vuelca hacia un activismo notable. Contra esta Iglesia de izquierda, tercermundista, rebelde, revolucionaria

---

bruscos o violentos de las estructuras serían falaces, ineficaces en sí mismos y no conformes ciertamente a la dignidad del pueblo, la cual reclama que las transformaciones necesarias se realicen desde dentro, es decir, mediante una conveniente toma de conciencia, una adecuada preparación y esa efectiva participación de todos, que la ignorancia y las condiciones de vida, a veces infrahumanas, impiden hoy que sea asegurada" [Pablo VI, Bogotá,23/08/68].

16: Si el cristianismo cree en la fecundidad de la paz para llegar a la justicia, cree también que la justicia es una condición ineludible para la paz. No deja de ver que América Latina se encuentra, en muchas partes, en una situación de injusticia que puede llamarse de violencia institucionalizada cuando, por defecto de las estructuras de la empresa industrial y agrícola, de la economía nacional e internacional, de la vida cultural y política, "poblaciones enteras faltas de lo necesario, viven en una tal dependencia que les impide toda iniciativa y responsabilidad, lo mismo que toda posibilidad de promoción cultural y de participación en la vida social y política" [PP 30], violándose así derechos fundamentales. Tal situación exige transformaciones globales, audaces, urgentes y profundamente renovadoras. No debe, pues, extrañarnos que nazca en América Latina "la tentación de la violencia". No hay que abusar de la paciencia de un pueblo que soporta durante años una condición que difícilmente aceptarían quienes tienen una mayor conciencia de los derechos humanos.

[36] Ver el texto: "Tampoco se trata de idealizar la violencia sino de dar una nueva dimensión al principio repetidamente reconocido del derecho que asiste a toda comunidad injustamente oprimida a reaccionar, incluso violentamente, contra un injusto agresor".

y en ebullición se van a enfrentar las dictaduras de los setenta en el Cono Sur.

La violencia estructural *del capitalismo y de la democracia: la teoría de la dependencia*

Un factor no menos importante –en ciertas coyunturas– para argumentar la necesidad de la revolución fue la crítica al capitalismo dependiente y a la democracia como proyectos de dominación que imponían una *violencia sistémica*, una *violencia estructural* que era necesario erradicar a través de la violencia armada de los focos guerrilleros.

A partir de la hegemonía de la "teoría de la dependencia" se difundió la idea de la inviabilidad del capitalismo dependiente, del capitalismo de la periferia que sólo podía desembocar en el "desarrollo del subdesarrollo" –dada la situación neocolonial de América Latina– y que precisaba emprender el camino de la revolución socialista para salir del atasco. Se constataba, entre otras cuestiones, el control extranjero de la industria de bienes para el mercado interno y del comercio, la desnacionalización del sistema financiero, la carencia de tecnología propia y la falta de una burguesía nacional progresista, la concentración del ingreso en manos de las oligarquías tributarias del exterior y el endeudamiento externo. Esta evaluación concluía con la desestimación de la democracia como salida a la crisis y el apoyo a la revolución socialista como único camino para superar el subdesarrollo y para salir del sistema de explotación externo.

En ocasiones esta *violencia de arriba* tenía una máscara engañosa: se mostraba como un sistema democrático, aprobado y votado por el pueblo, pero sólo era –por ejemplo para los Tupamaros en el caso del Uruguay– una fachada destinada a ocultar la verdad de la violencia que se encontraba en las raíces y estructuras del sistema capitalista de explotación, invisible para la ciudadanía alienada bajo esta opresión. Para muchos analistas, este debilitamiento de la democracia fue uno de los factores decisivos para la búsqueda de otros medios de transformación social (Gatto 334).

En *Sobre la violencia* –escrito en 1969 al calor de las revueltas de los estudiantes de mayo del 68, quienes, inspirados en Fanon y Sartre, glorificaron la violencia insurreccional–, Hannah Arendt hace una crítica a perspectivas de este tipo que tienden a asimilar violencia y poder (una asimilación que ya encontramos en las propuestas de Carl Schmitt). Distingue la *violencia* (que es instrumental y por ello precisa una finalidad) del *poder* (que es la condición que permite la acción) como dos instancias diferentes que tienden a anularse recíprocamente. Critica la identificación entre violencia y poder; discute la idea de Clausewitz quien define la guerra como la continuación de la política por otros medios, y se opone a considerar al poder solo como una fachada que esconde una estructura coercitiva que se escuda en el uso legal de la violencia como un "guante de terciopelo" que "oculta una mano de hierro" (65).

Advierte dos tradiciones, dos modos del poder: una concepción restrictiva, que proviene de la antigua noción del "poder absoluto", vinculada al surgimiento del Estado-Nación europeo, en la cual el poder político es entendido como un modo "legitimado" de organizar la violencia a través de la ley, y el Estado es visto como un instrumento de opresión de la clase dominante (49). Pero para Arendt existe otra tradición –la democracia ateniense, la *civitas* romana o la república de los revolucionarios del siglo XVIII– en la cual el dominio de la ley, basándose en el poder del pueblo, pondría fin al dominio del hombre sobre el hombre; en este caso el gobierno representa el poder del pueblo (55). Es en el marco de esta segunda concepción del poder, que sostiene a la democracia moderna, en donde la violencia se opone al poder, ya que cuando se instaura la violencia lo hace a costa de anular el poder. En gran medida, en los inicios de las transiciones del Cono Sur se van a recuperar perspectivas similares a las que esgrime Hannah Arendt para reflexionar sobre la democracia.

La guerra justa: sobre el Jus ad bellum y el Jus in bello

El uso de la violencia armada ha sido objeto de diversas evaluaciones sobre los límites éticos de su empleo, que se extienden desde quienes defienden el uso de la violencia como un medio o herramienta justificable por un fin mayor –siempre y cuando se la emplee de un modo acotado, en determinado momento y lugar–, hasta los que justifican un uso indiscriminado de la violencia (visible en el axioma "cuando de la revolución se trata, el fin justifica los medios"). Hannah Arendt lo define así cuando considera a la violencia regida por "la categoría medios-fin" que supone el riesgo de que el fin está siempre en peligro de verse superado por los medios a los que justifica y que son necesarios para alcanzarlo (10).

Tanto ciertas defensas como algunas de las críticas a la violencia revolucionaria suelen enmarcarse en dos figuras en torno a la idea de una "guerra justa": (1) la justicia o injusticia de la guerra revolucionaria (*jus ad bellum*) y (2) la conducta ejercitada en el desarrollo de la misma (*jus in bello*),[37] que juzga si las prácticas empleadas están permitidas o no (por ejemplo: el uso de la tortura). Respecto a la primera lo que se pone en juego es el derecho legítimo de los pueblos a la rebelión y la insurgencia revolucionaria frente a gobiernos opresivos, el derecho de resistencia a la opresión o tiranicidio que la teoría política moderna estima válido para poner freno al despotismo, la violencia institucional o la explotación económica de los gobiernos. Aquí la cuestión pasa por evaluar las circunstancias, el contexto en el cual se implementa la lucha armada, si se trata de un gobierno de facto, o de un gobierno que sólo en las formas responde al sistema democrático e igualmente ejerce la tiranía y la opresión por otros medios. La apelación a la *guerra justa* constituyó un argumento que atraviesa las coyunturas históricas más diversas, anclando en contextos de dictaduras como la Cuba de Batista o de democracias como la uruguaya.

---

[37] Así enfocan esta cuestión Herbert Gatto, para evaluar el caso uruguayo del MLN-Tupamaros; Clara Aldrigui, que también apunta al MLN-Tupamaros uruguayo; y Hugo Vezzetti desde una perspectiva más general.

Las escrituras de las armas: la violencia revolucionaria en la escena literaria

Además de la dilatada producción teórica gestada desde y sobre la violencia revolucionaria, que apenas intentamos recorrer –y cuya vastedad sería imposible agotar–, el "intelectual armado"[38] despliega otra serie de prácticas simbólicas, una productividad teórica, imaginaria, retórica, escrituraria y literaria que exhibe en varias instancias.

En principio se destaca la presencia de *imaginarios de la violencia* que –junto a los argumentos de las armas– los textos y relatos fueron construyendo. A modo de ejemplo, en *Pasajes de la guerra revolucionaria* (1958-1961), Ernesto "Che" Guevara recorre una serie de imaginarios en torno a la figura del guerrillero, del combatiente, del soldado que pone a prueba sus valores físicos y morales en la acción, ante las inclemencias del tiempo, ante la tentación a desertar o el riesgo de traicionar; que enfrenta la lucha "hasta la muerte" y considera la caída en combate como un "sacrificio" necesario; que se convierte en maestro, alfabetizador y concientizador de los campesinos o juez de los traidores y "purificador" de la tropa. Hugo Vezzetti también explora una serie de imaginarios sobre la violencia de la izquierda armada desde el cruce entre la política, la erótica y la religión, tales como la "vida plena", la épica, el relato idealista, juvenilista del militante y combatiente, la "comunidad de guerreros", la "confraternidad del peligro", el "heroísmo sobrehumano", la apología de los fierros, o el "arte de morir", la muerte bella, la sublimación en el sacrificio, entre otros casos.

Dentro de las prácticas intelectuales vectorizadas por la violencia revolucionaria, la exploración de las *genealogías* de las luchas revolucionarias en América Latina es una de las más significativas. La violencia armada también disparó una búsqueda en el pasado de la historia (tanto las historias nacionales como la historia de América Latina) de los eventos revolucionarios que oficiaban como antecedentes y legitimaban las nuevas revoluciones por venir. Una de las instancias

---

[38] Recupero el concepto de "intelectual armado" que Herbert Gatto elabora lúcidamente para el campo intelectual uruguayo en torno al MLN-Tupamaros.

de institucionalización de este archivo de las historias de revueltas y levantamientos cuya agencia se debía a indios y a esclavos negros fue aquella que se articuló en torno a la triunfante Revolución cubana, y que es posible leer, por ejemplo, en *El siglo de las luces* (1962) de Alejo Carpentier y en *Calibán* (1971) de Roberto Fernández Retamar.

En *El siglo de las luces*, Alejo Carpentier aborda la gestación de las revoluciones de independencia en América Latina, atendiendo a sus complejos vínculos con la Revolución Francesa, y allí sitúa la intervención de una tradición propia, de una historia latinoamericana, de revueltas y levantamientos por parte de diversos grupos de esclavos, una genealogía que se reconoce autónoma. Dice uno de los personajes, el suizo Sieger: "Todo lo que hizo la Revolución Francesa en América fue legalizar una Gran Cimarronada que no cesa desde el siglo XVI. Los negros no los esperaron a ustedes para proclamarse libres en un número incalculable de veces" (277), y a continuación hace un recuento de las "sublevaciones negras que, con tremebunda continuidad, se habían sucedido en el Continente". Para Carpentier, uno de los eventos seminales de este archivo de la historia de América Latina es la Revolución de Haití, presente tanto en esta novela como en *El reino de este mundo* (1949), ya que aunó a la guerra de independencia una lucha contra la esclavitud. Es indudable el interés de Alejo Carpentier tanto por examinar los nexos con la historia de Occidente como por señalar la agencia de revoluciones propias, respondiendo así a Hegel, para quien el continente latinoamericano estaba vacío de esa Historia escrita por el Espíritu. Luego del catálogo de revueltas, concluye Sieger: "Bien puede verse [...] que el famoso Decreto de Pluvioso no ha traído nada nuevo a este Continente, como no sea una razón más para seguir en la Gran Cimarronada de siempre" (279).

Igualmente en *Calibán* se encuentra una genealogía de las revoluciones a lo largo de la historia latinoamericana. El lúcido ensayo de Fernández Retamar, publicado en 1971, cifra en gran medida uno de los proyectos intelectuales emblemáticos de los años sesenta en América Latina, en tanto traduce las demandas ideológicas e intelectuales de la Revolución cubana: en la defensa de los valores libertarios y revolucionarios, en la recuperación de zonas de la historia latinoamericana opacadas por la historia oficial, y en la elección, como signo de la identidad latinoamericana, de la figura del mestizo y colonizado que Rodó ignoró en su ensayo *Ariel* (1900). Allí descubre en las luchas revolucionarias la historia "legítima" de América Latina.

Podemos considerar la figura de Calibán roturada por el ensayo de Fernández Retamar como el emblema del *intelectual armado*, como una "metáfora-concepto" (Spivak, "Subaltern Studies") o como un "personaje conceptual" (Deleuze y Guattari, *¿Qué es la filosofía?*) en el cual se proyecta el modelo del escritor revolucionario para América Latina. Recuperando la tradición del ensayo de interpretación nacional, este intelectual construye una *máquina de guerra* en el interior de las tensiones de la Guerra Fría en América Latina. Captura en su ensayo las ideas en disputa y las facciones que articulan este conflicto, y enfrenta dos líneas de combate: las *externas* que procuran quebrar el modelo revolucionario y ofrecer una alternativa bajo la consigna del "Mundo Libre" esgrimida por la "Alianza para el Progreso", creada en 1961 por el gobierno de John F. Kennedy para contrarrestar la influencia de la Revolución cubana en América Latina; y las disputas *internas* entre las diversas posturas de quienes apoyan la Revolución cubana (Fernández Retamar, *Caliban*). Por un lado, denuncia los vínculos de la revista *Mundo Nuevo*, dirigida por Emir Rodríguez Monegal con las colaboraciones de Carlos Fuentes, Severo Sarduy, Guillermo Cabrera Infante y Juan Goytisolo, con la CIA y los intereses anticomunistas de Estados Unidos. Por el otro, interviene a favor del *intelectual revolucionario* en las disputas internas con la figura del *intelectual comprometido*, que se desataron tempranamente con la prohibición del film de Sabá Cabrera, *P.M.* (1961), declarado "obsceno y contrarrevolucionario" por la Comisión de Estudio y Clasificación de Películas; con las palabras de advertencia de Castro a los intelectuales en la Biblioteca Nacional (conocidas como las "Palabras a los intelectuales"): "Dentro de la Revolución, todo: contra la Revolución, nada" (1961); y con el posterior escándalo del caso Padilla (1968) y las cartas presentadas por los intelectuales a Fidel Castro. Todo esto fue marcando un escenario de batalla en la arena cultural, un terreno intelectual minado, un creciente clima antiintelectual (Gilman; Mudrovcic).

No es raro, entonces, que la polaridad amigo-enemigo constituya un principio estructural, argumentativo y discursivo central en el ensayo de Fernández Retamar. El autor define dos líneas dentro de la historia de América Latina opuestas, enfrentadas: por un lado, una historia y una cultura (y un intelectual) latinoamericana, la "legítima", cuyo centro es Calibán, la figura emblemática del colonizado que resiste –el *objeto* de los sistemas opresivos pero también el *sujeto* de las luchas libertarias–. Es una cultura atenta a las peculiaridades de América Latina, es "anticolonialista" y "antiburguesa", y sus representantes van de José Martí a Fidel Castro, pasando por Mariátegui y otros. En la otra vereda, se encuentra la cultura y la historia de la "Anti-América", cuyos intelectuales –desde Sarmiento a Carlos Fuentes y Jorge Luis Borges– figuran como ideólogos de la "burguesía", del "(neo)colonialismo", caracterizados por su docilidad a las teorías foráneas. La historia de la Anti-América comienza con la Conquista europea y continúa con el sometimiento al capitalismo como una forma de dominio neocolonial, con los "oligarcas criollos" y con el "imperialismo".

Aquella historia "legítima" es gestada, en cambio, por el "pueblo mestizo", es la cultura de las "clases explotadas", de los "oprimidos". Es la historia en la que grupos de "indígenas y africanos" tuvieron una fuerte agencia, como en la sublevación de Túpac Amaru en el Perú en 1780, o en la independencia de Haití en 1803; y es también la lucha de los "movimientos revolucionarios en varias de las colonias españolas de América iniciada en 1810". Esta genealogía culmina en 1959 con la "llegada al poder de la Revolución cubana" y también con el triunfo de Allende en 1970.

Si la polarización de la Guerra Fría, por un lado, vertebra esta escisión de la cultura latinoamericana en dos genealogías enemigas, por el otro da lugar a una retórica de combate, al empleo de un registro cercano a la arenga política (en la línea martiana de "Nuestra América"), próximo al discurso guerrillero en el manejo de una palabra casi oral, en la furia de las aseveraciones y afirmaciones, en la imposición de una verdad, en la ira con que rechaza a escritores que mostraran una nota de disconformidad con la Revolución, en fin, en la "violencia volcánica" que da con el tono del texto. Se trata de una lengua que recupera del Calibán de Shakespeare el "saber maldecir" y que trama una galería de *intelectuales maldicientes*, entre los cuales se encuentran José María Heredia, José Martí y Fidel Castro, antecesores del intelectual armado de los sesenta.

Calibán, entonces, emblematiza el modelo del *intelectual armado* tanto desde el empleo de polaridades, antagonismos y confrontaciones que enfrentan posiciones radicales e irreductibles, como en el uso de una lengua que maldice y en el registro de una violencia simbólica.[39] Fernández Retamar defiende la figura del *intelectual revolucionario* frente a la del *intelectual comprometido* o *crítico* –que apoyó el proceso revolucionario cubano pero sin depender de las instituciones culturales estatales ni obedecer a los mandatos partidarios– en el año 1971, es decir cuando ya había comenzado la virulenta escisión –que Claudia Gilman establece en 1968– entre el intelectual comprometido y el revolucionario.

En esta línea podemos preguntarnos: ¿en qué medida los intelectuales armados crearon una escritura atravesada por la violencia, emplearon una verba violenta, una lengua maldiciente, soez, una coprolalia? ¿o reinscribieron en su prosa marcas de las arengas militares, de los discursos marciales, del léxico bélico, de la jerga miliciana? ¿O emplearon procedimientos literarios que, como la antítesis, traducían los antagonismos político-ideológicos, o como la diatriba y la invectiva vehiculizaban la injuria y la polémica? ¿O eligieron géneros y subgéneros literarios y artísticos como la polémica, la canción de protesta, los cuentos de guerra, los testimonios carcelarios, entre otros? En este sentido, la escritura de la violencia contamina varios de los ensayos más destacados sobre la violencia –aunque la *retórica* de la violencia no es indispensable en el habla del intelectual armado, sino la defensa de la violencia en su capacidad performativa–.

---

[39] Véase el iluminador análisis de Juan Carlos Quintero Herencia. Asimismo resulta interesante el itinerario intelectual que Rafael Rojas en "Roberto Fernández Retamar: las letras por las armas" (2006) traza de Roberto Fernández Retamar desde su primera participación en la revista *Orígenes* hasta su adhesión al proceso revolucionario.

Estas perspectivas (imaginarios, genealogías y retóricas) configuraron una defensa de la violencia armada como centro de una revolución de liberación, anticolonial y antiimperialista que recorrió los textos de América Latina y fue un sustento para las prácticas militares y políticas de la guerrilla; pero la violencia revolucionaria impregnó y redefinió otras prácticas simbólicas y otros espacios, desde la cultura hasta la Iglesia del Tercer Mundo, desde la política hasta la vida cotidiana. Todo este abanico de ideas, argumentos, imaginarios, escrituras y tareas que hacen de la "violencia revolucionaria" una maquinaria productiva a nivel simbólico permite emplear la etiqueta de *intelectual armado*.

El intelectual de izquierda de la década de los sesenta en América Latina fue una figura clave que rodeó las convulsiones políticas, en especial la Revolución cubana que funcionaba como un gran atractor de los escritores "progresistas" del momento, situando a la política como su interés central, colocándola como la gran dadora de sentido, deseando participar en la inminente transformación radical de los pueblos latinoamericanos, en un clima de gran efervescencia, de polémicas, reuniones, congresos, de creación de revistas y apertura de editoriales, de esa explosión narrativa que fue el denominado *boom*. Este intelectual, como venimos anunciando, adopta dos perfiles, dos roles diversos y, en cierta medida, opuestos. Por un lado, el intelectual o escritor comprometido o crítico que se "compromete" con la política, con la transformación de lo real, con los debates en la esfera pública, que defiende una posición de izquierda pero lo hace desde su propia autonomía y por fuera tanto de la subordinación al Partido como de la representación del Estado (en este caso el Estado revolucionario cubano) o de los mandatos e intervenciones en su propia escritura (se pronuncia contra el realismo socialista y el arte oficial soviético). Proviene de la idea sarteana del escritor comprometido, *engagé*, que el filósofo francés supo describir en *¿Qué es literatura?* (1948) y colocar como una alternativa tanto a la afiliación partidaria como a los mandatos estatales, ya que el intelectual siempre está disconforme, siempre esgrime una crítica. A estas características respondían la mayoría de los escritores del *boom*, consagrados por los méritos de su propia narrativa experimental y vanguardista y por el triunfo en el mercado. En cambio, el escritor revolucionario es aquel que privilegia la praxis política revolucionaria (y sus instituciones partidarias o estatales) a la autonomía del arte, y apuesta a un arte para el pueblo en clave "realista" y capaz de traducir los mandatos revolucionarios, rediseñando el concepto de intelectual que ahora será ocupado en su punto más extremo por figuras como la de Fidel Castro o el Che Guevara, quienes aúnan las "armas y las letras", la "pluma y el fusil" (Gilman).[40] La noción de intelectual armado no se acomoda necesariamente a ninguno de los dos conceptos (comprometido y revolucionario) de modo exclusivo, los puede atravesar a ambos ya que no se trata del grado de autonomía que adopte respecto a la esfera política sino de la intensidad con la que colabore en las tareas de la maquinaria simbólica de la violencia revolucionaria. Aunque también cabría diferenciar entre un sentido estrecho (*stricto sensu*), en el cual el "intelectual armado" corresponde a los líderes e ideólogos de los movimientos guerrilleros, es decir a Fidel Castro, al Che Guevara, Raúl Sendic, entre otros, que vinculan los argumentos de las armas en sus textos al empleo de las armas. En un sentido más amplio (*lato sensu*), la noción abarca al cordón de intelectuales que, sin una participación militar, rodea al grupo revolucionario o es simpatizante y fundamenta la opción por la revolución armada, dando cuenta de ella a través de la literatura, del arte, del ensayo de ideas. La tarea del intelectual armado consistió en configurar el *background* cultural que rodeaba y sostenía a la izquierda armada al tiempo que la dotaba de imágenes y relatos. Lo que aquí está en juego es el modo en que la violencia armada revolucionaria fue discutida, argumentada, imaginada, valorada, metaforizada y convertida en escritura. Claro que su tarea fue mucho más amplia y abordó diversas cuestiones sobre la historia y la cultura de América Latina, pero lo que

---

[40] José Luis de Diego explora algunas variaciones que complejizan la tensión entre autonomía y revolución, volviendo más porosos los límites, como por ejemplo la "autonomía relativa" o "teoría de los dos frentes" que Julio Cortázar sostenía (el escritor debe dar una respuesta desde las reglas del arte en su obra pero además puede comprometerse con la revolución política) y la "doble implicancia o quiasmo" sostenida por Mario Benedetti, para quien es necesario que "en el aspecto dinámico de la revolución, el hombre de acción sea una vanguardia para el intelectual, y en el plano del arte, del pensamiento, de la investigación científica, el intelectual sea una vanguardia para el hombre de acción" (34-37).

aquí nos interesa es focalizar en la "violencia revolucionaria" como maquinaria productora de sentidos.

2. El desarme de Calibán

¿Qué sucede con el *intelectual armado* en las últimas décadas, cuando la revolución deja de ser una opción viable para América Latina, cuando la derrota de la izquierda armada recorre ciertos puntos del continente?[41]

Hagamos un poco de historia. Ciertas fechas y acontecimientos resultan emblemáticos en la trama signada por el derrumbe de la izquierda armada, y algunos mojones suelen tener valor como hecho histórico y a la vez como símbolo, aunque las temporalidades en varias ocasiones se cruzan, se corren y desajustan. Muchos han señalado como día clave de la "derrota" el 11 de septiembre de 1973, día del golpe de Estado contra el gobierno de Salvador Allende, cuya caída y muerte constituyeron "un trauma dentro de la historia del fracaso de las utopías en Latinoamérica, en el siglo XX" (Spiller 145). Para Idelber Avelar –siguiendo a John Beverley– esta fecha cobra un valor importante para el campo literario como momento inicial del ocaso del *boom* ("el *boom* terminó con el bombardeo a la Moneda"), ya que "el 11 de septiembre de 1973 hizo irreversible la venida de un periodo histórico en el que *las dictaduras vaciarían la modernización de todo contenido progresista, liberador*" (55).

Sin embargo, podríamos extendernos hacia otras fechas desde una perspectiva más latinoamericana (que además se encuentra en la vocación latinoamericana de la Revolución cubana, manifestada en su apoyo y cooperación a varios grupos) y considerar dos "olas" o "generaciones"[42] del brote de la izquierda armada. Dentro del arco que va desde la entrada

---

[41] Tomo algunas perspectivas desarrolladas en la Introducción al volumen *Derrota, melancolía y desarme en la literatura latinoamericana de las últimas décadas* (Sánchez y Basile 2014:327-349).

[42] Esta distinción en dos o más olas o generaciones, que entraña una serie de cambios en los modos de operar de los grupos armados de izquierda, aparece en Timothy Wickham-Crowley en Jorge Castañeda, en James Petras entre otros. De todos modos, aquí sólo nos interesa marcar algunas fechas claves de la "derrota", que intervienen en el imaginario e impactan en el campo cultural.

de Fidel en La Habana el 8 de enero de 1959 hasta el inicio de la década de 1990, signado por varias derrotas, se extienden, en el lapso de treinta años, las dos generaciones. En la primera ola que abarca los movimientos guerrilleros de los sesenta y principios de los setenta, el centro de gravedad está en el Cono Sur con el protagonismo del Movimiento de liberación Nacional Uruguayo Tupamaros, que representó el primer grupo guerrillero con impacto latinoamericano entre los que surgieron en el sur luego del triunfo de Castro, y con la llegada al poder en Chile de la Unidad Popular y Salvador Allende en 1970 (con el "apoyo crítico" del Movimiento de Izquierda Revolucionaria-MIR), para citar sólo dos ejemplos. Estos procesos encontrarán su fin en el endurecimiento de la dictadura en Brasil en 1968 y en los golpes de Estado en Chile (1973), Uruguay (1973) y Argentina (1976), donde la brutal represión impulsada por la Doctrinas de Seguridad Nacional aplasta a la izquierda armada. El centro de gravedad pasa, entonces, del sur hacia el norte, dando lugar a una segunda ola de brotes de la guerrilla desde fines de los setenta y durante la década de los ochenta, cuya presencia en Centroamérica y el Caribe (las islas de Jamaica y Granada) se hace notable. Ciertos grupos protagonizan este recorrido que va de los setenta a su cierre en los inicios de los noventa: así, por ejemplo, el Ejército Guerrillero de los Pobres (EGP) de Guatemala (creado en 1973), que fue –junto con otros grupos– violentamente reprimido y quebrantado entre 1982 y 1983; o el Frente Farabundo Martí para la Liberación Nacional (FMLN) de El Salvador que adquirió notoriedad por su capacidad militar en los ochenta y que en 1992 firma el Acuerdo de Paz que lo condujo a la legalidad como partido político; o el Frente Sandinista de Liberación Nacional (FSLN) en Nicaragua, cuya resonante victoria, la "revuelta idílica", data de 1979 y marca, veinte años después de Cuba, la posibilidad del triunfo armado en América Latina, y que luego es derrotado en las urnas en 1990 frente a Violeta Chamorro. Asimismo, en 1992 es capturado Abimael Guzmán Reynoso, el principal cabecilla del Partido Comunista del Perú-Sendero Luminoso (PCP-SL).

La caída del Muro de Berlín en 1989 y la paulatina desintegración del bloque socialista de la URSS, como fechas del reloj internacional, impactaron también en la debacle de la izquierda revolucionaria y constituyeron un punto de inflexión en la Revolución cubana que dio inicio en 1990 al denominado "Período Especial en Tiempo de Paz". De este modo, 1990 se abre con otro horizonte que recoloca a la izquierda armada latinoamericana –ya sea aquella que ha sufrido la derrota por las armas o que ha virado su política hacia la legalidad democrática– en el contexto internacional del derrumbe del bloque socialista y en el contexto local signado por una ola democrática y por los reclamos en favor de los derechos humanos. En 1990, además, se completa el final de las dictaduras del Cono Sur con las aperturas hacia la transición democrática en Chile (1990) y Paraguay (1990), que vinieron a concluir las democratizaciones de Bolivia (1982), Argentina (1983), Uruguay (1985) y Brasil (1985).

En este horizonte sacudido por la derrota de la izquierda insurreccional y el borroneo de la utopía revolucionaria es donde el intelectual ensaya el recambio de sus valores y políticas.[43] Por un lado es posible advertir, en cierto casos, un "desarme del intelectual" de izquierda que deja atrás el contexto de la Guerra Fría y focaliza los procesos de transición hacia la democracia en varios países del Cono Sur, que evalúa críticamente las dictaduras de la historia reciente pero también inicia una autocrítica a la violencia revolucionaria, que apuesta a la defensa de los Derechos Humanos y a las demandas de "memoria" como nuevos paradigmas que van a recorrer América Latina. Como ya adelantamos, el escenario intelectual de la posdictadura uruguaya resulta un ejemplo claro de estas transformaciones, aunque no el único.

Sin embargo fue desde el interior mismo del campo cultural cubano donde en primer lugar se llevó a cabo este "desarme" del intelectual, este desarme de Calibán, tanto de las meganarrativas como de las prácticas intelectuales. Es el mismo Fernández Retamar quien en *Todo Calibán* (una de cuyas ediciones más importantes, la que lleva el prólogo de

---

[43] En esta línea, el presente capítulo dialoga con el indispensable trabajo de Ana María Amar Sánchez en *Instrucciones para la derrota. Narrativas éticas y políticas de perdedores* (2010), aunque en este caso se aborda otro núcleo de significaciones que la "derrota" articula, aquel que se desarrolla en la posdictadura uruguaya en torno al desarme.

Fredric Jameson, es de 1989) inicia el *aggiornamiento* de aquel *Calibán* publicado en 1971, atento a los cambios del deshielo cultural, a las reconfiguraciones posoviéticas de los noventa. Sin embargo, aquí vamos a detenernos en algunas perspectivas de aquellos escritores que formaron parte del Nuevo ensayo cubano.

La caída del Muro de Berlín en 1989, la paulatina desintegración del bloque socialista de la URSS y la implementación de la *perestroika* y *glasnost* como vías de cambio y apertura, aparecieron en el horizonte cubano como posibilidades de transformación en el régimen revolucionario, como paso hacia la democracia, hacia la descentralización del Estado, hacia una mayor apertura y variedad en el campo cultural. El vislumbre de esta oportunidad de renovación dio lugar a un intenso y fuerte despertar del ensayo, y de proyectos culturales y artísticos de diversas tendencias por parte de las generaciones más jóvenes. Aunque luego el esperado –por algunos– giro del gobierno cubano no tuvo lugar (aunque sí hubo cierto deshielo), estos trastornos en la geopolítica que sacudieron críticamente a Cuba constituyeron un toque de reunión para escritores e intelectuales, quienes sintieron la necesidad de volcar, en la escritura de ensayos, la crisis que Cuba y su revolución atravesaban. Así los comienzos de la década de los noventa constituyen un *incipit*, la inauguración de un relato por parte de este grupo integrado por Antonio José Ponte, Rolando Sánchez Mejías, Víctor Fowler, Pedro Márquez, Iván de la Nuez, Ernesto Hernández Busto, y Rafael Rojas, entre otros. Algunos de estos ensayistas se ocuparon de reescribir, desplazar y recontextualizar al Calibán de la Guerra Fría: mientras Rafael Rojas y Antonio José Ponte desmantelan la polaridad amigo-enemigo, Iván de la Nuez lo pone en fuga.[44]

En *La fiesta vigilada* (2007), Antonio José Ponte se queja de la obstinación con que el gobierno revolucionario controla y monitorea la arena cultural, inyectando "revolución" en todos los resquicios de

---

[44] Aunque nuestro foco ahora se centra de las reescrituras por parte de los jóvenes ensayistas cubanos, no podemos olvidar otra zona en las andanzas de Calibán en los noventa: la importancia de este personaje-emblema para los estudios culturales, los estudios subalternos y poscoloniales.

la vida: "Único patrono en la economía, único partido en la política, único proveedor de víveres y único mecenas cultural, pretendía aún más. Totalizaba" (126). Ante esta invasiva penetración de ideologemas revolucionarios, Ponte reclama una dosis de olvido: "olvidar" Cuba, olvidar sus relatos teleológicos, identitarios, olvidar Cuba como en la anécdota de Maupassant, quien se convierte en un asiduo visitante de la Torre Eiffel ya que es el único lugar de París en el cual no se ve esta torre ("Para olvidar su existencia" [16]). Mientras Rolando Sánchez Mejía insta a "Olvidar Orígenes",[45] Rafael Rojas prefiere "olvidar" la pesantez del mito Martí acuñado en la era revolucionaria (*José Martí*).

Este reclamo de olvido del relato monológico revolucionario conduce a los escritores del nuevo ensayo cubano a una radical exploración de las macronarrativas revolucionarias en tanto sistemas simbólicos que tienden a reducir la compleja, variada y dispersa ciudadanía cubana, en las que perciben medios de legitimación del régimen y vehículos de rechazo de los opositores y exiliados. Sus textos sirven para observar el pasaje desde la maquinaria bipolar del amigo-enemigo hacia la pluralidad y heterogeneidad (la "isla sin fin") que atraviesa la cultura cubana, dos términos –empleados por Beatriz Sarlo y Hugo Achugar– que vimos en los tempranos debates en torno a las reacomodaciones del intelectual en la posdictadura del Cono Sur.

En el marco de un extenso debate en torno al canon literario cubano que disputaba el predominio de una perspectiva revolucionaria sobre la literatura, algunos escritores y críticos releyeron la figura de Calibán y el ensayo de Fernández Retamar. En *Un banquete canónico* (2000), Rafael Rojas arremete contra la fragua tanto de un canon como de un contracanon, impugna la "racionalidad canónica" misma, su matriz autoritaria que incluye ciertos autores y excluye otros. Si bien aplaude el "banquete canónico" de Harold Bloom que destaca seis autores cubanos (Carpentier, Guillén, Cabrera Infante, Reinaldo Arenas, Lezama Lima, Sarduy), no deja de anotar las exclusiones que supone todo

---

[45] Rolando Sánchez Mejías: "Olvidar Orígenes", intervención leída en el *Coloquio sobre Orígenes* –Casa de las Américas, Octubre, 1994– en una mesa redonda cuyo tema central fue "*Orígenes y su influencia en los nuevos escritores*".

canon. Para ejemplificar su cuestionamiento y rechazo a la racionalidad canónica elige como objeto el *Calibán* de Fernández Retamar, al que considera un contracanon que aun cuando en su momento alumbró otros territorios identitarios de América Latina, terminó por reificar esa narrativa alternativa, por erigir en modelo a "ese sujeto menor, reprimido y marginal" (19). Lee el ensayo de Fernández Retamar como una macronarrativa de la izquierda revolucionaria que: monta una teleología histórica que reduce la variada cultura latinoamericana a los discursos revolucionarios anticolonialistas (desde Tupac Amaru hasta Allende); impone –a través de Martí– un modelo de escritor que asume el compromiso de las armas y las letras, y antepone el valor ideológico al estético en el ejercicio de la literatura. Si por un lado Rafael Rojas "desarma" los dispositivos míticos insertos en los relatos teleológicos y analiza las técnicas de canonización, por el otro propone una tercera vía que sortea y escapa a las fraguas de cánones y contracánones a través del desvío y la fuga.

En *Isla sin fin* (1998) Rojas revisa los relatos del pasado y va colectando las memorias que se fueron intercalando en el "texto" cubano y que lo hacen diverso y múltiple, complejo y tensionado por corrientes y contracorrientes. A lo largo de sus ensayos visita –en un intento por ir "más allá" del nacionalismo revolucionario– el discurso "afirmativo" y el "negativo", los relatos del exilio y del insilio, del adentro y del afuera, de la cercanía y la lejanía; la narración de la "frustración republicana" y la de la "utopía insular"; la "razón instrumental" y la "razón emancipatoria"; y los proyectos republicanos, liberales, democráticos. El ensayo propone una política de la memoria atenta a la apertura y a la inclusión de lo diverso. Rojas intenta otorgar legitimidad histórica a los relatos y proyectos intelectuales que proponían el liberalismo, el republicanismo, la democracia, la modernidad para Cuba, y que la Revolución tendió a desconocer. Incluso recuerda que también los discursos de la derecha, los de los conservadores, forman parte de "nuestra América".

En sintonía con esta "isla sin fin", Antonio José Ponte propone en *La fiesta vigilada* recuperar las ciudades sepultadas de La Habana, las nueve Troyas ocultas. En varios de sus ensayos critica la pauperización de la cultura bajo el peso del calendario político y el rechazo a las "comidas profundas" del arte por parte de la administración cultural; señala el predominio de una cultura unidimensional frente a la cual él recupera las "tradiciones del no", los negativos de la foto, una galería con aquellos que no figuran en el canon oficial –Piñera, García Vega, Lezama, Casal, entre otros–; y recupera las "reglas del arte" y el espacio de una erótica y de una política gastronómica. Ponte exhibe, desmonta y desarma los filtros restrictivos que funcionan en la tradición canónica que va desde *Orígenes* –en la década del cuarenta– con su teología insular hasta *Ese sol del mundo moral* (1995) de Cintio Vitier y *La familia de Orígenes* (1997) de Fina García Marruz, que vienen a exponer una meganarrativa de corte revolucionario-nacionalista-neorigenista a tono con el giro de los noventa. Y propone extender la Nación más allá de las fronteras, hacia los extramuros, hacia el exilio: "García Vega entrega una era imaginaria más, la del exilio" (110).

El "desarme" de Calibán cobra además otro sentido que refiere a las *prácticas intelectuales* en el interior de la Guerra Fría, que como adelantamos estaban marcadas por el conflicto, la polémica, la enemistad, el duelo, el control, la sospecha, el complot, la simulación, el engaño, y que dieron cuenta de un creciente *ethos* paranoico. En *Tumbas sin sosiego* (2006), Rafael Rojas explora las posibilidades de recuperar un diálogo entre las diversas posiciones, entre los variados relatos como vía para una refundación plural de la nación cubana, y reclama un cambio en las políticas culturales y en los modos de intercambio en el campo intelectual cubano para rearticular la "isla sin fin", y para ello propone recuperar la "urbanidad", el "intercambio", la "tolerancia" y la posibilidad de "convivencia" que dominaba las polémicas y debates intelectuales durante la República.

Este *desarme* por parte de algunos de los ensayistas cubanos encuentra su perfil más radical en la fuga de Calibán de la isla, tal como Iván de la Nuez lo presenta en su ensayo "El destierro de Calibán" (1997), quizás una de las reescrituras más significativas de esta figura en los noventa. Por un lado, Iván de la Nuez explora la victimización de Calibán, atrapado en la encerrona de su eterno maldecir, fijado en su rol de bárbaro, de colonizado, de subalterno, en eterna pelea con su amo, y atribuye esta imagen tanto a los intereses del gobierno revolucionario como a las tendencias de los estudios culturales propensas a "barbarizar la cultura latinoamericana" (138). Por otro lado, recoloca a Calibán como un intelectual, como un artista de la generación de los noventa que, testigo del fracaso de la esperada apertura en la isla y emblema de la frustración de la generación de los noventa, decide largarse de la isla para auscultar los signos del posnacionalismo desparramados por el planeta. Para De la Nuez, la salida de la isla significa el abandono del nacionalismo en sus dos versiones: la del régimen interno y la del exilio más radical de Miami ("desde el Estado autoritario de la Isla hasta el poder oligárquico del exilio" [140]), las dos caras de una misma cultura reductora, la reproducción del mundo bipolar de la Guerra Fría tensado entre el relato revolucionario y el contrarrevolucionario. Es, también, el abandono de la historia por la geografía, desentenderse del nacionalismo que vuelve obsesivamente sobre su pasado para afrontar la intemperie del futuro, volverse geógrafo. Constituye, además, la posibilidad de deambular en el espacio posnacional y global, y hacer de la *fuga* un enclave desde el cual rediseñar la cultura y asentar la producción artística, reconvirtiendo el exilio y la diáspora en territorio para una "transterritorialidad de la cultura cubana" (139), en espacio para "archipielaguizar" la cultura y la identidad cubana.

Este Calibán poscomunista, diaspórico y mundializado reniega de su pasado como bárbaro y rebelde ("a la larga fatalista y colonizado" [139]), de su lengua que sólo sabe maldecir en su verba "volcánica", de su empaque de revolucionario-guerrillero-armado, de su inacabable pelea contra el pragmatismo norteamericano (Próspero) o el espíritu europeo (Ariel) que Fernández Retamar proponía en el *Calibán* (1971); y también rechaza su figura de subalterno-neo/pos/colonizado que los Estudios culturales norteamericanos supieron devolverle (Jameson), porque enfrenta otros tiempos ("pasamos de la utopía a la intemperie") y porque implica, para Iván de la Nuez, "*barbarizar* la cultura latinoamericana –y cubana– en sus discursos reivindicativos" (138), o para Quintero Herencia quedar atrapados en "la encerrona doble del maldiciente"

(79), propia de la violencia revolucionaria que reduce las complejidades culturales que circulan por América Latina. Hay quienes señalan –desde otra postura– que Calibán-Retamar ha dejado de ser el subalterno y colonizado para ocupar un lugar hegemónico en una sociedad dominada por un Estado con rasgos totalitarios, se ha convertido en un "letrado en el poder" revolucionario cubano (Rojas, "Roberto Fernández Retamar").

La "isla sin fin" de Rafael Rojas, las múltiples Habanas de Antonio José Ponte y la fuga de Calibán constituyen un conjunto de imágenes que estos escritores del nuevo ensayo cubano de los noventa diseñan para sustituir el universo bipolar de la Guerra Fría por el diverso abanico de la heterogeneidad que la caída del Muro ayudó a emerger.

Por otro lado, en las últimas décadas es posible advertir ciertos avatares y reorientaciones del *escritor maldiciente*, que ahora apunta su lengua iracunda contra diversos tipos de violencia de la historia reciente. Pero en nada se asemeja al escritor o intelectual armado, es su contracara y su derrumbe. La violencia que empuña ha perdido el horizonte futuro del redentorismo revolucionario, carece del carácter fuertemente performativo de transformación de la realidad hacia un mundo mejor, ha extraviado su pulsión utópica, su fundamento político. Deambula por un mundo en ruinas. Se levanta contra las nuevas y actuales injusticias, pero lo hace desde una violencia melancólica, herida por el pasado perdido que sabe irrecuperable. Esgrime una violencia rabiosa y colérica que se revuelve contra su propio vacío. Pero no por ello es menos lúcido, ya que desde su desencanto suele afilar un ojo autocrítico hacia el pasado reciente y una mirada crítica hacia el presente. Así el empleo de la ira furibunda, la blasfemia, la injuria y el exabrupto en la lengua logorreica de Fernando Vallejo (Marinone), quien interpela la *violencia sin ideología* de la guerra del narcotráfico en Colombia en su novela *La virgen de los sicarios* (1994).

O tal vez sería más apropiado recordar la lengua violenta de Horacio Castellanos Moya porque este autor centroamericano, ex militante político de izquierda, es un desencantado que habla desde el clima de derrota de la posguerra. Por ejemplo, en su novela *Insensatez*

(2004) explora los testimonios de las matanzas perpetradas por los militares contra los indígenas (el denominado genocidio guatemalteco de 1981-1983) que se desataron durante la guerra civil en Guatemala (1960-1996), costando la vida de aproximadamente doscientas mil personas asesinadas-desaparecidas, en especial de indígenas mayas de las comunidades rurales. Para abordar este acontecimiento particularmente trágico, emplea una escritura que cruza, por un lado, una lengua soez, sexual, carnicera y maldiciente, una verba violenta, iracunda, brutal, sin los filtros de las buenas costumbres ni los eufemismos al uso, para dar cuenta del asco y de la insensatez, de la "orgía de sangre y pólvora" desatada por el genocidio guatemalteco, con una abundante presencia de verbos como "despedazar", "descuartizar", "destazar", "cortar", "tasajear", "desgarrar", "reventar", "machacar" que dan cuenta de la masacre cometida. Por el otro, introduce el humor, la ironía, el sarcasmo, la parodia, la burla, recuperando las tradiciones satíricas y cínicas, para horadar las grandes narrativas salvadoras, las promesas de liberación, para iluminar los costos, los sacrificios, los muertos en nombre de ideales incumplidos, para mostrar la trampa de apostar a un futuro siempre desplazado que demanda un sacrificio constante del presente. La crítica (y la autocrítica) a la izquierda armada en Centroamérica, los límites de los valores del discurso revolucionario, las hipocresías de sus morales, las traiciones de los ideales, el cuestionamiento del sacrificio de los jóvenes y las memorias incómodas de la izquierda constituyen notables preocupaciones en los textos de Horacio Castellanos Moya. Así el narrador protagonista de *Insensatez* se desplaza de cualquier figura épica, heroica o sublime mofándose de las "causas mesiánicas" (45), de la "sandez llamada corrección política" (47), criticando los "horribles versos de mediocres poetas izquierdistas vendedores de esperanza" (41). La novela deja traslucir el clima de desencanto de los ideales y las prácticas de la izquierda armada centroamericana. Sin embargo, no se trata de una desilusión tamizada por el hastío; por el contrario, en el escenario político de la posguerra sacudido por fuerzas enfrentadas y en desacuerdo, el desencanto se vuelve un arma para explorar tanto las grietas de las políticas estatales frente a las deudas con las víctimas, como las fallas y complicidades de la izquierda revolucionaria en la historia reciente. Es una vía que abre el camino a la crítica y a la autocrítica de los grupos guerrilleros. El humor y el sarcasmo del narrador se mezclan con ataques de ira y de rabia: es un humor caliente. Beatriz Cortez, en *Estética del cinismo. Pasión y desencanto en la literatura centroamericana de posguerra* (2010), señala, en el contexto de la posguerra en Centroamérica –iniciado con el final del periodo sandinista en Nicaragua y la firma de los acuerdos de paz en El Salvador y Guatemala–, la emergencia de una "sensibilidad del desencanto" que va ligada a una producción cultural que define como "estética del cinismo" y que contrasta con la estética utópica de la esperanza que ha estado ligada a los procesos revolucionarios.

Sin embargo, esta perspectiva "desencantada" del protagonista –quien lee la realidad desde la derrota y la desilusión tanto de los valores y las banderas de la izquierda revolucionaria como también de los nuevos "humanismos"– asimismo le posibilita colocarse en el espacio de lo políticamente incorrecto o en el territorio de lo *impolítico* (Esposito, *Categorías*) que le permite trabajar en el terreno de los derechos humanos pero sin comprometerse con la totalidad de una institución o de una posición política. El lugar de lo impolítico supone dos cuestiones. Por un lado, el corrimiento de una adhesión completa y vertical a una ideología, a un grupo político, a una bandería, a un partido; y por el otro una crítica y deconstrucción de las grandes narrativas. Respecto a la primera cuestión, Esposito se vincula con los debates en torno a la "comunidad" que exploran nuevos modos de articulación del ser humano con diversos tipos de comunidades, instituciones y agrupaciones políticas que no supongan la fusión o comunión íntima de una serie de miembros, como un modo de fraguar un vínculo común; ni la necesidad de compartir una identidad, un proyecto, una mitología, una teleología, un macrorrelato o una obra (la comunidad desobrada); ni la ocupación de un espacio común delimitado por fronteras. Por el contrario, se procura pensar una comunidad abierta a la diferencia más radical, a la alteridad, al afuera y a lo inconmensurable, que sustituya la figura del individuo (lo indiviso) por la del ser singular (siempre plural), que abandone la instancia de una fusión o comunión por una partición, conexión, comunicación o "ser-con", que habite un "lugar común múltiple" con espacios adyacentes y vicarios; es decir, que se articule en términos de una comunidad "inesencial" no sujeta por la "unión de esencias", sino por la "dispersión de la existencia", en definitiva "una comunidad sin presupuestos y sin sujetos", irrepresentable, inidentificable.[46]

En segundo lugar, para el filósofo italiano lo impolítico se ofrece como una perspectiva demoledora tanto de las certezas apodícticas de la ciencia política como del carácter normativo de las éticas públicas. Distante de lo político y de lo antipolítico (su reverso), lo impolítico se ocupa de advertir los límites de lo político, de señalar su finitud cortando el hilo que ata lo político a fines que le son trascendentes, quebrando el nexo entre bien y poder, consignando el "fin de todo fin de la política". Desde allí, lo impolítico deconstruye la matriz teológica, mítica, sagrada que reviste lo político, mostrando la pérdida de su *telos* trascendente, con lo cual horada la plenitud mítico-operativa empleada en su función representativa (tanto la representación que el poder hace del bien como la que el mandatario hace de los ciudadanos). Lo impolítico quiebra asimismo la unidad de la comunidad al mostrar que la modalidad de la representación es la de la *reductio ad unum*, incapaz de representar la pluralidad, expulsando las alteridades, "lo que queda obstinadamente fuera de la política", lo "irrepresentable", el "silencio que envuelve al poder" (Esposito, *Comunitas* 7-43). En *Insensatez*, el narrador no solo evita anclarse en una posición política-ideológica claramente definida y previamente institucionalizada, además se aboca a la tarea de desmantelar continuamente con burla y sarcasmo toda institución y credo político, mostrando un notable escepticismo.[47] Estas perspectivas deconstructivas (de la ideología, de la comunidad, de lo político, de los relatos, del *unum*) hacen del escritor impolítico una de las figuras del desarme del intelectual.

---

[46] Resultan muy productivas las reflexiones en torno a la comunidad que se fraguaron desde comienzos de los años ochenta, algunos de cuyos principales textos (de los cuales he citado los términos entrecomillados) son: Jean-Luc Nancy, *La comunidad desobrada* (2007); Jean-Luc Nancy, *Ser singular plural* (2006); Maurice Blanchot, *La comunidad inconfesable* (2002); Giorgio Agamben, *La comunidad que viene* (2006); Roberto Esposito, *Communitas: origen y destino de la comunidad* (2003); entre otros.

[47] Desarrollo algunas de estas perspectivas en "Los saberes de Ismene: violencia, melancolía y cinismo en *Insensatez* de Horacio Castellanos Moya" (2014).

El concepto de *posapocalipsis* que exploran Geneviève Fabry, Ilse Logie y Pablo Decock en *Los imaginarios apocalípticos en la literatura hispanoamericana contemporánea* (2010) también permite vislumbrar otra de las modulaciones del debilitamiento o caída de las dimensiones utópicas en la literatura latinoamericana de las últimas décadas y del clima de desencanto. El imaginario apocalíptico concibe, bajo un tiempo lineal tensado entre un principio y un fin, la destrucción final del orden antiguo seguido por la revelación escatológica de las verdades esenciales del mundo y del hombre, y la instauración de la supremacía del bien alcanzándose así el fin de los tiempos. El cambio, la idea de *posapocalipsis* (o *after the end* o [después de la catástrofe]) suspende el potencial utópico y la postulación de una final transformación del orden vigente. Este imaginario permea la literatura surgida en los noventa a partir de escritores como Pedro Mairal, Sergio Chejfec, Martín Kohan, Juan José Becerra, Gustavo Ferreyra, Roberto Bolaño, Fernando Vallejo, entre otros. Estamos frente a textos que van "más allá del apocalipsis", que dudan de la existencia de un sentido después del final, poniendo en escena la conciencia de un "final" definitivo para toda una cultura, forjando una metáfora del desencanto.

3. Calibán en la trama de la posdictadura del Cono Sur. El ensayo de Hugo Achugar

Ahora intentaremos leer en el ensayo del uruguayo Hugo Achugar el *desarme* de la figura del intelectual, acaecido frente a un contexto en que, luego de la dictadura y bajo el clima de derrota de la izquierda armada, se produce el abandono del paradigma revolucionario y su recambio por el democrático. Aunque cabría discutir un poco más la pertinencia del término, preferimos hablar de "derrota" y no de "fracaso", ya que permite proyectar cierta continuidad de las ideas fuerza de la izquierda en otras coyunturas y abrir caminos hacia el futuro a través de las necesarias reacomodaciones. Lo que está en juego aquí es la pulsión crítica y autocrítica de la *derrota* y no la pulsión nostálgica y melancólica de los ideales de la izquierda armada, ni el impulso que salta por encima de la experiencia de la pérdida ya sea para resituar el pasado casi "intacto" en el presente o para minimizar, negar u olvidar la derrota con la mira en un futuro radicalmente otro. En cambio, la "pulsión crítica de la derrota" es un principio que se aboca a releer la historia nacional y a revisar sus imaginarios que activa una crítica genealógica y arqueológica que se vuelca al "origen" nacional como punto inicial de una revisión que se quiere radical, y procura refundar desde otras perspectivas y saberes la *imago* nacional, pero sin olvidar la experiencia reciente e impulsando los trabajos de la memoria (Jelin 2001). La derrota como principio potente, productor de perspectivas e interpretaciones: *los saberes de la derrota.*

En esta línea, los textos de Achugar se proponen, por un lado, desarmar desde los saberes de la derrota la figura del intelectual revolucionario y cuestionar sus narrativas redentoristas, interpelar sus prácticas de discusión y confrontación, y por el otro explorar la violencia simbólica de la letra no sólo en el pasado reciente, sino en la entera historia del Uruguay. Sus relecturas, a contracorriente de la historia uruguaya desde su mismo "origen", la voluntad de religamiento con las alteridades arrinconadas históricamente por el Estado nacional, y el empleo de una retórica conversacional y digresiva, constituyen las marcas que convierten su ensayo en un lugar privilegiado para leer las inquietudes del campo intelectual de la posdictadura uruguaya. "Todavía vivimos conmocionados por el terremoto que fue esa dictadura. Y los temblores y destrozos siguen entre nosotros" (*La balsa* 66) dice Hugo Achugar hurgando entre los residuos que arrastran las olas de las últimas dictaduras del Cono Sur y tanteando la pérdida de la "La Atenas del Plata". Su obra nos convoca a explorar la empresa de un intelectual latinoamericano que extrae de las herencias de la historia reciente una *paideia* para los nuevos tiempos.

Sus textos, que descubren a cada paso la profunda dislocación que la dictadura uruguaya supo ejercer, se ordenan desde una doble fisura: aquella que atañe al eclipse de los imaginarios complacientes con los que la sociedad uruguaya se reconfortaba, pero también una fractura en los marcos interpretativos y el imperativo de un cambio en la caja de herramientas teóricas, porque lo que se vino abajo concierne tanto a la factura de la Nación como al instrumental con que se la diseñó. Las metáforas legibles en los títulos de dos de sus más importantes colecciones de ensayos ilustran esta doble fisura: *La balsa de la Medusa* (1992) trama los *topoi* del "naufragio" del pasado, lo "que se ha ido a pique" y la "deriva" del presente, el "caos" en que cohabita lo que aún no cobró forma porque todavía no se arribó al puerto. *La biblioteca en ruinas* (1994) da con otra de las claves de ese fin de siglo que cifra el estallido de los saberes, teorías, perspectivas hermenéuticas, sujetos, territorios que desde diversos enclaves vienen a corroer el orden válido hasta entonces, inaugurando –en términos de Achugar– un espacio a la "intemperie", "efímero", "contaminado", "parcial", "ruinoso". Dice su autor: "Estoy en una biblioteca en ruinas y también entre las polvorientas ruinas de conceptos y nociones" (*La biblioteca* 16).

Entonces, el fin de siglo se cruza con la posdictadura, en un recambio de contextos a nivel global y local. ¿Cómo refundar el imaginario uruguayo, luego de la experiencia demoledora de la dictadura, cuando además ha colapsado la biblioteca?, podría ser la o una de las preguntas claves que atraviesan su obra. Si hay una apuesta al significado, si hay una apuesta a refundar la nación uruguaya, Achugar sólo la concibe consignando estas rupturas, estos debilitamientos, colocándolos en la base, en las fundaciones de un nuevo proyecto cuya inestabilidad, cuya transformación, cuya precariedad serán la viga maestra.

La *posdictadura* se ofrece como un espacio de enunciación que organiza las prácticas culturales de Achugar, sus temas e intereses, y el bastidor de su ensayo, en tanto se trata de una experiencia "incorporada". En "Las geopolíticas del conocimiento y colonialidad del poder" (2002), Walter Mignolo rescata lo "incorporado" como rasgo que caracteriza ciertas reflexiones que tienen su lugar de enunciación en la "experiencia" sufrida por el sujeto o por la comunidad a la cual pertenece. Los estudios culturales latinoamericanos pusieron a circular desde la década de 1980 ciertas perspectivas teóricas como la posmodernidad, la poscolonialidad y el posoccidentalismo según los diversos contextos y tradiciones históricas. Para Walter Mignolo "el énfasis en lo posmoderno o poscolonial va a depender en gran medida de las herencias coloniales/nacionales de la región/país" ("Are Subaltern Studies" 48; la traducción es mía). De este modo la posmodernidad cuestiona a la modernidad desde las herencias del capitalismo, mientras la poscolonialidad lo hace desde las herencias coloniales:

> [S]e podría decir que la posmodernidad es el discurso de la contramodernidad emergida de las *colonias de asentamiento* (Estados Unidos, Australia, Nueva Zelanda, etc.); mientras que poscolonialidad es el discurso de la contramodernidad manifestada por la *colonización de profundo asentamiento* (Argelia, India, Kenya, Jamaica, Indonesia, etc.) donde el poder colonial se mantuvo con una particular brutalidad. ("La razón poscolonial" 268)

Finalmente el autor opta por defender el término más apropiado de "posoccidentalismo" como el argumento desde América Latina a partir de la propia tradición del occidentalismo.[48] Entonces, ¿podemos pensar a la *posdictadura* como un lugar de enunciación que marca ciertos intereses en torno al cuestionamiento de las dictaduras en aquellos países del Cono Sur que han sufrido la represión de los gobiernos? El empleo del "pos" en los términos antes aludidos (posmodernidad/ poscolonialidad/posoccidentalismo/posdictadura) no estaría indicando tanto una perspectiva temporal –lo que viene después– como una perspectiva epistemológica que adviene para instaurar una crítica al sistema de dominación al que alude luego del prefijo (modernidad/ colonialidad/occidentalismo/dictadura). Esta agenda de la posdictadura, cuyo emblema es la *memoria*, se gesta también en la década de los 80 e irá subiendo paulatinamente por los países latinoamericanos, mientras que las reflexiones en torno a las heterogeneidades, la subalternidad y la condición colonial y otros debates irán bajando hacia el sur.

---

[48] "En lo que sigue intento contribuir a aclarar ciertos términos del debate trayendo a la memoria la noción de occidentalismo y pos-occidentalismo, que es el lugar de enunciación construido a lo largo de la historia de América Latina para articular los cambiantes órdenes mundiales y el movimiento de las relaciones coloniales. Desde el bautizo de las 'Indias Occidentales' hasta 'América Latina' (es decir, desde el momento de predominio del colonialismo hispánico hasta el momento de predominio del colonialismo francés), 'occidentalización' y 'occidentalismo' fueron los términos claves (como lo fue 'colonialismo' para referirse al momento de predominio del imperio británico). De modo que si 'pos-colonialismo' calza bien en el discurso de descolonización del 'Commonwealth', 'pos-occidentalismo' sería la palabra clave para articular el discurso de descolonización intelectual desde los legados del pensamiento en Latinoamérica" (Mignolo, "Posoccidentalismo" 525).

En el caso de Achugar, sus reflexiones sobre la posdictadura van organizando una matriz desde la cual privilegia aquellos aportes de la posmodernidad que ingresaron con la apertura democrática en el Cono Sur, así como varias perspectivas de los estudios culturales de los ochenta en torno a las heterogeneidades, para pensar los pasados autoritarismos. Reinscripción de un pensamiento crítico focalizado ahora en la "dictadura" como sistema de dominio, aunque no se agote en ella. Su obra (que, si bien aquí nos centraremos en sus ensayos, incluye además una producción en poesía, narrativa y crítica literaria) se resiste a una división en etapas; no obstante, resulta viable marcar, a pesar de las interrelaciones y continuidades entre ellos, al menos tres momentos desde su llegada a Uruguay luego del exilio. En una etapa previa a su regreso, participó en la "Conferencia" convocada por Saúl Sosnowski en la Universidad de Maryland en marzo de 1986, un hito importante en el cual se inició el debate *fuera* del territorio nacional. El primero abarca la organización de coloquios en Uruguay que se proponen repensar el Estado-nación – luego del cimbronazo de la dictadura– desde la participación colectiva, y la publicación de los mismos; el segundo momento significa una continuación de la misma perspectiva e intereses, pero ahora desde la escritura de sus propios libros de ensayos, *La balsa de la Medusa* (1992) y *La biblioteca en ruinas* (1994). Esto implica una misma línea temática, pero también un desplazamiento de su rol de coordinador de coloquios y volúmenes colectivos hacia la escritura más individual y personal de su propia obra, tránsito y cambio que lo lleva a elaborar una peculiar reconfiguración del género ensayo. Por último, en *Planetas sin boca. Escritos efímeros sobre arte, cultura y literatura* (2004), donde recoge ensayos escritos desde 1995 a 2004, encontramos un tono más polémico, una agonística en torno al valor de la teoría latinoamericana en el espacio global, así como también una renovada reflexión sobre su escritura y su ensayo. No necesariamente voy a respetar siempre este orden temporal, ya que sus textos están notablemente encadenados y en permanente diálogo entre sí.

El desarme de las macronarrativas. Las fábulas del origen: Utopos y el antropófago

A la hora de releer el pasado, Achugar considera los dos focos de la historia reciente: la experiencia de la izquierda armada y la del Terrorismo de Estado. Esta mirada bifocal se percibe en dos de los relatos que hace del "origen" nacional, en los que explora la "violencia" *fundatrix* y el inicio del discurso de la utopía, en los que hace una crítica a la dictadura pero también una autocrítica a la izquierda, en las que formula tanto un desarme de la violencia como de las macronarrativas.

En el primer relato recupera el momento en que "los míticos charrúas" están "comiéndose a Solís" (*La balsa* 34). La fabulación de este origen, entre histórico y mítico, repone la violencia como punto inicial de una historia que culminará con la dictadura del 73, signando el decurso del devenir histórico: "Uruguay nace con un acto de violencia mayor, nace con un acto de antropofagia [...] En todo caso, nuestra historia –como muchas de América y Europa y del resto del planeta– se basa en la violencia" (34). Relee y reescribe el tropo del caníbal/antropófago/Calibán, cuya extensa y densa tradición en América Latina estuvo al servicio de una reflexión descolonizadora –basta recordar al antropófago de Oswald de Andrade o al Calibán de Fernández Retamar– desde un foco inédito: la antropofagia como el inicio de la violencia fundacional. La antropofagia es leída, entonces, desde la crítica a la violencia política que atraviesa el campo de debates de la posdictadura, desde la búsqueda genealógica en la historia nacional de aquellos momentos de emergencia de políticas violentas en los cuales inscribir la última dictadura uruguaya.

En el mismo ensayo fabula un segundo relato sobre el inicio del Uruguay: Utopo visitó las tierras del futuro Uruguay pero decidió no establecer allí su reino dada la pequeñez del territorio; no obstante "regó ríos, arroyos, cañadas, bañados [...] con unas extrañas semillas que producen sueños perseverantes y alucinaciones perversas. Sueños de grandeza y, sobre todo, aspiraciones a fundar si no un país, un Estado perfecto" (*La balsa* 11). Esta *fábula del origen* explora cierta soberbia inscripta en las grandes narraciones nacionales, cierto mesianismo en sus aspiraciones (que, además, contrasta con la pequeñez del territorio) cuyo decurso histórico desembocó en las utopías de la década de los sesenta que permearon los ideales de su misma generación. Es un relato de génesis que narra la creación de un Estado-paraíso-perfecto, pero en cuyo centro la "soberbia" va a precipitar su "caída". Achugar propone, sin embargo, reconstruir, desde los escombros de los imaginarios nacionales, una "pequeña utopía" desde la cual pensar el futuro: no la "utopía en bandeja". Como tantos otros, el escritor uruguayo aparece preocupado por las posibilidades de rearticular una utopía luego de la caída de los metarrelatos, de la puesta en cuestión de la verdad, del quiebre de los fundamentos de lo real desde el giro lingüístico, una utopía desde la contingencia que permea lo real, los saberes y la verdad: ¿cómo sustentar una utopía desde los pos? ¿cómo sostener el *focus imaginarius* que pone en movimiento los cambios desde una cultura posmetafísica?

La voluntad de examinar, desde el lugar mismo del "origen" del Uruguay, los imaginarios narcisistas y las narrativas autoritarias, la urgencia por narrar nuevamente la narrativa nacional, ahora desde el foco que le provee la experiencia de la dictadura y el debacle de la izquierda armada, la decisión de emprender una incursión en la raíz, marcan la profundidad y el alcance del corte histórico que la dictadura implicó, y la necesidad de edificar una narrativa *otra* desde nuevos parámetros. El impacto de la dictadura provocó cierto rechazo de los dos imaginarios sobre el origen que se venían alternando en la historia uruguaya –el de la *orientalidad*, esgrimida por la dictadura, y el de la *uruguayidad* en la que ya nadie creía–, y un giro completo en lo que se entendía por origen. Este giro se hizo visible, como veremos, en el interés de las narrativas históricas por encontrar los antecedentes de la violencia del Estado invirtiendo la narración, reescribiendo la prehistoria del siglo XIX como historia, colocando en el inicio del Estado nacional el etnocidio charrúa, seguido por las guerras fratricidas y el militarismo de Latorre. El origen se vuelve, entonces, una distopía a la cual es necesario regresar tanto para comprender la historia reciente como para proyectar un futuro.

Achugar no regresa, como las novelas históricas, a los acontecimientos de la historia, sino a un más allá de la historia, a un origen mítico, a un archivo simbólico, a una dimensión sacralizada, para allí reescribir las raíces. No porque suponga que en el origen se descubra el fundamento metafísico sino porque allí se encuentra la primera metáfora, el primer relato, la primera interpretación. Su gesto es a la vez radicalmente desfundador y desmitificador, pero también voluntariamente arquitectónico. Su obra se debate entre el impulso deconstructivo y la necesidad de volver a fundar los imaginarios nacionales desde otras perspectivas. Las novelas históricas (algunas de ellas) van a remontarse hacia el pasado desde un impulso por explorar los acontecimientos y la entraña de lo real, desde una voluntad guiada por la búsqueda de la verdad. La alternancia de ambas perspectivas permite iluminar un rasgo estructurante de la reflexión en la posdictadura, en tanto cruza tendencias propias del giro lingüístico y de la deconstrucción con el regreso a lo "real" y a la "verdad" histórica.

El quiebre en los lazos identitarios y la fractura que significó la dictadura con respecto a la teleología histórica condujeron –aunque parezca paradójico– a un notable regreso al pasado, a la necesidad de reconstruir otro pasado, de armar otro relato de la historia, de apropiarse nuevamente de una historia y de un imaginario que parecían en parte ajenos o que no lograban dar ya las respuestas y las claves que se les reclamaban. La voluntad de asimilar la experiencia de la dictadura como parte de la historia nacional y no como una excepción condujo a una lectura a contrapelo de la épica nacional, a la recuperación de algunas zonas del archivo nacional no del todo presentes, y sirvió para tramitar el carácter ominoso de la dictadura, para comprender la emergencia de lo siniestro al interior de la "fiesta democrática" de la familia uruguaya (Migdal, "Imágenes simbólicas" 26). En esta línea, podemos leer *La balsa de la Medusa* como un intento por elaborar el trauma de la dictadura, reescribiendo el origen para situar allí los antecedentes de la violencia que vuelvan más comprensible la irrupción de la dictadura, o para descubrir la arrogancia de una identidad narcisista en la mitología nacional y la desmesura de ciertas proyecciones utópicas que culminaron abonando los ideales sesentistas.

Ficciones de alteridad

El interés por explorar las alteridades y los procesos de hibridación en el campo literario fue central en la agenda de los estudios culturales latinoamericanos de la década de 1980 y se extendió desde la revisión de la etapa colonial en las perspectivas renovadoras de, por ejemplo, Walter Mignolo en "Cartas, crónicas y relaciones del descubrimiento y la conquista" (1982) y Rolena Adorno en "Nuevas perspectivas en los estudios literarios coloniales hispanoamericanos" (1988) y "El sujeto colonial y la construcción colonial de la alteridad" (1988), en los actuales y complejos procesos transculturadores en universos culturales como los chicanos o los niuyorriqueños que extienden sus territorios más allá del continente latinoamericano, dando lugar a las teorías sobre la frontera y las epistemologías *border* que se dispararon con la publicación de *Borderlands/La Frontera: The New Mestiza* (1987) de Gloria Anzaldúa. Sería imposible describir el alcance de estos estudios, que han contado con importantes aportes como las investigaciones sobre el Caribe no sólo español, sino francés e inglés en los trabajos compilados por Ana Pizarro –*La literatura latinoamericana como proceso* (1985) y *América Latina: palabra, literatura, cultura* (1989)–; o los hibridismos que Martín Lienhard (*La voz y su huella* [1990]) y Cornejo Polar (*Escribir en el aire* [1994]) analizan en las zonas andinas; o el medular trabajo de Néstor García Canclini en *Culturas Híbridas. Estrategias para entrar y salir de la modernidad* (1991), para citar apenas algunos pocos ejemplos sobre las aperturas hacia los sujetos subalternos marcados por la diferencia.

Uruguay, como ya adelantamos, no fue ajeno a este interés; por el contrario, a mediados de los ochenta, frente a las políticas de la violencia, la intolerancia y la exclusión que dominaron en la historia uruguaya reciente, afloraron diversas alteridades de todo tipo tanto en el presente como en el pasado, e incluso asomaron tendencias que recuperaron la "indianidad" y la "africanidad" en tanto identidades ausentes, cuestionando el carácter homogéneo y europeo de su ciudadanía (Porzecanski, "Uruguay a finales del siglo XX"). Se revisaron aquellas políticas proclives a imponer modelos uniformes que llevaron adelante las élites gobernantes del siglo XIX y XX y que facilitaron prácticas autoritarias: desde las campañas de exterminio de los indígenas bajo el imperativo de la civilización, o la ideología del "crisol de razas" que diluía las diferencias traídas por los inmigrantes, hasta la doctrina de la Seguridad Nacional y los golpes militares como modos violentos de imposición ideológica.

Achugar retoma estas propuestas para hablar de una "débil heterogeneidad de nuestro país" que permita la coexistencia de la pluralidad de subculturas y la formación de una "pequeña gran cultura" desde la multiplicidad "tolerante y democrática" (*La balsa* 36). Se trata de explorar nuevos modos de integración, convivencia y participación de los diferentes sectores a través de la negociación pacífica de los reclamos, desplazando cualquier imagen de una clase social con poderes revolucionarios/redentores o la figura del padre (militar) que viene a poner la casa en orden.

En sus revisiones del pasado el autor explora, por un lado, uno de los primeros ejercicios de la "violencia letrada" –a través de la exclusión de las voces de los negros, indios, mujeres, analfabetos, gauchos, esclavos– en su relectura de *El Parnaso oriental* (1835-1837) de Luciano Lira, texto fundacional del imaginario nacional. Constituye una nueva cala en el origen, un regreso al pasado que Achugar justifica –nuevamente– desde la posdictadura: "Pienso que la fractura de la memoria operada por las dictaduras del Cono Sur tiene mucho que ver con esta mirada hacia atrás" (*La biblioteca* 99). Por otro lado, va nombrando aquellos sujetos que quedaron en la periferia de la ciudadanía, para así diagramar hacia el futuro una sociedad que contemple las diversas heterogeneidades integradas por "los mulatos, los negros, los mestizos, las mujeres no machistas y los gays uruguayos" (*La balsa* 61); para rearticular un origen plural –así la narración de la nación "deberá ser plural, masculina y femenina, letrada e iletrada, laica y religiosa, blanca y mestiza, cristiana, evangélica, metodista, judía y santera" (36)–; o, como exige en *Planetas sin boca*, para proyectar una "fundación rizomática de la nación" (123) que desarme las polaridades que tensaron la historia reciente en Uruguay.

Asimismo, los textos de Achugar exhiben "ficciones de alteridad" en las que el yo se proyecta como un "otro" en un pacto de solidaridad. La figura del intelectual como mediador entre la escritura y el otro que carece del derecho, de la oportunidad o del espacio para escribir su palabra, se encuentra ya en los inicios mismos de la tradición latinoamericana, en el Inca Garcilaso de la Vega, quien oficia de traductor y mediador entre la cultura inca de su madre (en riesgo de olvidarse) y la hispana de su padre. El *intelectual solidario*, otra figura del mediador cuyo ejercicio adquirió gran visibilidad con el género testimonial, también actualizó el vínculo entre escritura y alteridad. Los ensayos de Hugo Achugar se colocan en esta tradición pero a su vez la reactualizan: ya no se trata de traducir al otro, ni de representar al otro, ni de hacerse cargo de la escritura del otro, sino de convocarlo por otras vías.

Esta demanda por construir una nación plural va a definir la posición y las estrategias del sujeto de enunciación. Podríamos arriesgar que en *La balsa de la Medusa* se proyecta la utopía de un sujeto de enunciación heterogéneo, que va a definir ciertas operaciones. En principio, la imposibilidad de reunir desde el sujeto de enunciación, desde la escritura individual, desde el autor Achugar, las múltiples voces heterogéneas lo lleva a establecer toda una postura sobre el "residuo" no dicho por él:

> Lo que queda. Aquello de lo que no podemos dar cuenta. Lo que no queremos o no podemos explicar. Lo que está ahí, frente a nuestros ojos, pero no sabemos ver, no nos han enseñado a ver, no tenemos palabras o conceptos para ver y dar cuenta. Aquello que otros, el otro/ la otra, en cambio, sí pueden ver [...] El residuo, lo residual. (*La balsa* 91)

En el uso de la ficcionalización, Achugar hace explícito ese vacío de la voz del otro, o mejor, coloca la palabra del otro en el residuo de lo no dicho, con lo cual se aleja de cualquier tentativa de "representar" al subalterno. Significa un reconocimiento y asunción de los límites del escritor para hacerse cargo no sólo de los "otros" como sujetos minoritarios, sino de cualquier "nosotros" colectivo, aun cuando esta demanda se encuentre en el horizonte de sus ensayos como una ficción de alteridad: "Las respuestas individuales sirven y no sirven pero las colectivas, trabajosa y largamente elaboradas, esas, esas sí que son las impostergables y no están aquí. Con suerte –ese es mi deseo, esa, mi utopía–, serán emprendidas por otros" (*La balsa* 95).

Por otra parte la relación del intelectual con las voces del otro constituye todo un problema y pocas soluciones. A propósito de ciertas formas del testimonio latinoamericano en cuanto género, se ha discutido la validez de apropiarse de la voz del otro por parte del intelectual y se ha cuestionado la dimensión autoritaria de esta práctica cultural, de esta "ventriloquia" (Sklodowska, "Testimonio mediatizado") que suele marcar la jerarquía de un sujeto central, urbano, letrado que recupera y representa la palabra de un "subalterno" situado en los márgenes del circuito de las letras. En esta línea, Achugar prefiere utilizar una "máscara" que ya denuncia la imposibilidad e inadecuación de hablar por el otro, pero que le permite elaborar un espacio de solidaridad; se trata de una prótesis que no deja de señalar un lugar vacío allí donde lo ocupa, similar al residuo, a lo no dicho. El uso de la "máscara" deviene enunciación femenina desde el heterónimo de Juana Caballero en su novela *Cañas de la India* (1995), y desde las "falsas memorias" con que ficcionaliza la autobiografía de Brum en su novela *Falsas memorias. Blanca Luz Brum* (2000).

Este giro intenta acercar a Uruguay al resto de América Latina criticando el mito de la "europeidad" con el que usualmente la nación uruguaya marcaba sus diferencias con lo latinoamericano. Lo que me interesa destacar es, persiguiendo la idea de la *posdictadura* como eje ordenador de sus reflexiones, cómo esta instancia se origina desde la lección de la dictadura y su política de persecución de la alteridad ideológica: "Se podría sostener que la fragmentación –débil o fuerte– de la sociedad uruguaya y en consecuencia de su cultura, si bien existente desde siempre, parece haber aflorado a la conciencia social luego del trauma de la dictadura" (*La balsa* 62).

La razón comunicativa y las políticas de la conversación

Hugo Achugar, como ya señalamos, organizó en Uruguay –en algunos casos junto a Gerardo Caetano– una serie de coloquios en los inicios de la década de los 90, que luego fueron publicados en compilaciones: *Cultura mercosur: política e industrias culturales* (1991); *Cultura(s) y nación en el Uruguay de fin de siglo* (1991); *Identidad uruguaya: ¿mito, crisis o afirmación?* (1992); *Mundo, región, aldea. Identidades, políticas culturales e integración regional* (1994). Estos coloquios y compilaciones alumbran dos tipos de prácticas culturales: por un lado una voluntad de rearmar una esfera pública disminuida, desarticulada, desparramada fuera del Uruguay y censurada durante la dictadura uruguaya, por parte de alguien que venía del exilio, para ir encarrilando una "operación retorno" que permitiera volver a congregar a sus miembros bajo búsquedas compartidas. Por el otro, se trata de un ejercicio plural cuyo centro es el diálogo, la conversación, el debate. Es decir, estos coloquios y compilaciones no sólo se abocan a la tarea de interrogar la nación uruguaya, sino que además debaten el modo más apropiado en que este diálogo debe realizarse, las condiciones de su enunciación, la factura de las prácticas culturales. No sólo se trata de marcar rumbos, de seleccionar focos de discusión, de elegir temas, sino que junto a estos debates se abre el problema de encontrar y definir las prácticas intelectuales adecuadas y sus modos en el escenario de los años noventa. El quiebre de la "razón emancipatoria" de los sesenta y la pérdida de la batalla de la izquierda revolucionaria en América Latina fijan la necesidad de una amplia revisión de los valores e ideologías, pero también de los "procedimientos discursivos orientados a la formación de opiniones", de las "condiciones pragmáticas del discurso", de lo que Jürgen Habermas llama la "razón comunicativa", vinculada a un abanico de dimensiones como la sustitución de una filosofía del sujeto por una filosofía intersubjetiva, la atención a la pragmática del discurso al calor de las teorías de los "actos de habla" de Austin y Searle, y el desplazamiento y resignificación de esa pragmática del lenguaje para analizar las regulaciones de la esfera de la opinión pública. Son todas cuestiones que aceitan el ejercicio de una comunicación intersubjetiva y resultan útiles para pensar la escena intelectual de la posdictadura uruguaya. Más allá de las diferencias y disputas de Jürgen Habermas con Richard Rorty, ambos apuestan a "la fuerza persuasiva del mejor argumento", a la necesidad de articular un diálogo, a las prerrogativas de construir un consenso, una negociación, un acuerdo al interior de la esfera pública, a la voluntad de una comunicación sin "coerciones" y por medio de procedimientos que satisfagan ciertas condiciones de racionalidad, a la disposición "a conversar en vez de a combatir".[49] Se colocan en las antípodas del concepto de lo político fundado por Carl Schmitt en la antinomia amigo-enemigo.

Estos coloquios esgrimen la "razón comunicativa" habermasiana frente al predominio de las "relaciones de antagonismo" en la historia reciente, recuperando a su modo y desde otra coyuntura la tradición del "sistema de diferencias" que caracterizó al batllismo (Panizza). La experiencia de la dictadura mostró los efectos paralizantes de un discurso que se impuso como la única verdad a la sociedad, obturando la libre expresión de la esfera pública, dejando como legado "la herencia perversa de aspirar a un saber unívoco y monolítico en que la divergencia es percibida como detestable y el interlocutor se vuelve abominable y abusivamente un otro, extraño o enemigo" (Viñar y Viñar 13). Luego de la obturación del diálogo que marcó las estrategias tanto de la izquierda del MNL-Tupamaros como del gobierno de la dictadura en el clima de enfrentamiento radical (Aldrighi; Gatto), el debate y la conversación forjaron nuevos modos de intervención en la reapertura de la escena pública: Achugar y Caetano convocaron a participantes de diversas disciplinas, profesiones e instituciones –desde empresarios hasta poetas, pasando por especialistas en historia, en comunicación, agentes de instituciones estatales o privadas–. Se trataba de crear instancias superadoras del enfrentamiento entre ideologías fuertes, una alternativa a la lucha como modo de saldar diferencias políticas, de apostar –como reclamaban Maren y Marcelo Viñar– a "la riqueza de un diálogo controversial", dejando en el pasado, como advertía el escritor Tomás de Mattos, a aquellos "grandes pontífices que decían dónde estaba el bien y dónde el mal" (1992).

La "conversación" adquiere un valor peculiar ya que este término menta tanto una práctica cultural como una instancia democrática.

---

[49] Las citas entrecomilladas están tomadas de: Jürgen Habermas, "Derechos humanos y soberanía popular" (2004), de Richard Bernstein, Introducción (1988), de Richard Rorty, *Contingencia, ironía y solaridad* (1991) y *Objetividad, relativismo y verdad* (1991; en especial la tercera parte).

Apela a la negociación[50] –otra palabra clave– entre las partes que forman el cuerpo social, remite al modelo de una democracia participativa en la que sea posible negociar las diferencias sin apelar a la violencia. En *Planetas sin boca*, Achugar describe de un modo impecable este *desarme* en la práctica comunicativa: "implica el desafío de transformar batalla en debate, debate en negociación, negociación en conversación. Y conversación viene de *conversari*, de vivir en compañía. Implica el desafío de transformar la imposición autoritaria resultante de toda batalla, en la conversación propia de toda negociación" (124). Esta cita ilumina como pocas el tránsito de los sesenta a los noventa: allí radica la posibilidad de un nuevo pacto social fundado en la convivencia de diferentes sectores que negocian sus diferencias a través de reclamos pacíficos.

El contexto de la posdictadura, con todo lo que ello significó en términos de crisis de los ideales revolucionarios –tanto a nivel nacional, latinoamericano e internacional–, reclama al intelectual una aguda revisión de sus acciones, saberes, roles y palabra. Es en este contexto y sus nuevas urgencias donde Achugar acomoda sus decisiones. Así la práctica del coloquio, la tarea de compilador, la utopía de un sujeto de enunciación plural y heterogéneo, la teoría sobre los residuos de lo no dicho, el empleo de máscaras y heterónimos pueden leerse como una puesta en crisis de una actitud redentorista del intelectual, de su rol como conductor o representante de los sectores subalternos. Pero también resultan exploraciones de nuevas vías a través de las cuales el intelectual de izquierda latinoamericano reconfigura su posición más atento a las historias del otro, menos seguro de sus propias certezas, valorando positivamente la duda, "desde la real tolerancia" (*La balsa* 86).

---

[50] La preocupación en torno a la búsqueda de consenso y a la negociación entre diversas posiciones que atravesó las transiciones hacia las democracias en el Cono Sur adquirió diversas modulaciones, entre las cuales no quisiera olvidar aquella que se vale de la búsqueda de cierto consenso y/o negociación para evitar una revisión del pasado dictatorial, con un efecto tranquilizador que ofrece estabilidad bajo el costo del silencio y del olvido –postura que Achugar descarta visiblemente en sus trabajos sobre memoria–. Véase por ejemplo Tomás Moulián, "La liturgia de la reconciliación" (2000), y Carlos Ruiz "Democracia, consenso y memoria: una reflexión sobre la experiencia chilena" (2000).

Las hablas del balbuceo latinoamericano

El ensayista uruguayo también reclama para los intelectuales latinoamericanos el derecho al diálogo con los intelectuales de los países centrales, bajo condiciones equitativas, y la voluntad de ser escuchados. Uruguay como "periferia de la periferia" se parece a los "países invisibles" de los que habla el escritor puertorriqueño Eduardo Lalo, forma parte de los "planetas sin boca" tal como titula Achugar su antología de ensayos, ocupando un sitio marginal en el universo de los saberes.

En *Planetas sin boca. Escritos efímeros sobre arte, cultura y literatura* (2004), que recoge textos escritos desde 1995, se insinúa una mayor reflexión sobre el estatuto del saber latinoamericano en la geopolítica del conocimiento, y sobre el valor del pensamiento uruguayo y latinoamericano en la era de la globalización y sus efectos jerarquizantes, lo que lo conduce a discutir con las propuestas de la academia norteamericana y en especial con las teorías poscoloniales. Para explorar estas asimetrías entre el centro y la periferia, apela a nuevas ficciones de alteridad en las cuales el *otro* es Uruguay, un otro relegado por el centro, invisible y sin voz.

El año 1956 es el "origen remoto y personal" –de nuevo el origen– donde sitúa tres eventos. La epidemia de poliomielitis desatada en Uruguay se convierte en el emblema del valor negativo –capaz de provocar contagio, enfermedad y muerte– que el Uruguay como un "otro" califica (15). El siguiente hecho describe el recibimiento del presidente uruguayo en Washington D. C. con un pasacalles "que lucía el consabido 'Bienvenido Presidente de Uruguay' mientras que –a modo de palimpsesto, siempre vuelve el palimpsesto– las huellas de previas escrituras dejaban entrever que había sido usado para otras bienvenidas a otros presidentes latinoamericanos" (15). En ambos relatos Achugar elabora el *locus* de enunciación –Uruguay– como sitio del *otro* no sólo frente al centro hegemónico, sino también al interior de América Latina, es decir periferia de la periferia, ya que Uruguay tampoco porta los valores tópicos del latinoamericano "por ser latinoamericano, pero al mismo tiempo no ser indígena, ni negro o afro-latinoamericano" (16).

Esta posición doblemente secundaria es la que determina el escaso valor del discurso uruguayo, por lo que hablar desde este lugar marginal –dice Achugar– se llama"balbucear".

La tercera imagen proviene de un cuadro publicado como portada de una revista sobre la industria uruguaya que muestra construcciones fabriles de cuyas chimeneas salen densas humaredas, nuevo emblema de la producción del valor que desde la periferia se equipara al "humo". Figura equivalente a los planetas de Lacan, "que carecen de habla, (que) no pueden hablar porque no tienen nada que decir [...] y fundamentalmente porque se los ha hecho callar" (*Planetas sin bocas* 20), y por eso sólo balbucean. El planeta sin boca, como el subalterno para Gayatri Spivak, no habla sino que balbucea, escribe en las huellas de los palimpsestos y sólo expele humo.

Aquí, el "balbuceo" tiene una doble raíz: por un lado proviene de una relectura del Calibán teorizado por Fernández Retamar; por el otro es una respuesta a una polémica suscitada entre los intelectuales de América Latina y los de la academia norteamericana en torno al valor de la teoría latinoamericana, de la palabra de sus intelectuales y pensadores, de las historias locales en la geopolítica del conocimiento. Este debate pone en escena tensiones entre las teorizaciones sobre América Latina hechas desde el hemisferio norte (lo que Achugar llama "la academia norteamericana o el Commonwealth teórico"), cuyo conocimiento se valida por su colocación en un centro hegemónico, y las teorías elaboradas en América Latina que –por su colocación periférica– muchas veces devienen "objeto" de conocimiento y no "sujeto" teórico. En esta línea, Próspero y Calibán remiten respectivamente a los latinoamericanistas de la academia norteamericana y a los de América, y traman sus relaciones de poder en el espacio simbólico.

"Leones, cazadores e historiadores" es uno de los ensayos que más virulentamente expone esta asimetría y la ejemplifica criticando la reapropiación que los estudios poscoloniales de la academia norteamericana hacen de América Latina anteponiendo el modelo poscolonial, lo que redunda en una reducción de las múltiples experiencias de América Latina a modelos ajenos como aquellos de "India, África y otras regiones del planeta" (46) y además desconoce la propia tradición del pensamiento latinoamericano. Este es uno de los ensayos donde lo local como lugar de enunciación cobra más fuerza al rechazar la injerencia de las perspectivas poscoloniales y posnacionales como marcos teóricos para interpretar el Cono Sur, prefiriendo la indagación de las especificidades de las sociedades latinoamericanas y sus experiencias históricas.

La lengua maldiciente de Calibán significaba, para Fernández Retamar, una distorsión de la lengua del amo como gesto de guerra del subalterno latinoamericano en el escenario de la Revolución cubana. En Achugar la lengua se vuelve "balbuceo" para señalar también un gesto de resistencia –"caníbal, subordinado, menor" (34)– pero que ahora increpa la sordera del amo para oír el relato del subalterno. El latinoamericano no es quien balbucea, la condición de balbuceo se la otorga la distribución jerárquica que el centro hace de los saberes en el espacio global. Me interesa señalar el reclamo de diálogo que hay en la queja del balbuceo y en la acusación de sordera, en tanto marca de un recambio de contextos respecto al maldecir calibanesco de los setenta.

Estos ensayos permiten ver la doble tradición anudada en Achugar, aquella del campo intelectual latinoamericano y la del uruguayo (el cual, a su vez, hace sistema con el área de estudios del Cono Sur). El autor recupera muchas de las inflexiones que recorren el latinoamericanismo de los ochenta y los noventa (las heterogeneidades, la posmodernidad, los imaginarios nacionales, el giro lingüístico, entre tantas otras) para explorar el contexto uruguayo. Así por ejemplo su interés por el "testimonio", visible en la publicación de un volumen titulado *En otras palabras, otras historias* (1994), o su apuesta a la "memoria" perceptible tanto en investigaciones teóricas que dieron lugar a los proyectos grupales *La fundación por la palabra. Letra y Nación en América Latina en el siglo XIX* (1998) y *Derechos de memoria. Actas, actos, voces, héroes y fechas: nación e independencia en América Latina* (2003), como en la escritura de la novela *Falsas memorias: Blanca Luz Brum* (2000), en la cual, al tiempo que se noveliza la escritura de la autobiografía por parte de Blanca (siembre desfigurada diría Paul de Man) y que se ficcionaliza el trabajo sobre su memoria, emerge el olvido y ocultamiento de la muerte de su hijo y la negación de los desaparecidos por Pinochet.

La *"forma"* del ensayo

Resulta interesante analizar el ensayo de Achugar a partir de la *forma*, en el sentido en que Theodor Adorno la entiende, es decir cuando la significación se proyecta ya desde la forma y no sólo desde el contenido. Achugar mismo reflexiona sobre el estatuto de su propio ensayo. Lo describe como un espacio indefinido y abierto, que lo distancia de los requisitos de sistematicidad y totalidad para acercarse hacia un ensayo contaminado con la palabra poética, al que llama en *La balsa de la Medusa* "ensayo libérrimo", pues se aleja del "estudio académico" sin intentar reflexiones "sistemáticas" ni "científicas" ni, menos aún, "globales o totalizantes". Por el contrario se apropia de la plasticidad del ensayo, que le da mayor libertad para enhebrar sus ideas ("una dislocada narración posmoderna") o, como él mismo dice, le permite dar rienda suelta al "delirio de un poeta".

Esta caracterización que Achugar hace de su propio texto nos permite filiarlo con uno de los modelos paradigmáticos del ensayo, el que se inicia con los *Essais* de Michel de Montaigne en 1580, momento clave en la definición e institucionalización del género. Como representante de un humanismo renacentista mezclado con elementos del escepticismo y del estoicismo –lejos del endiosamiento de la razón– y contrario a las luchas e intolerancias de las guerras religiosas de su tiempo, Montaigne hizo del ensayo el espacio de un saber a la medida del hombre, tolerante, desconfiado de las pretensiones del conocimiento totalizador de la filosofía y demoledor de la presunción y soberbia del hombre, apostando a un filosofar menos presumido, más autoirónico y abierto a la autocrítica. Así, roturó al ensayo como el vehículo de un saber menor, crítico y autocrítico, en constante búsqueda y movimiento, un ejercicio del tanteo, de lo indefinido, de la discusión y de la problematización más que de la afirmación (Starobinski). Lo colocó, entonces, en las antípodas del Tratado de carácter científico, en una zona marginal y periférica a las disciplinas y sus requisitos de sistematicidad, de exhaustividad y de totalidad, dadores de garantías y pruebas de la verdad.[51]

Esta adyacencia y lateralidad del ensayo respecto al Tratado le otorgó plasticidad y capacidad articulatoria para acercarse a otros saberes y tramar puentes y vínculos con otras discursividades e incluso con géneros literarios, aun cuando el ensayo se define por la presencia de una prosa "conceptual, ajena al hilo enhebrador de la ficción" (Real de Azúa 12), por el predominio de una "estructura expositivo-argumentativa en vez de descriptivo-narrativa" (Mignolo, "Discurso" 217), de una "escritura inteligente" basada en el razonamiento y en el juicio (Jaime Giordano), aunque no sometida a los rigores científicos de exhaustividad y sistematicidad, sino más libre –tal como dice Starobinski, para quien el ensayo es "un examen atento, pero también enjambre verbal que libera su impulso" (31). Este "discurrir del pensamiento mismo" como dispositivo ordenador de la escritura ensayística, es aquello que para Real de Azúa lo diferencia de otros géneros cercanos como el "viaje", las "estampas" y las "crónicas" marcados por la espacialidad, o las "memorias" o "autobiografías" signadas por la temporalidad. Conservando el peso de la argumentación y su carácter no ficcional, el ensayo se vincula no obstante con el espacio literario. Diversos críticos suelen apuntar la presencia de elementos literarios dentro del ensayo, como el estilo (Real de Azúa, *Introducción*) que define una "prosa discursiva pero artística" (Anderson Imbert 387), o la intromisión de relatos ficcionales para ilustrar una idea (Giordano) o la colocación de "un extraño puente entre el mundo de las imágenes y el de los conceptos" (Picón Salas), o la fragua de un *confinium* (contigüidad) del ensayo entre poesía y prosa, entre lo estético y lo ético (Bense).

Achugar parece retener estas dos marcas, tanto el cruce con otras discursividades como el carácter antitotalitario. En cuanto a la mezcla

---

[51] Otra línea del ensayo que sigue el modelo de una exposición casi pura, con formas breves, sentenciosas, con una argumentación concisa, objetiva, impersonal la ejemplifica Francis Bacon, quien fue pionero del pensamiento moderno en el desarrollo del razonamiento inductivo, con sus *Essays* (1597). Ver Skirius.

con otras matrices discursivas, en *La biblioteca en ruinas* el ensayo se contamina con un posmodernismo literario que aboga por los cruces culturales (Madonna con Onetti) y desborda así los márgenes de la escritura académica en el cruce de los más variados procedimientos pertenecientes a diferentes modalidades discursivas, desde la prosa poética, los núcleos narrativos, el análisis filológico, hasta el zapping de los mass-media. Procura escapar a la función normativa de la Academia y al canon moderno "belletrístico", y aboga por una democratización de la cultura desde una postura "anti-apocalíptica" frente a los mass-media y los valores "vulgares".

La "forma" del ensayo articulada por Achugar traduce los saberes antitotalitarios de la derrota y vehiculiza el desarme en el empleo de determinados procedimientos del discurso y de la argumentación, como la interrogación, la digresión, el adversativo, la disyunción, el dilema y la duda que asedian su prosa y la vuelven ágil y sincopada por constantes preguntas, sustituyendo el acto de habla constatativo propio de la afirmación de una verdad. En *La biblioteca en ruinas*, la "pregunta" se ofrece como un acto ilocucionario privilegiado de la posdictadura (aquél que asume la "ruina de la biblioteca" y "el fin de una serie de proyectos sociales"), y pone en movimiento su prosa. Desde la pragmática del discurso Oswald Ducrot analiza estos actos ilocucionarios de la interrogación, la negación y la duda como modos de una enunciación polifónica. Acá apuntan a incluir la voz del otro o poner en duda la propia. Dice Achugar: "(L)a vieja biblioteca en que hemos vivido y en la que hemos estado aprendiendo a leer presenta hoy un paisaje diferente: el de una biblioteca en transformación. Entre las ruinas de lo que fue y lo que todavía no es, sólo hay lugar para las preguntas" (19).

Hay algo barroco en la escritura de estos ensayos, cuyo centro lo ocupan una duda y una falta que dan lugar a una proliferación no sólo de índole estilística sino también argumentativa. Achugar afirma una tesis para inmediatamente cuestionarla, interrogarla, ponerla a prueba, o derivarla en otras líneas de su reflexión, por otras vías –para Adorno, el ensayo trabaja con versiones, se sitúa entre "di-versiones"–. No se trata de la elipse ni de la elipsis barroca; Achugar diseña un mapa con cruces, calles paralelas o de doble mano ("¿Té o café? Sí, por favor"), bifurcaciones y, sobre todo, diagonales. Sí, dia-gonales para esta forma del razonamiento que crece y se alimenta del diálogo y del agón, porque pelea contra sus propias convicciones no para cancelar el significado y darse a la deriva, sino para cercar los problemas y ofrecer propuestas, para conjurar las pobrezas de toda certeza. Formular las preguntas, encontrar los problemas, asediar los conflictos se vuelve casi más importante que alcanzar las respuestas. Y las respuestas siempre adolecen de alguna falta: "Es decir, ni lo uno, ni lo otro sino algo más o algunas muchas cosas más" (*La biblioteca* 15).[52]

Otro de los elementos claves del género ensayo es el "yo". Recordemos que el *moi-même* de Montaigne, a diferencia de la neutralidad y transparencia del yo en el Tratado científico, ocupa un lugar central en el ensayo, donde se hacen presentes sus intereses, sus deseos, su intimidad y en especial su *estilo*. Pero además del estilo, el yo en la tradición latinoamericana del ensayo de interpretación nacional (que Rodó llamó "una moderna literatura de ideas") se convierte en el lugar no tanto de la intimidad sino de la autoridad del intelectual, y es allí donde se anuda su responsabilidad, su apuesta política y ética, su compromiso con lo dicho y su vínculo con el lector. El cruce del estilo literario y del ejercicio del intelectual marca la doble autoridad que suele regir la factura del ensayo en América Latina. Aun cuando el yo que habla en el ensayo no es ficcional, sino que se corresponde lógicamente con la palabra autoral –hay un "efecto de autoría" por el cual el "yo" que enuncia se acerca e identifica "lógicamente" con el autor–, no obstante se exhibe adoptando diversas máscaras, rostros, figuras. Estas ficciones del intelectual han dado lugar, en la tradición latinoamericana del ensayo de interpretación nacional, a modelos claves como las figuras del padre, maestro, médico, sacerdote,

---

[52] Dardo Scavino en su texto *La filosofía actual. Pensar sin certezas* (1999) traza las principales tendencias y los debates y querellas de la filosofía occidental de las últimas décadas, focalizando en aquellas propuestas que, como el giro lingüístico, la deconstrucción derrideana, el pensamiento débil de Vattimo, los diversos pos, entre tantos otros atraviesan el campo de la política, la ética, la religión y el lenguaje, poniendo en crisis el estatuto de la verdad e invitando a "pensar sin certezas".

profesor, augur que marcan su política cultural alternativamente en la escena pedagógica, en la escena de la crianza o de la cura del "ser nacional" enfermo, en la escena del tutelaje del gobernante que procura (como buen padre) reunir a los miembros dispersos en el "nosotros" a través de políticas integradoras, o en el ritual de la revelación profética del ser nacional. Podemos recordar la ficcionalización, en el *Ariel* de Rodó, del intelectual en la figura de Próspero, del maestro cuya voz se autoriza en la escena pedagógica, cuyo "sermón laico" adquiere el tono profético del visionario. O la petición de augur que invoca –en el inicio del *Facundo* (1845) de Sarmiento– la "sombra terrible de Facundo" para revelar el enigma de la historia argentina, su "vida secreta" ("Tú posees el secreto: ¡revélanoslo!" [7]). O la voz martiana que se ofrece a desentrañar el enigma del ser latinoamericano en "Nuestra América"(1891).

En este sentido, el modelo del ensayo de interpretación nacional ha sido desde el siglo XIX un espacio de encuentro entre la política y las letras, de configuración de la autoridad del letrado y del intelectual, quien ha fungido como brazo escriturario de la ciudad letrada o como ideólogo; de allí el carácter central del ensayo en la tradición latinoamericana, de allí su matriz fundacional tanto en el diseño de proyectos nacionales, de políticas educativas, como de definiciones identitarias, de exploración del "ser" nacional. Así lo reconoce Ángel Rama cuando habla de la función del letrado como brazo escriturario de la ciudad letrada en *La ciudad letrada* (1984); lo reafirma Julio Ramos cuando –en *Desencuentros de la modernidad en América Latina. Literatura y política en el siglo XIX* (1989)– estudia el protagonismo del ensayo en la organización de las nuevas sociedades latinoamericanas, en tanto allí se proyectaban los modelos de comportamiento, las normas de la ciudadanía, los límites y las fronteras simbólicas, es decir, el mapa imaginario de los Estados en vías de consolidación. Lo sintetiza José Miguel Oviedo cuando habla de la "función seminal" del ensayo, y así, finalmente, lo ratifica Roberto González Echevarría –desde otra posición– cuando en *La voz de los maestros* (2001) sostiene que el ensayo ha sido el espacio en el cual la voz de los maestros exhibe su obsesión por definir la identidad cultural de América Latina, destacando cierta matriz monológica y autoritaria del género (aunque reconoce en el *Ariel* de Rodó la presencia, además, de una tradición dialógica).

El ensayo de Achugar se inscribe en esta tradición del ensayo de interpretación nacional ya que explora críticamente los imaginarios uruguayos ante la fractura que la violencia de la historia reciente provocó en los relatos nacionales. Pero, desde esa pertenencia, discute y desarma la autoridad monológica del intelectual, la "voz de los maestros" al decir de González Echevarría, y sus prácticas "autoritarias". En este punto es que el ensayo de Achugar puede vincularse con la tradición inaugurada por Montaigne del ensayo como un pensar sin certezas radicales, o con las perspectivas que Adorno encuentra en la forma fragmentaria, discontinua e inconclusa del ensayo como vías desarticulatorias de las prácticas de la razón instrumental que han desembocado en los totalitarismos europeos, o la marca de antitotalitarismo, antidogmatismo y heterodoxia que Starobisnki encuentra en el ensayo cuando señala su "propia y temblorosa autoridad" (40).[53]

Achugar parece calar en esta temblorosa autoridad. Como ya adelantamos, exhibe algunas de las figuraciones del "intelectual solidario" y sus máscaras de la heterogeneidad. Pero además deconstruye la figura del augur que ha caracterizado la tradición del ensayo de interpretación nacional, es decir, socava la capacidad del letrado, del intelectual o del crítico literario para desenterrar el sentido último del texto (y del relato nacional), y con ello cifra la debacle de la integridad del significado, de la verdad, del sujeto (la "biblioteca en ruinas"). Por ello dice: "Me resigno a la crítica parcial, contaminada, ideológica y, por lo tanto renuncio a la falacia cientificista" (*La biblioteca* 70). Se trata del reemplazo del filósofo que descubría la entraña de lo "real" y sus fundamentos por el hermeneuta que trabaja con interpretaciones, un cambio auspiciado por

---

[53] En "Es posible definir el ensayo" (1998), Jean Starobinski afirma: "El ensayo es el género literario más libre. Su ejecutoria podría ser la frase de Montaigne que ya he citado: 'Voy inquiriendo e ignorando'. Agregaría por mi cuenta: sólo un hombre libre o liberado puede inquirir e ignorar. Los regímenes serviles prohíben inquirir e ignorar o, al menos, reducen estas actitudes a la clandestinidad. Estos regímenes intentan imponer a todos un discurso sin fallas y seguro de sí, que nada tiene que ver con el ensayo. La incertidumbre es, a sus ojos, un indicio sospechoso" (38).

el giro lingüístico al sostener que no es posible dar con lo real si no es a través del lenguaje y los discursos.

Hay algo desfundador en los ensayos no sólo de Achugar, sino de varios autores de las décadas de los 80 y 90 en América Latina que arremeten contra la *identititis* (Duchesne-Winter, *Fugas incomunistas*) como un mal que ha aquejado el ensayo en Puerto Rico, contra los imaginarios reductores de las variopintas naciones, contra el origen nacional que sanciona un relato teleológico entre los escritores del *Nuevo Ensayo cubano*, para citar sólo algunos ejemplos. Ya Theodor Adorno había señalado que el ensayo "no glorifica el origen" ni exhibe la "obsesión del buscador de tesoros a caza de fundamentos" (24), pero esta perspectiva no constituyó la característica sobresaliente del ensayo de interpretación nacional preocupado por definir el "ser" latinoamericano o nacional muchas veces desde un registro esencialista.

Por otro lado, todo acto de interpretación comporta el ejercicio del poder, visible en la elección de lecturas que necesariamente silencian otras. El poder interpretativo se vuelve, en estos ensayos de Achugar, un acto problemático y dudoso al cual es necesario restarle su cuota de autoritarismo. El poder simbólico se vuelve sospechoso en la medida en que realiza elecciones que suponen exclusiones. ¿Cómo ejercer un poder no autoritario, cuando todo poder indefectiblemente elige, incluye, ordena y sobre todo excluye?[54] "Tengo poder, dios me libre

---

[54] La problematización del "poder" es central en los debates de la posdictadura del Cono Sur, debido, sin duda, a la experiencia del autoritarismo reciente. Se percibe cierta demonización del poder: las múltiples críticas al poder hegemónico (entre ellas las de Foucault y sus perspectivas en torno a la diseminación del poder a través de las micropolíticas) han terminado por volver sospechoso al poder, como si su ejercicio necesariamente tuviera que desembocar en una práctica autoritaria. Quizás –para algunos– una salida puede hallarse en el posestructuralismo cuya deconstrucción raigal, cuya deriva parece escapar a esta lógica. Por ejemplo, en la escena chilena se oponen las propuestas de FLACSO, desde las que se busca los modos de reconducir la transición democrática a través del consenso y la negociación de los diversos sectores sociales (Brunner, "Notas sobre la posmodernidad") –y para ello apelan al bagaje de la posmodernidad–, y las de Nelly Richard, quien elige –desde la deconstrucción posestructuralista– una especie de margen siempre desarticulante ("dislocación", "rotura", "discontinuidad", "excentricidad", "dispersivo", "errancia", "desidentidad", entre otros). Por ello Nelly Richard debe enfrentar el conflicto con el uso del poder, su dificultad para articularlo desde esta matriz teórica en continua fuga: "¿Cómo reconvertir la pulsionalidad rebelde de los flujos excedentarios en

del poder" (*Planetas* 114): en esta frase Achugar despliega su conflicto frente al ejercicio del poder interpretativo en el espacio de la letra. En este dilema, apuesta al significado –"La lectura ha sido y sigue siendo un modo de pelear por el control de los significados" (*La biblioteca* 92)– y asume los costos de la interpretación: "Intento ser plural, democrático, pero me sé destinado al autoritarismo interpretativo" (107). Salda el conflicto, entonces, asumiendo una culpa, colocando la sospecha en el interior de sus textos. Intuyo que es este nudo conflictivo en torno al acto interpretativo el que permea –con sus culpas y recelos– el modo de argumentar y reflexionar tan característicos de su prosa, donde cada afirmación es seguida por una puesta en duda, por preguntas, por aclaraciones, por otras afirmaciones que abren diversas posibilidades. Convierte la autocrítica del poder –y sus posibles autoritarismos– en estilo, y podemos leer en su estilo las marcas principales de su proyecto; interpretar sus rodeos, dudas, idas y vueltas como un intento de evitar toda clausura y sumar diferencias.[55]

En cambio, sí recupera la pulsión prospectiva del ensayo –que ha caracterizado el modelo de John Locke–[56] como cocina y fragua de ideas nuevas en momentos y coyunturas de grandes cambios, de crisis profundas, que dan lugar a una interpretación original, o a una

---

microestrategias resistentes y combatientes que logren oponerse a los desequilibrios de poder y autoridad?" (*La estratificación de los márgenes* 35).

[55] En "Eco y Narciso" (en *La biblioteca en ruinas*), Achugar problematiza el acto interpretativo desde un doble registro: por un lado analiza el mito de Eco y Narciso (tomado de la *Metamorfosis* de Ovidio) en clave simbólica como una reflexión sobre la interpretación (que incluye la representación, la ilusión, el realismo, el espejo, el reflejo, el simulacro, el diálogo, el eco, la voz del sí mismo y del otro, etcétera). Pero también la relectura que lleva acabo se vuelve una práctica interpretativa que continuamente desplaza el texto de Ovidio hacia preocupaciones del presente, lo interviene con problemas y teorías actuales. Así el doble registro de su lectura pone en escena la "metamorfosis" que toda interpretación supone. Quizás la idea del acto interpretativo como "metamorfosis", como transformación del texto primero, consista en una salida que al menos evita las certezas del augur al sustituir el descubrimiento del sentido último por la asunción de la torsión que toda lectura impone al original. Además, consciente de su parcialidad, precariedad y contaminación, tolera la presencia de otras lecturas, se abre al futuro: "la biblioteca está siempre abierta" (*La biblioteca* 124).

[56] Starobisnki define el modelo del ensayo de John Locke –*An Essay Concerning Humane Understanding* (1690)– en tanto un modelo de ensayo en el cual se articulan ideas nuevas en plena gestación y renovación de perspectivas y paradigmas.

renovación de perspectivas epistemológicas o a un giro en el pensamiento (Starobinski), que se proyectan sin la autoridad de la certeza ni la exhaustividad del tratado, tal como supo definirlo Diderot: "Prefiero el ensayo al tratado, un ensayo que me arroja algunas ideas geniales casi aisladas, que un tratado en que esos gérmenes preciosos acaban sofocados bajo el peso de las reiteraciones" (citado en Weinberg 206). O como Roland Barthes, quien sostiene que es posible escribir "el ensayo sin la disertación" (*S/Z* 2). O como Ortega y Gasset cuando afirma que el ensayo es "la ciencia menos la prueba explícita" (en Skirius 10). Desde luego que el ensayo uruguayo de la posdictadura, que abordamos anteriormente, comparte en gran medida este vector prospectivo.

De este modo, como intelectual y como ensayista, Achugar pone en crisis el rol del *legislador moderno*, y se acerca al *intérprete posmoderno* (Bauman) capaz de articular los saberes inciertos y antiautoritarios de la derrota y del desarme. En su ensayo "Espacios inciertos, efímeros" (2004) incluido en *Planetas sin boca*, Achugar recupera la figura de Calibán, colocándose así en la tradición del intelectual comprometido con la realidad latinoamericana, no hay duda; pero también ejerce una torsión a esa tradición al ubicarlo en el contexto de la posdictadura de los años noventa, lo que significa situarlo en un escenario de "espacios inciertos", trocar el maldecir y la "violencia" por la conversación, diseminar las polarizaciones en polifurcaciones y digresiones, desarmar la oposición amigo-enemigo en una refundación rizomática de la nación.

SEGUNDA PARTE:

Diseños literarios

Lo contemporáneo y lo arcaico.
Las memorias púrpuras

El *boom* de la novela histórica en los inicios de la apertura democrática fue todo un signo y síntoma de los nuevos tiempos que requerían revisar no sólo el pasado reciente sino ahondar en el pasado más lejano. Repasar muy brevemente algunos de estos textos nos permite recorrer un contexto sobre el cual luego haremos un análisis más detallado de algunas de estas novelas son: *¡Bernabé, Bernabé!* (1988) y *La fragata de las máscaras* (1996) de Tomás de Mattos, y *Artigas Blues Band* (1994) y *Troya blanda* (1996) de Amir Hamed.

El regreso al pasado que estas novelas llevan a cabo supone un trabajo con la historia y con la memoria (además de la ficción) en sus diversos registros. A grandes rasgos la *memoria* se caracteriza por ser dúctil, maleable, ambigua y plural, permite manipulaciones diversas y tolera continuas reinscripciones: allí radica su poder y su peligro. Configura los imaginarios colectivos y establece lazos de pertenencia a las comunidades o naciones. En manos de los estados autoritarios y de sus letrados orgánicos puede convertirse en un factor decisivo del poder, capaz de impulsar guerras y desatar masacres. En este caso estamos frente a lo que Tzvetan Todorov llama los "abusos de la memoria" que, por ejemplo, han jugado un papel importante para justificar políticas fundamentalistas como sucedió en la Alemania de Hitler. Estos abusos suponen más una política del olvido que de la memoria, ya que al poner al servicio de la propaganda del régimen el entero archivo de la historia, tergiversan los acontecimientos, establecen conexiones inauditas, borran algunas figuras y dan primacía a otras. Si, como vimos, la dictadura uruguaya supo saturar la escena pública con conmemoraciones que cruzaban y mezclaban diversos acontecimientos y figuras de la historia para legitimar el protagonismo de la casta militar (como por ejemplo el acercamiento entre Artigas y Latorre en los festejos del "Año de la Orientalidad"), muchas de las novelas históricas, en cambio, denuncian estos abusos de la memoria.

La *historia*, en cambio, se define en términos generales (más allá de los cuestionamientos a sus propios fundamentos) como una disciplina exhaustiva, rigurosa, científica, que estudia el pasado empleando métodos de corroboración de datos, utilizando archivos, fuentes y documentos. Y es por ello que puede convertirse en un dique contra los subterfugios de la memoria. Yosef Yerushalmi reclama una memoria que esté sostenida por el trabajo del historiador, quien animado por la austera pasión de los hechos, de las pruebas, de los testimonios, que son los alimentos de su oficio, pueda impedir la violación de la memoria y ser una valla contra la mentira deliberada por deformación de fuentes y archivos, contra la invención de pasados recompuestos y míticos al servicio de los poderes en tinieblas, contra los militantes del olvido, los traficantes de documentos, los asesinos de la memoria, contra los revisores de enciclopedias y los conspiradores del silencio, contra aquellos que pueden borrar a un hombre de una fotografía para que nada quede de él con excepción de su sombrero (25). Es esta concepción de la memoria, estrechamente vinculada a la búsqueda de la verdad de la historia reciente, la que recuperan los organismos de Derechos Humanos para sus demandas de verdad y justicia. En esta línea, las novelas históricas de la posdictadura redefinen el pacto de lectura del género desde la apuesta a la *verdad* de la historia y desde allí negocian los límites con la ficción. Enfrentan los problemas que supone el regreso de lo real y de la verdad cuando las perspectivas del giro lingüístico han socavado su integridad, y es por ello que, sin descartar su búsqueda, introducen diversas perspectivas y puntos de vista para aligerar las certezas y exponer las contradicciones y conflictos entre las diferentes versiones del pasado. Su apuesta contrasta con las políticas estatales de olvido emanadas de la sanción de la Ley de Caducidad de la Pretensión Punitiva del Estado ni bien iniciada la apertura democrática. El propio presidente Sanguinetti acuñó la metáfora de "los ojos en la nuca" para condenar como retrógrada toda vuelta al pasado que procurase indagar las violaciones de los derechos humanos cometidas por los sectores militares y policiales.

De este modo conviene hablar de los "usos" de la memoria y el olvido; ambos están atravesados por una fuerte carga política, resultan una operación emanada del Estado e impuesta por decreto a la sociedad. Este es el fondo sobre el cual debemos colocar los valores que ambos términos adquieren en las novelas históricas. Si el Estado dictatorial desplegó una parafernalia patriótica y el gobierno democrático institucionalizó el olvido como una medida necesaria para recomponer el cuerpo social, una serie de textos discuten estas ecuaciones y ofrecen otras respuestas al complejo problema de articular la democracia con la memoria y la justicia. Las novelas históricas revisan en el pasado tanto las manipulaciones y tergiversaciones de las políticas de la memoria bajo los regímenes autoritarios como las políticas del olvido que trabajan bajo el secreto de ese mismo Estado para cometer los más diversos crímenes. Estas memorias del pasado remiten con preferencia a dos momentos claves. Por un lado, el inicio del Estado nacional en las luchas de la independencia, cuya epopeya guerrera fue narrada a fines del siglo XIX por el ciclo de novelas históricas de Eduardo Acevedo Díaz.[57] Con *¡Bernabé, Bernabé!*, Tomás de Mattos reescribe la épica homérica de los orígenes como tragedia sofóclea al descubrir que fueron los mismos militares independentistas los que llevaron a cabo el exterminio de los indígenas charrúas. Por otro lado, el gobierno de facto del militar Lorenzo Latorre (1876 y 1879) –y sus continuadores bajo el denominado "militarismo"– proyectó la modernización del Uruguay y el fortalecimiento del Estado, pero al costo de la instalación de la primera dictadura. Al tiempo que los gobiernos implementaban en la clandestinidad su sistema represivo, legitimaban sus proyectos en los discursos del progreso, la modernización y la civilización. Estas novelas construyen una nueva cartografía de la historia pautada por los golpes, las dictaduras y las violencias implementadas por el Estado; sustituyen a los próceres nacionales por los nuevos agentes de las políticas de la barbarie: los dictadores y sus esbirros; elaboran un nuevo tipo de entramado narrativo, desarmando la gesta de la independencia y el

---

[57] Sus novelas históricas nos remiten al período que va de 1808 a 1838, y abarcan los momentos previos a la independencia, los primeros levantamientos de la campaña del año 1811 en la lucha por la independencia y la victoria artiguista en Las Piedras (*Ismael*); la dominación portuguesa y brasilera que convirtió a la Banda Oriental en Estado Cisplatino (*Nativa*); el desembarco de los Treinta y Tres Orientales y sus victorias de Rincón y Sarandí contra las tropas brasileras (*Grito de gloria*); y las guerras civiles entre Rivera y Oribe durante la presidencia de éste último (*Lanza y sable*).

progreso del Estado moderno desde un discurso en clave trágica o policial. Tanto Enzo Traverso, "Historia y memoria. Notas sobre un debate" (2007) como Hugo Vezzetti en *Sobre la violencia revolucionaria* (2009) establecen una distinción entre las memorias de las glorias nacionales, centradas en los héroes y los mártires, sustentadas en los relatos de guerras y victorias, que procuran unificar a los ciudadanos en el espacio sacro de la Nación, y aquellas memorias focalizadas en los crímenes y las víctimas, narradas por los testigos y sobrevivientes, que han adquirido visibilidad a partir de los testimonios de Primo Levi en torno al Holocausto y se resisten al tono de exaltación y unificación de las memorias nacionales.

La experiencia de la dictadura requirió no sólo de la reconstrucción de la memoria inmediata; su aliento fue mucho mayor e indagó en el pasado aquellas memorias que fueron olvidadas o silenciadas, las memorias no oficiales, las de los vencidos, aquellas que ahora permiten reflexionar o explicar la emergencia de la violencia estatal iniciada con el golpe de Estado del 73. De allí la presencia de sombras, de voces de los muertos, de espectros y fantasmas de las víctimas que aún no han sido enterradas porque no han dado testimonio de su experiencia. Son los testigos verdaderos, los testigos capaces de dar un testimonio completo, son los "hundidos". Primo Levi distingue entre los salvados (los sobrevivientes del Lager) cuya memoria es incompleta y por delegación además de falible, parcial o débil, y los hundidos (los "musulmanes", los que murieron en las cámaras de gas) quienes serían los verdaderos testigos, aquellos capaces de dar cuenta del ciclo completo de la maquinaria de desaparición de los campos de concentración (78). Los fantasmas proyectan esta figura paradójica de un testigo hundido.

Son las memorias púrpuras cuyos fantasmas reaparecen para pedir, como la sombra de Hamlet, un acto de reparación histórica y de justicia simbólica. *Una cinta ancha de bayeta colorada* (1993) de Hugo Berbejillo construye un relato a partir de las voces de los muertos. El periodista Gaspar Salamanca aparece en la casa montevideana del general Gregorio Suárez, el Goyo Jeta, en pleno gobierno de Latorre (1879), dispuesto a iniciar una entrevista que le permita escribir la biografía de aquél. Pero el viejo caudillo ya ha bebido el veneno que, a punto de morir, lo incita a recordar su propia historia, a confesar sus crímenes ante el supuesto periodista. El relato se desarrolla en un instante, el de la muerte, mientras afuera se reitera, al comienzo y al final, la misma escena: el dependiente de la casa de confituras Langenus está cerrando el comercio y el propietario de la droguería Riepphof despide a una mujer. La muerte, como en los textos de Borges, devuelve la identidad oculta al Goyo Jeta. En esta escena de interiores, donde se desarrolla el diálogo que de un modo ambiguo oscila entre la confesión y el interrogatorio, se oponen lo público, la versión oficial de los hechos, y lo privado, la memoria de los muertos y la biografía oculta del Goyo Jeta, que exhibe las urdimbres secretas de la política.

A estas dos voces se suma la de Lucas Bergara, degollado por orden de Latorre y arrojado al agua. Previo a estas escenas, la novela se abre con un "Preludio en el agua". El Comandante Felipe Frenedoso cuenta su propia muerte a manos de sicarios de Latorre, quienes luego lo arrojan a las aguas de la bahía. La escena culmina con la devolución del cadáver, preámbulo de los múltiples cuerpos que se levantarán de la tierra para ocupar un lugar en la historia: la cabeza que no logran enterrar de Críspulo Sosa, la aparición fantasmal de César Díaz durante el sueño del Goyo pidiendo venganza, el recuerdo de la madre muerta del Goyo, y, finalmente, las manos de los muertos que piden explicaciones y reclaman una justificación por sus muertes al general Gregorio Suárez, las manos de sus propios hombres y enemigos: "Los tuyos también murieron, general: te los están matando […] mataste a los míos en Soriano […] y también en Sauce […] Murieron de los míos, pero también de los tuyos, y la tierra espera, general; siempre espera" (257). La historia debe volver a relatar el pasado articulando el punto de vista de los muertos, saldando una deuda impaga con "los anónimos para la historia", ya que "los muertos tienen derechos, general: pueden volver cuando quieran, porque no pierden la memoria" (15). Como en las "Tesis de la filosofía de la historia" de Walter Benjamin, la redención se sitúa en el pasado y requiere restituir en el presente los reclamos de las víctimas, hacerse cargo de sus demandas, saldar sus deudas impagas.[58] Una imagen se reitera en todo el texto, la imposibilidad de enterrar a los muertos: las aguas del mar devuelven sus cuerpos, la cabeza de Críspulo Sosa que emerge de la tierra, los fantasmas que acosan durante el sueño al Goyo, etc. Los muertos permanecen insepultos porque aún deben ser redimidos, la historia debe redimirlos a través de las palabras, de un relato que convoque sus recuerdos, que se haga cargo de sus reclamos, que les dé una explicación. De más está señalar la vinculación de estos temas con los "desaparecidos" durante las dictaduras del Cono Sur, que aquí se convierten en cadáveres a la deriva, pero cuya sepultura sólo es concebible a través de la recuperación de sus memorias.

Pero en esta novela se apunta además a la memoria urdida por los sectores económico-financieros, una memoria anónima. En el presente del relato, bajo el gobierno del coronel Latorre, la historia es el resultado de la agencia del poder comercial en momentos en que se sientan las bases del Estado moderno. La historia, más que de pactos entre caudillos y militares, resulta obra y agencia de los intereses económicos. Aquellos sólo resultan personeros de los capitales de la alta burguesía montevideana, y en última instancia de los intereses ingleses, triunfantes con el gobierno de Latorre. Esta es, para Salamanca, la verdadera historia que queda oculta en los textos: los intereses del dinero obran en el anonimato histórico, al margen de los colores de las divisas o guiando la política con hilos invisibles; mientras los eventos, sucesos, batallas, fechas memorables, nombres con los que se narra la historia, emergen en la superficie de los textos históricos ocultando sus reales agentes.

La dictadura de los setenta implementó no sólo un sistema de represión, su plan fue más vasto y tuvo alcances económicos. Por momentos, el interés de la justicia sobre los militares y la policía desvió la atención de las posibles acusaciones sobre el sector económico. En este sentido dice León Rozitchner sobre el caso argentino: "se juzgó a un

---

[58] Dice Walter Benjamin en sus "Tesis de la filosofía de la historia": "El pasado lleva consigo un índice temporal mediante el cual queda remitido a la redención. Existe una cita secreta entre las generaciones que fueron y la nuestra. Y como cada generación que vivió antes que nosotros, nos ha sido dada una flaca fuerza mesiánica sobre la que el pasado exige derechos" (178).

puñado de militares culpables del terror de Estado, pero no se incluyó en el juicio a los otros poderes responsables: el económico, el político, el religioso, el de los medios de comunicación" (27).

El olvido como práctica de gobierno toma cuerpo en un modo de hacer política: el secreto. Oculta su accionar en el anonimato de sus sicarios, borra las pruebas y presenta a la sociedad –y a la historia– una versión purificada de su gestión. Como sabemos, las últimas dictaduras del Cono Sur abusaron de esta práctica, pero las novelas históricas se vuelven al pasado para reflexionar sobre esta modalidad propia de los gobiernos autoritarios. Varias de ellas se proponen, alternativamente, criticar las políticas urdidas en el secreto y narrar las memorias de lo callado. El olvido es entonces la cara superficial de una memoria contenida, latente y pasible de recuperarse, ya que no es fácil borrar sus huellas. También en *El príncipe de la muerte* (1993) de Fernando Butazzoni el secreto ocupa un lugar central. La novela relata las peripecias de su protagonista, Montenegro, quien es enviado a Génova por los unitarios en misión secreta para intentar derrocar a Rosas y termina convirtiéndose en un matón a sueldo de los gobiernos de Mitre y Sarmiento.

Esta novela cuestiona todo un modo de perpetrar la historia en el anonimato, a través de los "pactos secretos", con la agencia de matones. En momentos en que el Estado, tanto en Argentina como en Uruguay, procuraba sentar las bases de su modernidad a través de un discurso civilizatorio capaz de legitimar su lucha contra la barbarie, instituía al mismo tiempo una organización secreta de sicarios que cometían los crímenes "necesarios" para los fines del progreso. Narrar esta otra historia significa leer a contrapelo el discurso de la civilización, descubrir la locura allí donde debe anidar la razón.

El texto narra la imposibilidad de la desmemoria en la historia personal de Montenegro. Los sucesos y peripecias por los que atraviesa el protagonista se ordenan en tres grandes capítulos, tres momentos claves en su vida, tres intentos por deshacerse de los recuerdos y tres fracasos ante el olvido. "El mal de la vida", el primer capítulo, retrotrae la historia de Montenegro a sus antepasados, cuenta la vida de sus padres, sitúa su origen en una genealogía. En su madre Albertine, traída al Brasil para ocultarla a las miradas de la corte de Lisboa, se despliega el pasado, a la vez truculento y secreto – plagado de locura, envenenamientos, crímenes, adulterios, enfermedades y corrupción–, de la Casa de los Habsburgo, de la cual ella es hija bastarda. Si las políticas urdidas en el secreto terminan por enfermar a la sociedad, en la recuperación y escritura de las memorias reside un poder terapéutico. La palabra "mal" se reitera en los tres títulos de los capítulos y alcanza toda su densidad significativa en lo "mal-dito"; las aventuras sangrientas de Montenegro vinculan nuevamente los males con el secreto. La curación del mal no se lleva a cabo en el interior de la novela, se realiza o intenta realizarse con la escritura del texto, con la narración (lo dicho) de las historias sórdidas que los gobiernos ocultaban en la figura de Montenegro (el mal).

El pasado truculento se oculta en el medallón que Montenegro conserva, y para deshacerse de su identidad lo arroja a las aguas del mar y parte para Cuba: "ya no había regreso ni memoria, no quedaba nada que no fuera su propio presente" (153). Esta escena cierra el primer capítulo con el gesto de negar la memoria de un pasado que puede acercarlo a su propia identidad. Desde ahora el protagonista intenta construir del rechazo a sus antepasados y de la ruptura de todo rastro de la memoria: "Le tenía miedo a la memoria. Le huía como a la peste" (115). En el segundo capítulo, "El mal del amor", el fracaso de su romance con Inés de Alarcón sirve como motivo para procurar nuevamente el olvido. La escena final se cierra con las llamas del incendio de la finca de la amante de Montenegro, que éste ordenó para borrar todo rastro: "el fuego terminaría de una vez y para siempre con esa memoria que vagaba, que se escondía, que acechaba, que sin consuelo se desgranaba hora tras hora y día tras día" (277). En "El mal de la muerte", el capítulo final, Montenegro regresa al Río de La Plata y se pone al servicio de Sarmiento y Mitre, como matón a sueldo. Aquí la historia secreta es la que se construye desde el poder como el otro lado del discurso civilizatorio.

Toda la serie de aventuras de Montenegro se desarrolla en el secreto. Desde sus inicios políticos en Génova, Montenegro comienza a actuar en forma clandestina, ingresa en una historia que se trama en la oscuridad. Es enviado a Génova en una misión secreta, urdida por los unitarios en contra de Rosas. En Barcelona descubre que su propio pasado, el de sus ancestros, forma parte de una historia oculta y perturbadora, signada por la locura y las traiciones de los Habsburgo, y allí pone en práctica el "pacto secreto" para liberarse de sus enemigos. Su experiencia amorosa, el tráfico de armas en Cuba y las políticas implementadas por los gobiernos del Río de La Plata que lo contratan como criminal, se desanudan en el secreto. Sus decisiones lo acercan cada vez más a la lógica de esta historia oculta, lógica cuya dimensión más significativa y contradictoria consiste en construir una memoria y desear borrarla. Sin embargo, cada nueva muerte congrega a las anteriores, construye la memoria; luego de la agonía del esclavo Juan Bermúdez, Montenegro ve amontonarse los espectros de sus víctimas: "viejas sombras que regresaban desde otras profundidades, se pasó la mano por el rostro todavía incrédulo de que esas memorias volvieran, alguien le había dicho alguna vez que los muertos resultaban mucho más difíciles de olvidar que los vivos" (207).

Cuando muere, Montenegro recupera

> la catedral de sus palabras, la inmensa catedral que él había erigido durante toda su vida sin saberlo, [...] cada amanecer estaba ahí, cada muerte, cada una de las víctimas de su cuchillo, de su machete, de sus conjuras, cada uno de los espectros [...] se guarecía en el templo de sus palabras. Tenían nombre y apellido y formaban una galería de sombras. (417)

La intriga que el texto propone en clave policial no reside en las peripecias de las aventuras sino en la tensión entre el silencio y la palabra recuperada, desde la cual se va a proyectar el futuro de las memorias púrpuras en la apoteosis de las barbaries de la Guerra de la Triple Alianza. En ese tiempo que se abre hacia el futuro el texto apunta hacia la experiencia de la última dictadura.

Esta novela de Butazzoni interpela, además, cierta negación por parte del imaginario identitario uruguayo para reconocerse en estas tramas de la violencia estatal, cuestión que metaforiza en la constancia de Montenegro por rechazar su identidad. En Barcelona se desprende del medallón de su madre y sueña la muerte de su padre adoptivo Lucas Aguirre. En Cuba quema los recuerdos de su amor por Inés; por sobre todo, sus crímenes en el anonimato, sus negocios en la clandestinidad, su desinterés por la política, los ideales, la patria, lo llevan a constituirse en un hombre sin señas identificadoras.[59] Estas historias de crímenes y locuras, sin embargo, conforman parte de la historia de América Latina, una memoria de lo "mal-dito", una historia a la vez sórdida y silenciada. La novela repone la dimensión pedagógica de la historia como *magistra vitae*, cuya enseñanza evitaría la reiteración.[60]

El género policial, en el cual el crimen y el asesinato forman parte de su legalidad interna, resulta el entramado ideal para reflexionar sobre el Terrorismo de Estado desplegado en el secreto. *El archivo de Soto* (1993) de Mercedes Rein, utiliza el código del género policial para relatar las peripecias de Carlos en un recorrido que suspende la resolución del crimen. La novela se abre con una carta de J. J. Soto que coloca en escena el nudo a resolver: el asesinato de su hijo Carlos a manos de los comandantes Santos, Tajes y Varela, servidores del "dictador Latorre". Inmediatamente su padre advierte: "La causa de ese crimen permanece aún envuelta en el más impenetrable misterio" (7). Un crimen y su resolución guiarán el desarrollo narrativo con un comienzo que parece augurarnos una trama policial. Pero el texto finaliza con el mismo crimen

---

[59] El protagonista arriba al Río de La Plata como un hombre sin identidad, "porque él había regresado de la nada y era un hombre sin rostro". Amparado por los gobiernos, funda su propio poder como "Príncipe de la muerte", gobierna sobre la "ciudad invisible, poblada de huesos y de muertos sin memoria [...] que acechaba detrás de la amable urbe que a todos complacía". En un encuentro (¿imaginario?) con Lucas Aguirre, éste le dice: "Tú no tienes nombre", "Tú no has vuelto". En el momento de su muerte "era un hombre sin patria el que allí moría, un príncipe sin historia el que había logrado construir su propio reino fuera del alcance de los hombres para albergar en él a todo lo negado y lo prohibido" (424).

[60] El autor afirma "vale la pena reflexionar acerca del sentido que ha cobrado con el transcurso de los años esa evasiva figura incrustada de manera irremediable en nuestro pasado: la historia a veces se nos muestra como una cruel cadena de repeticiones, y cuando uno intente bucear en las profundidades de hechos ocurridos hace mucho tiempo, puede con sorpresa hallarse ante semejanzas dolorosas y enseñanzas mal aprendidas. La vida de Montenegro, su dilatada aventura y su prolongado negocio con la muerte, acaso no hayan sido más que el temprano signo de un cierto paradigma rioplatense. Desentrañar el sentido último de ese paradigma puede servir para conocernos mejor, para querernos más, para vanagloriarnos menos" (10).

sin resolver aunque cargado de diversas interpretaciones que tiñen de sospecha la versión oficial.

El relato policial canónico se desvía y sirve, no para restaurar un orden sino para poner en escena el debate en torno a los modos legítimos de impartir justicia. Aquí la reescritura de la historia implica desvirtuar la historia oficial sobre el asesinato de Carlos pero sin que ello signifique necesariamente llegar a otra verdad, sino detenerse en las contradicciones e incongruencias que presenta el caso: "Nunca lo sabremos ni sabremos lo que Héctor ocultaba y temía tanto ¿Otro complot? Puede ser, aunque suene novelesco, aunque los historiadores rechacen este ejercicio de simetría delirante" (142). La imposibilidad de llegar a una certeza, las contradicciones, la falta de claridad en los datos, revelan la manipulación que el gobierno de Latorre hizo de los documentos a fin de oscurecer o borrar su responsabilidad. Podemos encontrar marcas del género policial en casi todas las novelas históricas en tanto procuran averiguar los crímenes cometidos desde el Estado. Allí donde el discurso oficial establece su versión, surge el enigma, contra las certezas de la historia se levantan los casos no resueltos. El enigma es otra de las caras del olvido, sugiere que hay algo que permanece sin resolver, que la historia contiene casos pendientes.

En otra dimensión el crimen sustituye a las batallas, los sicarios a los héroes anónimos, los asesinatos a los sacrificios, las luchas fratricidas y partidarias a la conciliación nacional. Se suplantan así las memorias pedagógicas de las que habla Yerushalmi cuando dice "Del pasado sólo se transmiten los episodios que se juzgan ejemplares o edificantes" (22). Los "lugares de la memoria" dejan de ser precipitados químicamente puros, se vuelven ambiguos, duales y con ello señalan toda estrategia homogeneizadora inserta en los emblemas nacionales. La posdictadura se ocupa de distorsionar la pureza de su memoria, de quebrar el sentido monolítico de sus monumentos. La deconstrucción de los íconos oficiales de la nación emerge constantemente en las novelas de la posdictadura, guiada por el afán de desmantelar las versiones oficiales de la historia. El relato desde la perspectiva de Montenegro, el punto de vista del criminal, resulta el mejor ángulo para develar los secretos de la historia oficial en *El príncipe*.... Montenegro se queja:

> Ay de la Historia escrita con mayúsculas como quieren estos cagatintas, pensaba el cuchillero [...] Ay de la Historia en el mármol esculpida, reflexionaba Montenegro [...] Ay de la Historia contada por los vencedores [...] Ay de la Historia no contada por los historiadores. (344 -47)

En términos similares, en *Una cinta ancha*... Salamanca le explicita al General Gregorio Suárez la índole de su biografía, que se aleja de las versiones de la Historia con mayúsculas: "Nada de monumentos ni de óleos" (22).

Los íconos que representan la nación, los lugares que guardan la memoria colectiva, los trofeos y monumentos, resultan puros simulacros, símbolos vaciados por una historia que los contradice. La Patria se recubre con los rasgos femeninos de una doncella para recibir diversas violaciones. En *Una cinta ancha* Parodi, según cuenta su esposa, "desflora" a su patria apropiándose fraudulentamente de tierras fiscales –"qué habrá que Parodi no haga, no viole, no adultere ni desmerezca: la Patria niña, desflorada" (172)–. El brutal Doroteo Meireles, el Pardo, al servicio del Goyo Jeta, viola literalmente a la hija de Baz. Gregorio Suárez imagina su acceso a la Presidencia a través de la posesión sexual de una joven que se desvanece y "al salir me mostraba las nalgas grandes y generosas" (222). En síntesis, "La pobre Patria víctima de militares y mercachifles que se aprovechan hasta la náusea y quién la defiende" (174). La estatua de la Plaza Cagancha esconde su verdadero significado –una victoria colorada– bajo un símbolo nacional que borra las implicancias partidistas bajo la apariencia de una unidad inexistente: "En virtud de limar asperezas políticas –es el caso recordar que hay ministros blancos en el gobierno colorado–, se la modificó para que representara la Libertad, con la Constitución en el brazo. Fue fundida a partir de dos cañones de bronce y costó siete mil doscientos pesos" (101). El texto pone al descubierto los mecanismos oficiales de apropiación de la historia y de construcción de la memoria visibles en sus monumentos, señalando el montaje y el carácter de monumento de los documentos.[61] Por contraste los verdaderos trofeos de guerra, no públicos sino privados, secretos, están guardados en un mueble con llave del Goyo Jeta: la cabeza seca de Basilio Mora, el bastón de Bernardo Berro y la barba del General Leandro Gómez.

Las lecturas a contrapelo de la historia nacional uruguaya, que señalan aquellos acontecimientos de la violencia y el terror estatal en el pasado y se enfocan en las alteridades desplazadas e incluso aniquiladas, se llevan a cabo desde el presente de la apertura democrática para iluminar los desajustes de la historia, los anacronismos que interrumpen e interfieren la línea del progreso pulida por los imaginarios complacientes de la Suiza de América, buscando percibir no las luces del presente sino las opacidades de lo contemporáneo. Giorgio Agamben en "¿Qué es lo contemporáneo?" (2007) explora la condición de lo contemporáneo y sus vínculos con los desfasajes temporales y sus fracturas, con la oscuridad y las tinieblas, con el origen y lo arcaico. Parte de una imagen astronómica: la oscuridad que vemos en el cielo de noche se debe a que, en el universo en expansión, las galaxias más remotas se alejan de nosotros a una velocidad tan fuerte que su luz no logra alcanzarnos. De modo que aquello que vemos oscuro es la luz que viaja velocísima. Ser contemporáneos implica, entonces, auscultar en la penumbras del presente una luz que busca alcanzarnos, es ser interpelados por las sombras actuales, poder ver en sus tinieblas. A esta imagen matriz, Agamben añade otras significaciones convergentes: lo contemporáneo es una desconexión, un desfasaje, un anacronismo respecto a aquello que domina en el presente —es lo intempestivo en Nietzsche—; es una fractura en la columna vertebral de la temporalidad que invita a mirar hacia atrás para contemplar las huellas del daño; es no dejarse enceguecer por las luces del siglo y alcanzar a vislumbrar en ellas su íntima oscuridad. Es lo arcaico, el *arkhé*, el origen que como un embrión sigue actuando en el devenir histórico que cala en el hoy, ya que la clave de lo moderno se encuentra en lo inmemorial-prehistórico y el

---

[61] En *El orden de la memoria* (1991), Le Goff describe (una verdadera "revolución" dentro de la historiografía) la asimilación del documento al monumento para destacar la operación crítica frente a ambos. Mientras el positivismo indagaba la autenticidad del documento como texto fiable, la nueva perspectiva critica al documento en tanto él mismo es un monumento. Se propone su desmontaje a través del análisis de sus condiciones de producción.

acceso al presente requiere un trabajo arqueológico que permita encontrar aquello que no es posible vivir en el presente, que se encuentra trabado por su carácter traumático. Lo contemporáneo requiere dividir el tiempo e introducir una cesura en la homogeneidad inerte del tiempo lineal para percibir la falla o el punto de rotura, para poner al presente en relación con otros tiempos con la intención de leer de modo inédito la historia según las interpelaciones del presente (como si aquella invisible luz, que es la oscuridad del presente, proyectase su sombra sobre el pasado y éste pudiese responder a las tinieblas del ahora). Es la mirada del ángel de la historia de Walter Benjamin (en su novena tesis de las "Tesis de la filosofía de la historia"), quien mira hacia atrás para ver ya no la estela del progreso sino el espectáculo de la catástrofe que acumula sin cesar ruina sobre ruina, y quiere detenerse para despertar a los muertos y recomponer lo despedazado.

La genealogía de la violencia política. *¡Bernabé, Bernabé!* de Tomás de Mattos

> *... el arte que creó el fascinante reino imaginario en el que nadie posee la verdad y todos el derecho a ser entendidos.*
>
> Milan Kundera, *El arte de la novela*

¿Cómo podemos pensar la perspectiva del *desarme* ahora en las novelas históricas? ¿Cuál es la tarea que el Calibán desarmado de los noventa lleva a cabo desde este género que hace de la relectura de la historia uno de sus pilares? ¿Cuáles son en este caso los *saberes de la derrota*? Las ficciones históricas de Tomás de Mattos resultan muy oportunas en tanto abordan los dos grandes ejes, las dos fuerzas históricas enfrentadas en las décadas de los setenta. Mientras en *¡Bernabé, Bernabé!* (1988) se enfoca la maquinaria del terrorismo estatal, *La fragata de las máscaras* (1996) gira en buena medida en torno a la revolución. Además, ambas novelas están cruzadas por la atención a la alteridad, desde la "indianidad" de los charrúas hasta la "africanidad" de los esclavos sublevados, que fue tan decisiva en los debates que revisaron la identidad nacional. La "conversación", la "amistad", la "tolerancia", las "querellas" configuran tópicos desde los cuales se evalúa críticamente las guerras fratricidas que cruzaron la historia nacional y se proyecta la necesidad de construir, aun desde los conflictos y desacuerdos, una América Latina "entre todos", como sugería el naturalista Aimé Bonpland.

La publicación de *¡Bernabé, Bernabé!* (1988) de Tomás de Mattos desató un cúmulo de polémicas y controversias sobre los héroes nacionales en varios semanarios y secciones culturales de conocidos periódicos uruguayos. Si en estas relecturas del siglo XIX se intenta responder, en parte, a las preguntas por las políticas de la violencia estatal que gravitaron en la atmósfera de la posdictadura uruguaya, *¡Bernabé, Bernabé!* resulta una novela ejemplar. Por un lado, reescribe el origen de la nación a contrapelo de la épica al señalar en ese mismo origen el exterminio de los charrúas, llevado a cabo por los mismos generales que peleaban por la independencia. Por otro, esta novela no se limita al origen nacional, establece vínculos con otros períodos en que se implementaron políticas estatales autoritarias. Diseña una nueva cartografía de la historia uruguaya que va hilando las diversas dictaduras que atravesaron su historia, y señalando el peso de la casta militar en los destinos del país. Se trata de una novela que, además, interpela las polémicas sobre la identidad nacional no sólo poniendo reparos a los imaginarios batllistas sobre la "Suiza de América", "El país más democrático de América Latina", sino también enfocando las alteridades ausentes, víctimas de las políticas de exterminio responsables de las pérdidas sociales y culturales del grupo indígena de los charrúas.

Así, la novela reinterpreta el siglo XIX desde estas preocupaciones que se instalaron con la apertura democrática, pero además explora cuestiones más precisas que también se discutieron a propósito de las dictaduras del Cono Sur, tales como la ética militar, la obediencia debida, la práctica de la "aniquilación", el problema del juicio, la importancia de la memoria, articuladas todas alrededor del eje de la crisis de los imaginarios nacionales. Desde esta perspectiva me interesa indagar de qué modo la novela reescribe la historia de la campaña de exterminio de los charrúas, en el marco de estos debates que han configurado el período de la posdictadura uruguaya.

1. Los recuerdos del presente. Hacia un mapa de las dictaduras

¡Bernabé, Bernabé! modeliza un tipo de novela que va a caracterizar la narrativa de Tomás de Mattos –en especial *La fragata de las máscaras*–, con su articulación de diversos tiempos y diferentes focos de enunciación y figuras de escritor, configurando una "masa de hojaldre" como el mismo autor declaró en una entrevista (Blixten). En esta novela se escanden de modo visible cinco tiempos:

1– Los sucesos del "pasado", narrados por Josefina, abarcan de 1811 a 1826 y de 1831 a 1832, y relatan la participación de Bernabé Rivera en las guerras de Independencia y en la campaña de exterminio de los charrúas.

2– Un tiempo más o menos indeterminado, aunque limitado entre dos fechas: la juventud de Josefina y el momento en que ella escribe (1885). En este tiempo se sitúan las cenas, reuniones y conversaciones que ella mantiene en su casa con su padre (Máximo Péguy), su marido (Juan Pedro Narbondo), Fructuoso Rivera, Melchor Pacheco y Obes, Gabiano, etc., que son recuperadas a través de la memoria de Josefina. Esta etapa sirve de puente entre los acontecimientos históricos narrados y el presente de su carta, a través de la cual rememora los rasgos vivenciales de sus interlocutores y el mundo familiar en que sucedieron.[62]

3– El año 1885, cuando Josefina escribe su relato para Federico Silva, cargado de una atmósfera luctuosa, provocada por la muerte de su esposo el año anterior y por la política sangrienta del presidente Máximo Santos.

4– La fecha en que el ficticio editor M.M.R. escribe su prólogo, 12 de octubre de 1946, pone en contacto el descubrimiento de América con el juicio de Nuremberg, señalando el parentesco entre dos etnocidios perpetrados por los europeos pero no ajenos a la historia del Uruguay.

5– El momento en que Tomás de Mattos publica su obra, diciembre de 1988, pocos años después del fin de la dictadura uruguaya.

Esta pluralidad temporal no es azarosa, conforma ciertos ordenamientos significativos. La novela diseña un recorrido de la historia uruguaya a través de la elección y conexión entre determinados momentos claves, y además establece vínculos con la historia europea.

Bernabé Rivera y la campaña contra los charrúas ingresan a la historia por su lado más oscuro e indican en los inicios de la independencia una política de exclusión y exterminio llevada a cabo por el gobierno y la casta militar. Como señala el editor, de ese primer período –"esos dieciséis años, que fueron la fragua de nuestro destino" (22- 23)– Josefina

---

[62] Pocas veces Josefina señala con precisión ese pasado, aunque sí lo hace cuando recuerda el momento en que pintó el retrato de Bernabé: "veinte años atrás".

elige sólo algunos momentos que ponen en escena la heroicidad de Bernabé, como la batalla de Sarandí, punto culminante de la "virtud" del guerrero, pero que son asimismo el inicio de su abrupto descenso. Ficcionaliza la historia como una tragedia a partir de la figura de Bernabé o, mejor, convierte a la epopeya nacional y a su héroe homérico en un héroe trágico de estirpe sofóclea. De allí también que se llame a Josefina "Andrómaca", señalando una enunciación femenina articulada desde las muertes, pérdidas, derrotas y devastaciones acaecidas durante la Guerra de Troya. El editor destaca el corte y la selección que Josefina lleva a cabo para diagramar el ascenso y caída de Bernabé Rivera, cuando señala "Es significativo que desde 1826 se salte, sin más, a 1831" (23).

El momento de escritura de la carta por parte de Josefina, es decir el año 1885, no aparece representado en su densidad histórica, ella apenas se refiere a "las mezquindades del presente"; no obstante ese contexto la perturba, la presencia de la violencia y la sangre la desestabiliza y desencadena la escritura: "Tan sólo sé que me asedia un impulso idéntico al que una tarde me ató a un charco de sangre, en cuyo copioso espejo, sobrevolado por las moscas, entreveía confusamente el reflejo de mi cara y el cielo" (28-29). Este segundo período resulta significativo en la historia del Uruguay como momento culminante de lo que se ha llamado el "militarismo", que, inaugurado con la toma del poder por Latorre (1876), alcanzó su más nefasta etapa durante el gobierno de Máximo Santos (1882-1886).[63] Hacia el pasado, esta década cierra de algún modo la época de la anarquía y las luchas civiles a partir de una política que, con vistas al futuro, procura consolidar un estado moderno y centralizado. Josefina percibe los costos de esta modernización, llevada

---

[63] En la siguiente cita, Carlos Machado describe la política dictatorial del "militarismo": "Latorre apostó, como vimos, por los inversionistas y los terratenientes. Sin escatimar el rigor. Vergara es fusilado, con varios compañeros, porque se le supone desafecto. Eduardo Beltrán es muerto por la guardia en medio de la calle. Mata es asesinado. Mayada también. El cuerpo de Mariño, ejecutado, aparece en el río. Igual sucederá con Frenedoso. Soto es ultimado por el Coronel en persona. Irigoyen es envenenado. Ibarra, en San José, Ledesma, en Río Negro, y Coronado, en Salto, son ajusticiados. 'Nadie ha visto nada, nadie ha oído nada, nadie recuerda nada'". Sobre el gobierno de Santos el autor resume: "Asomemos primero a lo más negativo: el autoritarismo, la cruda intolerancia partidista, la violación abierta de los derechos más elementales [...] se repiten abusos y atropellos, torturas, homicidios, proscripciones" (175-81).

a cabo mediante prácticas violentas, y del mismo modo cuestiona la campaña contra los charrúas, desnudando los vínculos entre la razón instrumental y la violencia política: "¿La modernización de nuestros campos pasaba necesariamente por el exterminio y la disolución de los charrúas?" (58). La pregunta por la violencia, formulada en el marco del gobierno dictatorial de Santos, se vuelve hacia las primeras décadas de la historia uruguaya para encontrar una respuesta o el origen que la aclare. La reiterada presencia de los militares en ambos períodos de fundación y modernización del país va pautando un recorrido ajeno a ciertos imaginarios sobre la democracia uruguaya.

La fecha del prólogo del editor M.M.R., 1946, remite al genocidio nazi y al juicio de Nuremberg, estableciendo una filiación entre la historia europea y la uruguaya. Podemos presuponer también la alusión, aunque débil, a la historia uruguaya, pues en 1946 el Presidente Juan Amézaga (1943-1947) había restituido recientemente la democracia luego de los dos golpes de estado, de Gabriel Terra (1933) y de Baldomir (1942).[64]

M.M.R. cumple la función de primer lector de los papeles de Josefina y se arroga la tarea de orientar posibles lecturas: reactualiza el tema de la identidad nacional, colocando bajo la mira crítica aquellos imaginarios fundantes que hacen del Uruguay un país "chiquito pero pacífico", regido por los valores de la "democracia". M.M.R. nos advierte sobre el peligro de la construcción de un imaginario complaciente, insinuando que Uruguay no está a salvo de los crímenes que se cometen "en todas las latitudes". Desde su perspectiva, el exterminio charrúa se recolocaría –en tiempo y espacio– en un mapa mayor, al vincularse con el Holocausto (posterior y europeo) y recalar en la conquista de América (anterior y latinoamericana). Si la cita del genocidio nazi ha sido un referente privilegiado para comparar ciertas prácticas de las dictaduras del Cono Sur, esta novela la incluye y la amplía a la conquista de América.

---

[64] Resulta curiosa –o significativa– la cita de otro período dictatorial que en 1976 hizo el Ministro de Economía y Finanzas, Vegh Villegas, sobre el futuro tal cual él lo deseaba: "Veo al período 'terrista' extenderse hasta 1980, con un 'Baldomir' cubriendo el período 1980/85 y un 'Amézaga', con pleno funcionamiento de los partidos tradicionales y del nuevo régimen, de 1985 en adelante". Cita de la "Carta de Vegh Villegas a Bordaberry", enero de 1976 (en Caetano y Rilla 47).

El último tramo de este itinerario histórico nos remite a la última dictadura, que oficia secretamente como eje vertebrador del resto de los tiempos convocados, bajo el común denominador de las empresas de aniquilación llevadas a cabo por el Estado. A propósito de la "conquista del desierto" argentina, emprendida en 1879 por el general Julio A. Roca para avanzar definitivamente sobre las tierras del sur, David Viñas se pregunta en su libro *Indios, ejército y frontera* (2003) si "los indios fueron los desaparecidos de 1879?" (12). Así configura la historia argentina a partir de un doble genocidio: el de los indios de la campaña militar al desierto y el de los desaparecidos de la dictadura militar.

Este recorrido por los gobiernos militares, las prácticas autoritarias y las violencias de estado perfila una diferente lectura de la historia uruguaya. Cierta perspectiva prefería relatar la epopeya independentista de las primeras décadas del XIX y, posteriormente, los procesos modernizadores que posibilitaron, entre fines de ese siglo y comienzos del XX, la consolidación de una nación homogénea, librepensadora, progresista, democrática y culta. Josefina, M.M.R. y, en definitiva, Tomás de Mattos, eligen *leer a contrapelo* el pasado, trocando la epopeya por la tragedia.

Si bien delimitamos todo un movimiento cuyas fechas claves entronizan el peso del sector militar a lo largo de la historia uruguaya, el texto privilegia la relación (elidida) entre dos momentos: la campaña de exterminio contra los charrúas y la última dictadura uruguaya. La novela plantea un diálogo entre ambas a través de múltiples vinculaciones, tanto en los temas tratados (exterminio, violencia, juicio entre otros) como en los momentos en que Josefina y Tomás de Mattos escriben (ambos marcados por los cimbronazos de gobiernos dictatoriales).

Aun cuando se vinculen ambos momentos, la novela respeta la autonomía y particularidad de cada etapa de la historia, evitando el empleo de anacronismos. El horizonte del presente de la escritura de Tomás de Mattos (1988) opera como una grilla que selecciona, incluye o excluye, prefiriendo focalizar ciertos eventos y temas de la historia del siglo pasado, para leer en clave las preocupaciones actuales. El texto se distancia de un "anacronismo deliberado" en tanto tiende a borrar las marcas del presente de la escritura y desplazar la crítica hacia Josefina y el editor, respetando la unidad temporal en que cada uno se sitúa. Para ello el autor escoge a un personaje lo suficientemente excéntrico como para hacer verosímil sus ideas: una mujer de carácter inquieto y enjuiciador que, en el ámbito doméstico de una familia patricia, se relaciona con los hombres de la clase dirigente y revisa el archivo de su marido, cuestionando así a los referentes de la versión oficial.[65] Es una voz femenina, una Andrómaca o una Antígona del siglo XIX, quien va a interpelar al Estado.

2. EL ESPEJO DE NARCISO

Bernabé Rivera inicia su carrera cultivando su propia imagen, se pasea "empilchado, entre oros y mármoles" (36) en la corte de Río de Janeiro; "igualito a Narciso" (37), comenta Josefina. En cambio, Josefina se contempla en "el charco de sangre" (29) como un modo de indagar una identidad que presupone la comprensión de la violencia y la muerte. Así, la simbología del espejo[66] contrapone dos modos alternativos de conformar la identidad: el espejo narcisista de aguas transparentes, y aquellas aguas turbias y ensangrentadas de un charco. Los ensayos de Achugar también oponían, a la figura de Narciso y los imaginarios autocomplacientes de los uruguayos, la violencia inscripta en el origen como un nuevo foco desde el cual repasar las mitologías nacionales.

En la batalla de Sarandí –punto culminante de la gloria militar para Bernabé Rivera– aparece un indiecito charrúa quien, huérfano, adopta el nombre de Bernabé. Esta escena –deliberadamente ficcional,

---

[65] En una entrevista a cargo de Ana Inés Larre Borges, De Mattos dice que "El verdadero anacronismo es que una mujer del siglo XIX cuente una historia que es en realidad la visión de un hombre del siglo XX" (19).

[66] La apelación a la metáfora del espejo es abundante en los debates sobre la identidad uruguaya: Gerardo Caetano en "Identidad nacional e imaginario colectivo en el Uruguay" (1992) habla de "Uruguay y la necesidad de espejos" para explicar la "apetencia de espejos" de la sociedad uruguaya (78).

como nos aclara Josefina– desplaza la imagen especular de Narciso para incluir al "otro" (los charrúas) en la superficie refractante del espejo. La alianza entre Bernabé y los indios está refrendada por la paternidad que el indio huérfano solicita al coronel. Se postula, por un momento, la posibilidad de construir una comunidad, aunque paternalista, armónica. Simultáneamente se adelanta la destrucción de esta ilusión con la anticipación del rol final del indiecito en la muerte de Bernabé: "Me voy pero te aseguro que vuelvo. No te hablaré más, pero me verás cuando revolee la boleadora: me he ganado un lugar en esta historia" (41). En esta primera parte se insiste en las buenas relaciones con los charrúas, que acentúan el posterior carácter de "traición". Así, una investidura "narcisista", fundada en la ignorancia del otro, posibilita el exterminio de los charrúas emprendido por Bernabé e incuba, al mismo tiempo, los motivos que lo llevan a su destrucción. El héroe se ahogará en el espejo de sangre que él ha creado siguiendo los imperativos militares.

El texto no sólo propone el problema de la identidad en Bernabé y Josefina; Sepé, Polidoro, el cabo Joaquín y el indio Bernabé también introducen y desarrollan el tema del lado de los charrúas. La novela plantea la necesaria vinculación de ambos en el origen de la conformación de la nación y procura restaurar la "visión de los vencidos", la contracara de las versiones "oficiales", mediante el relato de las acciones y reacciones de los charrúas para su supervivencia. La hipótesis de Josefina sobre la identidad del matador de Bernabé combina y confunde dos versiones, tomadas de dos fuentes de la historia (los escritos de Lavalleja y de Antonio Díaz), apropiándose de los agentes que ambos señalan y agregando otros para reformular el problema de la identidad dentro del ámbito charrúa desde varios personajes –Polidoro, Sepé, el cabo Joaquín y el indio Bernabé–.

Siguiendo la interpretación del padre de Josefina, Máximo Péguy, "Polidoro" representaría la primer etapa del charrúa "Sepé", quien adaptó un nombre extranjero en momentos en que la tribu compartía ciertas alianzas con Artigas y luego con los Rivera. Luego de las masacres que comenzaron con Salsipuedes, Sepé reasume su condición de charrúa junto con su nombre ("Sepé era también, como ya te he dicho, una palabra charrúa"), para llevar a cabo una política de resistencia haciendo honores al nombre de "uno de los jefes más destacados de la rebelión guaraní" (105). Josefina lo explicita claramente: "Para papá, Polidoro y Sepé eran, entonces, una sola persona que había cambiado de nombre. Creía comprender los motivos: el temor a la venganza de Don Frutos y, sobre todo, la necesidad de cortar todo vínculo con nuestra raza y de reasumir en plenitud, su condición de indio" (105).

El desafío de Sepé es la conservación y permanencia de los charrúas como etnia en un medio hostil que, si primero los contiene e incluso los emplea en sus tropas, luego intenta aniquilarlos. El grupo, minoritario y de escaso poder político, debió seguir los vaivenes impuestos por la política dominante, de allí que en momentos de frágiles alianzas cambie su nombre por el de Polidoro. La resistencia y el separatismo, no obstante, caracterizaban sus costumbres mientras mantenían buenas relaciones con el gobierno y se les reconocía cierta autonomía.[67] Cuando esta alianza se rompe, Sepé reasume su verdadera identidad para su tribu en un último esfuerzo por sobrevivir; y, profundamente desconfiado, se niega a negociar con Don Frutos en Salsipuedes. Con el último puñado de sobrevivientes decide vengarse por el exterminio de los suyos en la persona de Bernabé Rivera. Perdidas todas las batallas, Sepé se instala con los restos de su gente cerca de la estancia de Gauna y busca medios de sustento. Su treta, aquí, será la del débil, quien falto de espacio para maniobrar actúa con una doble identidad y un doble discurso ("Polidoro, gran cacique; Sepé, pobre indio"), empleados para esconder su participación en la muerte de Bernabé: "Sepé, no; Polidoro, sí", "Sepé...pa vos...". Según comentarios de Péguy, Sepé "se burlaba secretamente de los cristianos" (106). Aún derrotado, Sepé esgrime una última forma de autoridad que lo resguarda frente a quienes puedan acusarlo u hostigarlo. Su habla no es ni la lengua maldiciente de Calibán, ni aquella que reproduce del hombre asimilado, sino una mucho más ambigua, más cercana al *trompe l'oeil*, a la ironía, al mimetismo, semejante a esa "lengua maliciosa, no falsa" que caracteriza

---

[67] Abundan los datos que expresan la resistencia de los charrúas a dejar sus costumbres, desde su participación en las tropas de Artigas peleando y acampando por separado, hasta las negativas de Sepé a vestirse al uso cristiano, hablar el castellano, utilizar dinero o reconocer el derecho a la propiedad.

cierto discurso colonial para Homi Bhabha,[68] y que acá podemos atribuir al lenguaje del subalterno, es decir una "ambivalencia" que cruza y confunde dos discursos, dos afirmaciones –la ajena y la propia–. Así, Sepé sabotea la autoridad mayor jugando con la indefinición de su propia identidad entre la figura del héroe y la de la víctima, corriéndose de ambos lugares al mismo tiempo.

Sólo decide confesar su participación en la muerte de Bernabé a raíz de la leva y la viruela que lo deja sin familia y sin esperanzas para su tribu: "[...] al indio lo abatía la certidumbre de que muertas sus hijas y cristianizada la única nieta sobreviviente, la tribu carecía de futuro" (108).

En el indio Bernabé se encarna la frustración de una posible convivencia entre ambos grupos. En la batalla de Sarandí, la adopción del nombre de su jefe marca la alianza de Bernabé Rivera con los charrúas, huérfanos de padre político. Rota ésta por el coronel, será su propio hijo adoptivo –el indiecito– quien le devuelva su rostro de traidor y fratricida. La conservación del nombre Bernabé impone la figura del doble y la imagen del espejo donde el victimario encuentra su destino de víctima al invertirse los roles.

Josefina suma a la hipótesis de su padre una tercera posible identidad de Sepé, la del cabo Joaquín, quien sigue el mismo derrotero de sus compañeros y recupera su ascendencia charrúa con su participación en la muerte de Bernabé: "Siente el pecho lleno de vida; está limpiando su pasado; ha vuelto a ser un charrúa entre charrúas. En silencio y lentamente, le va arrancando, una a una, las lanzas que tiene clavadas" (142). La convergencia de múltiples nombres charrúas en la escena de muerte de Bernabé le concede a ésta la dimensión de un acto colectivo asumido por la comunidad.

El ostensible trabajo con el "nombre propio" en esta novela es otro registro (además del espejo) de la interpelación a la identidad. Por un lado, la imposibilidad de articular el nombre propio en el interior de

---

[68] Ver en especial el capítulo "El mimetismo y el hombre. La ambivalencia del discurso colonial" en *El lugar de la cultura* (1994).

la comunidad charrúa, sometida a los vaivenes de una política que los excluye del edificio nacional, se vehiculiza a través de la errancia nominal (Sepé, Polidoro, Joaquín, el indio Bernabé). Por el otro, el indio Bernabé introduce la figura del "doble" en el mito de Narciso y provoca la escisión del "sí mismo" por la intromisión del "otro" en la lámina opuesta del reflejo. Bernabé Rivera lo desconoce y, atrapado en su propia imagen, escinde la alteridad indígena con su brutal empresa persecutoria.

El título de la novela, *¡Bernabé, Bernabé!*, condensa las imágenes del doble y las inversiones del texto; reitera el nombre propio para librar su diferencia, lo repite especularmente para mostrar su ruptura. Este recorrido es dibujado por el grito, que profiere el indiecito ante el entusiasmo por la victoria en Sarandí y culmina en la boca del mismo coronel cuando aquél lo atrapa.[69] El espejo hecho trizas en el charco de sangre recuerda la pérdida de una identidad compleja y heterogénea en los inicios de la nación. En torno al indiecito se descubre una posibilidad histórica frustrada, una historia truncada y también traicionada.

El encuentro final reúne la muerte de Sepé con la de Bernabé en la pulpería. Mientras Sepé aún conserva la luz –"todavía estalla y seguirá estallando la luz de la vida"– como un gesto de apertura que no se cierra en la clausura de la muerte, el rostro de Bernabé trueca ese cielo por el turbio espejo del charco donde encuentra la muerte y su identidad.[70]Josefina recién aquí recupera, en este itinerario por la víctima y el victimario, su propia identidad, a partir del espejo turbio en sangre y no de las aguas claras del espejo de Narciso.[71] Este itinerario por tres modulaciones de la identidad en Josefina, Bernabé Rivera y los charrúas, exhibe el espesor que ocupa esta cuestión en el texto.

---

[69] Cuenta Gabiano sobre el coronel: "yo lo oí gritar y lo oí clarito y reconocí su voz. Estoy seguro que gritó: ¡Bernabé! ¡Bernabé!"(126).

[70] Hay cierta presencia en esta novela de rasgos característicos de la literatura de Borges: el tratamiento de la relación entre victimario y víctima, el reconocimiento de la identidad en el momento de la muerte, la relación entre el traidor y el héroe, así como las reflexiones de Josefina sobre el destino a través de la imagen del juego del ajedrez.

[71] No obstante, la novela deja abierto el proceso de comprensión y reconocimiento de Josefina cuando dice al final de la novela: "Sigo mirando, sin entender todo lo que me dice, el charco de sangre" (147).

3. Charruismos sin charrúas

El relato de la derrota y las pérdidas de los charrúas, la narración de su exterminio por parte del estado, no reinstalan una Arcadia indígena perdida. La importancia que la novela otorga al problema de la identidad de los charrúas y la descripción que hace de varios de ellos tampoco recuperan una figura idealizada de la tribu.

Tal como describe Teresa Porzecanski en sus trabajos, desde la apertura democrática en Uruguay la escena pública se vio paulatinamente invadida por un inédito interés en torno al tema indígena, más precisamente a los charrúas, aunque sin descartar otras etnias que habitaron el antiguo territorio de la Banda Oriental.[72] Esta preocupación se hizo visible en manifestaciones de muy diversa índole. Por un lado, el arte se hizo eco desde obras de teatro –entre las cuales se destaca *Salsipuedes. El exterminio de los charrúas* (1985), de Alberto Restuccia– hasta pinturas e instalaciones, o novelas como *¡Bernabé, Bernabé!* Además se crearon sociedades dedicadas a la defensa de lo indígena y a su reivindicación, impulsadas por una campaña de relevamiento de descendientes indígenas apoyada por el Ministerio de Educación y Cultura (1986), y seguida por un Encuentro Nacional de Descendientes de Indígenas (1988). En 1989 se funda la Asociación de Descendientes de la Nación Charrúa (ADENCH) que declara "manifestar nuestro orgullo de ser mestizos, colaborar con las investigaciones científicas, defender el hábitat y proteger el patrimonio y los recursos naturales, actualizar los textos escolares" (Porzecanski). La Asociación Indigenista del Uruguay (AIDU) –creada también en 1989– se hace visible en el espacio público con el festejo de los quinientos años del Descubrimiento (con la participación de relevantes intelectuales). Luego integra indígenas guaraníes a su comisión directiva cambiando su nombre (Grupo de Apoyo Comunidad Guaraní Mbya-Uruguay). En 1992 tiene lugar en Montevideo el Primer Encuentro Regional de Pueblos Indios. Por discrepancias dentro de ADENCH –entre pro charrúas y pro guaraníes– se funda una nueva asociación en

---

[72] Muchos de los datos aquí consignados han sido tomados de los trabajos de Porzecanski; Haberkorrn; Pi Hugarte; Consens; Vidart, entre otros.

1998 llamada INDIA (Integrador Nacional de los Descendientes de Indígenas Americanos). Luego se funda otro grupo más informal llamado "Sepé" bajo el lema de que "ser charrúa es una opción cultural, no un determinismo genético". ADENCH solicita la repatriación de los restos de los últimos charrúas que se encontraban en el Museo del Hombre de París, y en 1993 el Parlamento promueve las leyes necesarias y dispone que los restos sean inhumados en el Panteón Nacional. Las alternativas e incidentes suscitados en torno a la repatriación de los restos de Vaimaca Perú señalan un punto importante de inflexión y una prueba del impacto sobre la opinión pública. Hubo disputas entre diversas Asociaciones sobre el lugar en que se debía enterrar el cuerpo del charrúa y sobre la modalidad elegida, y hubo enfrentamientos cuando los antropólogos propusieron llevar a cabo estudios de ADN sobre sus restos.

En sintonía con estos procesos, las editoriales comienzan a publicar diversos textos sobre la cuestión del indio, abarcando registros de diferente índole, desde estudios antropológicos hasta libros de divulgación. Es, en este contexto, donde se va a desatar la "polémica sobre los charrúas". Esta polémica enfrenta a "charruistas" y "científicos". Los charruistas –que se colocan fuera y por momentos contra las instituciones científicas– tienen gran visibilidad a través de textos de notable éxito en el mercado y de amplia difusión en los medios masivos de comunicación. Algunos de sus principales voceros son Danilo Antón, un geógrafo y ambientalista que se ha volcado a escribir libros sobre varios grupos de indígenas, entre los que se destacan *Uruguaypirí* (1994), considerado por Renzo Pi Hugarte como "el texto fundante de la moda charruista", y *El pueblo jaguar* (1998); Rodolfo Porley, periodista que sacó en el diario *La República* una serie de fascículos bajo el título de *El laberinto de Salsipuedes* (1998); y Eduardo Abella, entre otros.

Desde una voluntad por convertir a la nación charrúa en raíz de la identidad uruguaya, fabulan un gran relato civilizatorio sobre esta etnia, exaltando su importancia, valores, conocimientos y legados. Contra los pronósticos científicos que hablan de una población de no más de 5.000 habitantes, sostienen que los charrúas fueron cientos de miles ("por lo menos unos 100.000" para Antón). Si, en opinión de los académicos, los charrúas fueron un pueblo nómada de cazadores y recolectores, para los charruistas en cambio ya "poseían una sabiduría agrícola extendida y de gran sofisticación" (*El pueblo jaguar*), pero además habían logrado forjar una sociedad democrática y ética, en la cual la mujer ocupaba un lugar preponderante. Asimismo eran dueños de vastos conocimientos como el calendario, las matemáticas, la medicina natural, el cuidado del medio ambiente (ya que poseían una "sabiduría ecológica" para Porley), y habían alcanzado una cultura de alta espiritualidad. Habrían llegado incluso a construir una "Catedral Pétrea Charrúa", descubierta por el mismo Porley en los cerros de Salto, y cerca de otras construcciones charrúas de piedras en forma de cono o pirámides. Por ley le dio a esta zona el nombre de "Valle del Hilo de la Vida".

El antropólogo Daniel Vidart y el catedrático de antropología de la Facultad de Ciencias, Renzo Pi Hugarte, ambos de notoria trayectoria, son quienes se ocupan de discutir y desmentir estas afirmaciones: los charrúas no debieron ser más de 5.000, eran cazadores recolectores y desconocieron la agricultura, ya que no hay rastros ni restos que lo prueben.[73] Se niegan a hablar de una democracia charrúa o de una ética elaborada,[74] difieren en el carácter pacífico de los charrúas a quienes consideran guerreros, y también descreen del poder atribuido a la mujer.[75] No encuentran tampoco pruebas respecto a los sofisticados conocimientos

---

[73] Confrontar las siguientes afirmaciones: "Los charrúas eran cazadores recolectores. Y si nos atenemos a la proporción de cazadores recolectores que pueden subsistir en un espacio, en la antigua Banda Oriental no debieron pasar nunca de 5.000 [...] Cuzco que era un centro urbano importante, basado en una agricultura extensiva, probablemente nunca tuvo más de 25.000 habitantes"; "decididamente no conocían la agricultura. Abundan los documentos que lo demuestran. Además donde hubo agricultura se encuentran rastros" (Pi Hugarte); "Y si hubieran sido 100.000, acá nunca hubiera bajado un gallego: ¡habrían acabado con todos!"; "Todo indica que de ninguna manera conocían la agricultura. No hay ninguna prueba que permita pensarlo" (Vidart).

[74] Confrontar las siguientes réplicas: "hablar de democracia entre los pueblos cazadores es una extrapolación peligrosa. Hay sí igualdad, un sentido muy acendrado de la ayuda mutua, pero no democracia porque ella entraña la existencia del pueblo, los poderes y una organización constitucional que no existía" (Vidart); "no es seguro que tuvieran una ética elaborada, como filosofía de vida" (Pi Hugarte).

[75] La mujer charrúa tenía "un rol sometido como en casi todas las sociedades de ese tipo, donde la mujer es un animal de carga" (Pi Hugarte).

de los charrúas.[76] La catedral pétrea descripta por Porley resulta sospechosa
ya que parecen formaciones naturales; por su parte, los amontonamientos
de piedras llamados "vichaderos" ya eran conocidos y fueron objeto de
análisis en diversas oportunidades como sitios destinados a prácticas
chamánicas. Advierten en las tesis de los charruistas extrapolaciones
anacrónicas de valores del presente como el feminismo, la ecología, los
derechos humanos, la democracia, la *New Age*.[77] Para Vidart se trata de
"una guerrilla fundamentalista" empeñada en recrear "una fantasmagórica
y a la vez totalitaria Charrulandia".

Esta saturación de la esfera pública con manifestaciones de diversa
índole que apuntan al rescate de los valores indígenas ha dado lugar a
interpretaciones que procuran comprender y explicar su intensidad y
variedad. Los mismos "charruistas" defienden su recobro de los indígenas
como una ofensiva al imperio del "neoliberalismo globalizante" (Porley)
que atenta contra los particularismos nacionales, lo que implica para
algunos una refundación de carácter nacionalista.

La defensa que Danilo Antón hace de los charrúas, por su lado,
se levanta contra los imaginarios del Uruguay como país pequeño:
"hay una percepción generalizada de que somos un país pequeño, sin
historia, sin personalidad, sin futuro, insignificante, que sólo sirve para
irse" (*Uruguaypirí* 133). De allí la necesidad de inventarles un pasado
más auspicioso (Consens), una tradición ejemplar, una ficción arcádica
(Teresa Porzecanski) que recupera el modelo del buen salvaje roussoniano,
ahora puesto al día. Pero también esta mitificación pone en escena el
vacío sobre el cual se funda (ya que, en verdad, los charrúas fueron
exterminados), de allí que Porzecanski hable de "mitologías de ausencia"
como "construcciones ficcionales tendientes a hacer notar un lugar
vacío dentro de la elaboración de una identidad nacional considerada

---

[76] Cfr.: "Conocer el movimiento de los astros es un logro de los mayas, pero no de los pueblos
de acá. Un calendario supone conocimientos complejos que son propios de un pueblo con
una agricultura avanzada" (Pi Hugarte).

[77] Si Porley atribuye a los charrúas conocimientos medicinales que se acercan a las actuales
"prácticas holísticas", para Pi Hugarte esas afirmaciones "forman parte de la *New Age*".

incompleta y no exenta de un cierto sentimiento de culpa colectiva" ("Nuevos imaginarios" 412).

Muchos destacan —con diferentes valoraciones— este proceso de mitificación (y mistificación) que los charruistas edifican. Renzo Pi Hugarte, por su parte, los acusa de abandonar los saberes de la ciencia e imponer una ideología de corte totalitario, fundamentalista, "un germen de racismo ingenuo".

Teresa Porzecanski recoloca este proceso de mitificación como característica de las sociedades de fin de siglo, que en Uruguay procura "habilitar un espacio protagónico indio en la(s) nueva(s) version(es) de la Historia Nacional" ("Nuevos imaginarios" 422). Frente a las incertidumbres que ofrece el presente ante los quiebres operados por la experiencia dictatorial, o también como respuesta a modelos impuestos por la industria cultural globalizada, las nuevas mitologías indígenas se vuelcan a la búsqueda de un "mito del origen puro", de una "genealogía originaria intocada por la civilización", a la construcción de una "Arcadia originaria, aquella de las armonías paradisíacas" que hacen del indio la figura protagónica y ejemplar (426).

Desde luego que las perspectivas sobre los charrúas no se agotan en este breve panorama aquí descrito, ya que estamos ante un fenómeno muy complejo y corremos el riesgo de caer en simplificaciones o reducciones, en desatender las contradicciones o puntos ciegos; no obstante, resulta necesario colocar la novela de Tomás de Mattos en este contexto que le es propio. Si, como apunta Porzecanski, el charruismo postula la búsqueda de un nuevo origen arcádico, la lectura de ¡Bernabé, Bernabé!, una de las primeras novelas que recuperan la figura del charrúa en la apertura democrática, nos revela el giro contrario.

De Mattos da cuenta de la aniquilación de los charrúas, pero esta perspectiva no intenta reponer en ese lugar la pérdida de una Arcadia, no hay una voluntad de refundar desde otra raíz la Nación, no hay neoindigenismo. Tampoco auspicia las políticas mitologizantes de la escritura; por el contrario, lo que exhiben sus textos (como también los ensayos de Achugar) es una crítica y un desarme de las meganarrativas. Al margen de las reinvenciones idílicas, el autor historiza los avatares de los charrúas, repone la grisura de la historia. El fin de la dictadura, la clausura de las ideologías fuertes que estructuraron los enfrentamientos en las décadas anteriores en el Cono Sur, el quiebre de las utopías, la diáspora uruguaya, el fin del parricidio y la tibia paz democrática (como dirá Amir Hamed) cepillaron, para algunos, la posibilidad de identificarse en un relato salvador a cargo de una etnia.

4. La ética militar

Bernabé Rivera encarna el *ethos* militar ("se desveló por ser un militar inobjetable"), visible en una serie de cualidades que enaltecen su figura e incluso la separan del perfil del caudillo con sus políticas más sinuosas: así, la defensa que hace de la patria – "La patria no es objeto de herencia" (32)–, o el respeto a su investidura con el ejemplo – "no hay mejor arenga que el ejemplo" (32). Pero también Bernabé lleva hasta la exacerbación algunos de los valores bélicos del militar, cae en la desmesura en el cumplimiento del deber, y pisa un límite extremo cuando implementa su "teoría de la aniquilación", convirtiéndose entonces en un personaje trágico.

En las primeras acciones Bernabé aparece en su fase ascendente y heroica. Uno de sus puntos culminantes, la batalla de Sarandí, sirve de marco para argumentar a favor de la "aniquilación" que luego pone en práctica con la tropa de Allen Castro:

> Si toca perder hay que perder apenas; si se gana hay que ganar por aniquilación. Por eso ninguna batalla termina cuando el enemigo se retira. Toda baja que todavía le causemos, todo hombre que se rinda, toda arma o caballo que le quitemos, es un hombre, un caballo o un arma que mañana o pasado no tendremos enfrente. (38)

El mismo método utilizará con los charrúas, y luego éstos se lo apropiarán para aplicarlo en su contra: "La adhesión de Bernabé a este principio, le reportó varios éxitos, le granjeó parte de su fama y también lo precipitó a la muerte" (38).

La desmedida heroicidad de Bernabé tiene esta doble cara, manifiesta en las sucesivas victorias que culminan con el grito "¡Bernabé, Bernabé, Bernabé!", pero que también incuban el principio que lo llevará a la muerte. Su caída sigue los resortes del héroe de la tragedia griega: el *ethos* militar se convierte en *hybris*, transgrede "los límites del orden último del mundo", el héroe enceguece y "pierde el tino". La feroz persecución[78] a Polidoro lo convierte en un cazador ("¡Ya los tenemos a esos perros!" [130]) que termina ocupando el lugar de la presa ("murió solo, como si fuera un perro" [138]).[79] La identidad del coronel se resuelve en una anagnórisis final que le devuelve su rostro: "Engendró odios que, desde el mismo inicio de su cautiverio, lo privaron de toda posibilidad de sobrevivencia. No fue clemente y, en la última hora, el turbio espejo de un charco le devolvió su imagen" (113). El delito de Bernabé es el fratricidio, desplazamiento del parricidio de Edipo, cuya culpa es leída en clave de los ochenta como desmesura de los imperativos del *ethos* militar –"virtudes" dirá M.M.R.– apelando a las reminiscencias maquiavélicas del término.

En esta teoría y práctica del exterminio se sustenta la crítica fundamental tanto de Josefina como de M.M.R. La palabra "aniquilación" trae a la memoria el decreto del Presidente argentino Luder (1975) que los estamentos militares hicieron suyo bajo el lema de "aniquilar a la subversión". Cuando Bernabé prueba tímidamente este ideario con la

---

[78] La persecución de Bernabé a Polidoro mantiene un contrapunto con la persecución de Melchor Pacheco y Obes a Bernabé, como un anticipo en clave paródica. Melchor emprende su búsqueda cometiendo todo tipo de torpezas, "una sarta de chapetonadas", impulsado por el deseo de no encontrarlo (y, menos aún, de derramar sangre), y termina atrapado por Bernabé.

[79] "Al comentarle: 'El que anda escondido por Yacaré-Cururú es el cacique Polidoro', lo zumbaron igual que se zumba a un perro. Yo lo miraba y no lo creía. Desde ahí hasta el final quedó frenético. Yo nunca le había visto perder el tino'. El militar claudicó. Toda su mente quedó nublada por la pasión del cazador. La presa que se le había escapado por dos veces, estaba a su alcance" (94). Las continuas alusiones a los perros en toda la novela vuelven sobre el tema de la identidad. En una primera instancia, los "perros" conforman la tropa de Artigas, en especial los charrúas aludiendo a su salvajismo y barbarie; luego, constituyen un motivo central en el relato de Gabiano, quien obedeciendo al capataz termina enterrando a los cachorros, con quienes luego identificará a los charrúas; finalmente serán parte del destino de Bernabé, que se ahoga en el charco "que ni siquiera lamerían los perros" (157).

tropa del general brasilero Allen Castro, sugestivamente la palabra "picana" define las lanzas de sus hombres: "se precipitaron sobre los brasileros, los encerraron en un círculo utilizando las lanzas como degradantes picanas" (40). La lanza-sable-espada va a ser un tópico que a lo largo de la novela simboliza los valores y las virtudes del guerrero, en especial su valentía y arrojo (que se han perdido con las armas de fuego), pero también va a simbolizar sus excesos. El arma preferida por Bernabé sustituye por dos veces al fuego de las balas. En Sarandí, Bernabé se destaca por su arrojo al impulsar a la tropa a luchar cuerpo a cuerpo –"A balazos no venceremos a los brasileros. Para triunfar no hay otro medio que echar carabina a la espalda y sable en mano" (38)–, y de igual modo reprende a Gabiano en su último enfrentamiento con los charrúas: "Bernabé se enojó. '¡Con el sable, sargento! ¡Para qué desperdició su pistola!'" (95). Es su espada, ya rota, lo último que figura cuando los charrúas lo cercan y atrapan. Esta lanza-sable-espada simboliza la exacerbación de su carácter militar, acompañando el arco de su vida.

La figura del militar, que fue puesta en foco por las dictaduras del Cono Sur, se desplaza en esta novela hacia el pasado, hacia las gestas de la independencia, hacia el punto de inicio del estado nacional, convirtiendo su *areté* en *hybris* cuando impone la preceptiva militar que permite el exterminio del enemigo. En tanto héroe trágico, Bernabé se aleja de las consabidas demonizaciones de la figura del militar.

5. La obediencia debida

Los juicios a la junta militar, que se iniciaron en la apertura democrática en Argentina, abrieron el debate en los países del Cono Sur sobre el grado de culpabilidad de los militares por su atropello a los derechos humanos. Mientras las cúpulas podían ser acusadas como "responsables" por lo actuado, los subordinados procuraban apelar a la "obediencia debida" para eludir la responsabilidad.[80]

---

[80] En una entrevista a Tomás de Mattos se explicita cierta conexión de *¡Bernabé, Bernabé!* con el tema de la "obediencia debida". Véase *Brecha* IV/158 (1988): 27.

La novela retoma y escenifica el problema de la responsabilidad y de la culpa, tanto referido a las cúpulas como a los subordinados, contraponiendo los argumentos de la defensa y aquellos de la fiscalía. Josefina cita los argumentos de la defensa –enarbolados por su padre y por su marido– que intentan debilitar la inculpación a Fructuoso Rivera por el exterminio de los charrúas: las teorías basadas en la dicotomía civilización y barbarie, la lógica de la guerra, la necesidad histórica, y el pedido y apoyo de amplios sectores sociales (52-59).[81] Concluye Narbondo que "nadie –se llamase Rivera, Oribe, Lavalleja o Garzón– podía ser responsabilizado" (56). Desde la orilla opuesta, Josefina atribuye la responsabilidad a Don Frutos: "Pero sí puedo decir que esas matanzas me avergüenzan y que, en última instancia, a él son atribuibles, porque las decidió, planificó y dirigió. No es poca carga para una conciencia" (58).

En cambio la posición de Josefina frente a los militares "de abajo" difiere. El tema de la obediencia debida aparece en dos oportunidades, en torno a Bernabé y a Gabiano. En ambos casos, el relato se centra en el proceso por el cual cada uno de ellos debe sortear las dudas y vallas que le impone la conciencia para internalizar la obediencia debida. Se reitera cierta mirada característica de Josefina, interesada en señalar la dimensión subjetiva de los hechos históricos.

En los momentos preliminares a Salsipuedes, Bernabé reúne a sus principales hombres para informarles sobre la próxima acción –una traicionera celada– contra los charrúas, pero al recordar la obligación de obediencia no logra soslayar los vaivenes de su conciencia:

> Lamentablemente, se habrán dado cuenta que no los llamo para pedirles opinión [...] Sinceramente esto es algo que parece una canallada y cuesta mucho prestarse a hacerlo [...] Para serles sincero, no estoy enteramente convencido. Pero quienes deben estar resueltos, lo están, y tenemos que obedecer todos. Si a mí me duele, descarto que a ustedes les va a ocurrir lo mismo y peor [...] Camaradas: ésta es la vida del militar. (67)

---

[81] Como sabemos, son numerosas las perspectivas que vinculan la *Shoáh* con la modernidad, el Iluminismo y la civilización, en tanto evalúan el exterminio de los judíos llevado a cabo a través de un aparato administrativo burocrático y de un trabajo mecanizado como el epítome de la razón instrumental que se pone al servicio de la masacre. La barbarie no sería la antítesis de la civilización, sino su cara oculta, su doble dialéctico (Traverso, *La historia desganada*).

Resulta un poco sorprendente que Bernabé se coloque casi a la misma altura de un subordinado, desplazando su "responsabilidad" hacia la "obediencia". Josefina pone en duda las reservas de Bernabé frente a las órdenes de sus superiores para sospechar "una sutil y mañosa manipulación de los ánimos de sus principales subordinados" (68).

Por otra parte, Gabiano da su propia versión sobre la obediencia debida recordando un suceso de su infancia para justificar la traición a los charrúas en Salsipuedes. Siendo niño, fue obligado por su capataz a enterrar, aún con vida, la cría de su perra. Si al principio se negó, terminó obedeciendo y asumiendo como propias las reglas impuestas. El relato de infancia presenta el proceso por el cual Gabiano interiorizó esta práctica de la obediencia anulando toda duda. Es sugestivo, además, que el tema de la obediencia sea un punto de coincidencia entre Gabiano y Bernabé, evidenciando el sentido corporativo de los militares a través de un sujeto que se desliza de un "yo" a un "nosotros": "Yo...Nosotros no atacamos a traición. Hicimos lo que nos mandaron y lo que nos mandaron fue una emboscada y una emboscada es muy común que se haga en la guerra" (54). Las reflexiones finales de Josefina en alguna medida distribuyen y relativizan la culpabilidad de los estamentos inferiores, diseminan los actos del "horror total" en una burocracia de "horrores menores" que recuerda las tesis de Hannah Arendt sobre la banalidad del mal.[82]

La ética militar, la teoría de la aniquilación y la obediencia debida, en tanto parte de la agenda de la posdictadura, se vuelven –en esta novela– dispositivos para revisar los antecedentes históricos de la última dictadura eslabonando puentes y continuidades; pero también sirven para criticar las versiones "heroicas" de los orígenes nacionales sustentadas en imaginarios narcisistas.

---

[82] Dice Josefina: "Creo que la historia por más simple que nos parezca admite más de una lectura. La que más me afecta es la que me obliga a ver clarito lo que en otras ocasiones consigo que me pase desapercibido: el horror total de un hecho no es igual a la suma de los horrores menores, suscitados por cada uno de los actos necesarios para causarlo. Por eso quien se negaría sin titubeos a ser su autor, puede aceptar –casi sin darse cuenta– ser uno de sus coautores" (62-63).

6. El archivo Narbondo

Junto al anterior recorrido por la historia uruguaya, la novela presenta otra perspectiva sobre el tiempo, en la que se enfrentan y complementan el tiempo en que sucedieron los hechos históricos y el tiempo en el cual aquellos hechos se representan, se escriben. Esta relación y esta tensión se reiteran en los diferentes enunciadores,[83] pero aquí sólo me voy a detener en el caso de Josefina quien relata la historia de Bernabé y los charrúas desde el clima de violencia instaurado por Máximo Santos.

Entre ambos tiempos (el suceso y la escritura) se instala un lapso temporal cuya función consiste en poner en escena y discutir las posibles vías para trabajar con el archivo de la historia: el uso de fuentes oficiales junto con versiones alternativas, la pluralidad de puntos de vista, la oposición escritura/oralidad, la importancia de la memoria y la idea de "juicio". El extenso período que se despliega entre los hechos que relata Josefina (1811-1832) y el presente de su escritura (1885) resulta significativo ya que permite dilucidar el *cómo* de la tarea de historiadora que asume la narradora. El editor, por su parte, introduce la idea del "juicio" como otra perspectiva en que el pasado se evalúa.

Así, la novela no sólo narra los hechos, sino que voces diversas y contrapuestas los discuten en diálogos acontecidos en casa de Josefina, desplegando el cruce de múltiples versiones. Las opiniones se caracterizan por su pertenencia a diferentes sectores sociales, a disímiles espacios de enunciación que traman la tensión entre lo privado y lo público, a

---

[83] De hecho la novela presenta dos narradores, el editor M.M.R. y Josefina, quienes escriben dos textos diferentes. El editor se apropia, ficcionalizándolo, de una función y un género textual, el prólogo, que podría haber estado en manos de Tomás de Mattos. Por otro lado, al presentar a la narradora Josefina, su vida y sus obras, el editor provoca una identificación entre ella y De Mattos, ya que algunas de las obras a Josefina son en verdad de éste. Desde otra perspectiva, la compleja relación entre el editor, Josefina y el autor se establece a partir de la coincidencia espacial y de la diferencia temporal. El espacio de escritura –Tacuarembó para M.M.R y el autor, y San Fructuoso, antiguo nombre de Tacuarembó, para Josefina– resulta un punto visible de coincidencia entre los tres, quienes, además, escriben atravesados por una experiencia dictatorial que otorga a cada uno una visión desencantada sobre la historia. Tomás de Mattos habla sobre "Este desencanto que siento en mí mismo y que percibo nítidamente en muchos de los que me rodean" ("La empresa y las identidades uruguayas" 137).

opciones genéricas –lo masculino y lo femenino–, y a diferentes canales de transmisión: el documento escrito y la oralidad. Josefina escenifica el cruce de versiones en los diálogos con su padre Máximo, su esposo Narbondo, don Frutos, Pacheco y Obes, Gabiano, etc., asumiendo claramente una voz crítica y disidente ante la versión oficial de su padre y de su marido. Pero aun las opiniones de éstos admiten matices y críticas parciales –"signos de disconformidad" (58)– a la guerra contra los charrúas que, reconoce el padre, "tuvo aspectos horrorosos". Narbondo concede, por ejemplo, que no fueron los charrúas quienes mataron a los peones, muchachos de once y catorce años, en la hacienda de José Canto. Estas críticas, no obstante, no llegan a corroer la defensa que hacen de la campaña de exterminio contra los indios. El texto rehúye deliberadamente el predominio de una voz sobre las otras a la hora de discutir las razones históricas de cada sector sobre los hechos, lo que hace es darles coherencia y contextualizarlas según el rango social y la ideología del que la emite.[84] Este dialogismo será una de las características de la narrativa de Tomás de Mattos, que se continúa y exacerba en su novela posterior, *La fragata de las máscaras*.

Josefina no deja de formular sus propias opiniones, pero a la hora de comparar recoge las ajenas, las cita y suele concluir con una interrogación, una duda a la que añade un juicio ético. Este juicio aparece como el momento de predominio de su voz sobre el resto, pero, paradójicamente, incluye sin anular las diferentes razones políticas.[85] El mejor ejemplo lo constituye el final del texto, que multiplica las imágenes según la óptica

---

[84] Ana Inés Larre Borges analiza certeramente el juego de las diferentes versiones a través de la técnica del contrapunto cuyo último fundamento estaría en la duda: "Y podríamos afirmar que es en esencia ese procedimiento [*el contrapunto*] –que como materialización de la duda abarca el nivel ético, narrativo e informativo de la novela– la manera como se construye el *¡Bernabé...!* de De Mattos" ("Los ojos de Andromaca" 26).

[85] Cfr. estos ejemplos: "¿Era ése, en verdad, el único camino? ¿La modernización de nuestros campos pasaba necesariamente por el exterminio y la disolución de los charrúas? Y, aún admitiendo que fuera la única opción ¿es lícito proseguir la marcha cuando la salida que se vislumbra es notoriamente injusta e inhumana?" (58-59); o "¿qué es peor? ¿qué es más censurable? ¿La ejecución de una aberración, sin previa mensura de su real alcance? ¿O su consumación, apesar del constante asedio de la propia conciencia? ¿Las decisiones de la guerra sólo requieren a la lógica? ¿Es recomendable, en aras de una mayor eficacia, aislarlas de toda consideración de justicia? ¿La disciplina es siempre la máxima virtud marcial?" (68).

del que las interprete, y hace de la interrogación el acto ilocucionario central de la novela:

> ¿A cuál Bernabé hay que rememorar? ¿Al de Sarandí o al de Salsipuedes? [...] ¿Al victimario o a la víctima? [...] Ahora oigo múltiples aclamaciones: "¡Bernabé! ¡Bernabé!" Pero ¿cuáles son las voces solitarias o confundidas en la algazara, que enronquecen repitiendo ese nombre? [...] También veo incontables imágenes. Por ejemplo muchas manos de mujer: la de Manuelita, contrayendo su duelo [...], la de una india [...] dejando que un desertor lleve los muñones de sus dedos. (148)

El diálogo y la oralidad son los medios que hacen posible la crítica, en oposición al archivo Narbondo, que representa la versión oficial y escrita. El archivo sirve fundamentalmente para justificar la campaña de exterminio: "Andá y revolvé los papeles de tu marido y te vas a encontrar con copias de órdenes de Lavalleja, con informes de Garzón y con una carta de un maestro de Paysandú que te van a demostrar que, en aquellos días, no había nadie influyente que no considerase imprescindible acabar con los charrúas" (52).

El archivo oficial es aquel que pertenece y da cuenta de las políticas del Estado (aquel que representa a la Nación) conformado por la casta dirigente de los destinos del país, desde el presidente de la nación Fructuoso Rivera y los militares Bernabé o Garzón, junto a los hacendados como José Canto, hasta el educador José Catalá. Pero también captura otras voces de la sociedad para legitimar sus políticas, para exhibirlas como decisiones del "pueblo", de un "nosotros" que nacionaliza el archivo. Josefina cuestiona esta autoridad que se escuda en la representatividad de los intereses del "pueblo", una figura abstracta cuya heterogeneidad y divergencias se niega o se desconoce: "A menudo me dijo Narbondo: 'No podés negarlo, Josefina. Al atacar a los charrúas, Don Frutos acató la voluntad del pueblo'. Alguna vez le pregunté a qué pueblo se refería, porque juzgo que en cualquier país, hay tantos pueblos como bandos o fracciones" (57).

El archivo del Estado-Nación y de la Patria uruguaya está regido en buena parte del siglo diecinueve por las consignas de la civilización contra la barbarie, del orden contra la anarquía, por las demandas de la unificación y consolidación del Estado, de la modernización y del progreso; consignas que postularon la forma de un Estado nacional homogéneo que no logró abrir un espacio a los charrúas capaz de contemplar y respetar sus leyes, costumbres y cultura. En este sentido el padre de Josefina sostiene: "Los charrúas no nos dieron la Patria" (54), y señala aquellas "diferencias" de los indígenas que interrumpen el proceso de homogeneización del Estado y sus políticas de asimilación:

> Los objetivos de ambos pueblos no sólo son distintos, sino incompatibles. Para los charrúas, la libertad era la perduración del Desierto: tierra sin cultivar, ganado sin cuidar, barbarie compartida. Para nosotros, la libertad era la posibilidad irrestricta de que cada ciudadano volcase el mayor esfuerzo para el progreso de su familia, amparado por las máximas seguridades de que serían sólo suyos los legítimos frutos de su esfuerzo. (56)

Como analiza Todorov en *Nosotros y los otros. Reflexiones sobre la diversidad humana* (1991), las políticas del etnocentrismo pueden fundarse en la idea (distorsionada) de *igualdad* para desde ella asimilar al "otro", identificándolo con el modelo propio, tal como se advierte en el siguiente argumento de Máximo Péguy: "Me recordó varias veces que todo indio que aceptó nuestros valores, 'fue respetado y tratado como uno más de nosotros'" (54). Asimismo el etnocentrismo puede emplear el concepto de *diferencia* (también distorsionándolo), que se articula como desigualdad e inferioridad de la alteridad, y que conduce a la subalternización, al dominio, a la segregación y al exterminio del "otro".

El Narbondo es también un archivo de la ley del Estado, que arbitra la justicia, ya que con insistencia sabemos que Juan Pedro Narbondo es un abogado (al igual que el propio Tomás De Mattos). El tema del juicio —otro de los debates centrales de la posdictadura— recibe un tratamiento complejo en la novela. Josefina, acorde a lo que en una entrevista expresó De Mattos, se niega a dar una sentencia: "No voy nunca a ser juez" (58). Su principal actividad, sin embargo, nos coloca en los preliminares de un juicio, en una posición cercana al fiscal encargado de la recolección de documentos, la conversación con los testigos, la verificación de las informaciones por medio de fuentes confiables, las reflexiones en torno a los argumentos de la defensa y la acusación. Por otro lado, si

Josefina se niega a asumir por sí sola el papel de la justicia, la novela no descarta la obligación colectiva de juzgar a través de las instituciones correspondientes; por el contrario, el editor M.M.R. instala el tema a partir del juicio de Nuremberg: "los perpetradores de los crímenes que hoy repudiamos y cuyo castigo tanto nos congratula" (25).

Si seguimos la pista dada por Tomás de Mattos en una nota, el archivo Narbondo está tomado de *La guerra de los charrúas en la Banda Oriental* (1989), en especial el tomo II, de Eduardo Acosta y Lara. Dicho texto está conformado en su mayor parte por documentos de la época (partes de guerra, informes, cartas, notas aparecidas en periódicos de la época, etc.), además de un Apéndice con la "Memoria" de Manuel de Lavalleja, y el relato del exterminio de los indígenas de Antonio Díaz (hijo) en su obra *Historia política y militar de las Repúblicas del Plata*, tomo II, que coincide con la versión de Acevedo Díaz, ya que ambos utilizaron como fuente las referencias del General Antonio Díaz. En el texto de Acosta y Lara se encuentran tanto la "versión oficial" (sobre todo en los partes de campaña y en las notas periodísticas) como la "versión de los vencidos" (en los relatos de Lavalleja y Antonio Díaz).

Pero en la novela ambas versiones incompatibles se ficcionalizan de diverso modo. El archivo Narbondo elimina los relatos de Lavalleja y Díaz, y se conforma con los partes oficiales y las notas de los periódicos, y funciona así para sostener la versión oficial y pública de los hechos, la defensa de la campaña de exterminio. Josefina describe cómo estos documentos son fragmentarios y discontinuos, ocultan o silencian la verdadera historia que pone al descubierto la barbarie de los hechos cometidos, precarizando las certezas de la historiografía: "Los partes mienten y callan con descaro, los periódicos de esos días, son más obsecuentes que los de hoy. No hay base documental alguna para acceder a la verdad" (69).

Josefina opone, a esta versión documentada y escrita por los mismos autores de los hechos, la versión oral del sargento Gabiano ("una versión inédita, mucho más feroz y veraz, que barrunto no te agradará demasiado" [29]), que si bien coincide con los relatos de Lavalleja y Díaz del texto de Acosta y Lara, en la economía de la novela no pertenece al archivo Narbondo. Se invierten los términos de la fuente histórica, y la oralidad de Gabiano aparece como la voz preeminente con la cual coinciden los textos escritos: "Pero, sobre todo dispongo de lo que ha narrado Gabiano en nuestra casa [...] Es sumamente alentador que muchos de los detalles aportados por él, encuentran corroboración explícita en las memorias de Lavalleja o los Díaz"(69).[86]

Por la voz de Gabiano no sólo ingresan los hechos ausentes en los partes de campaña y que van a conducir el hilo de la narración, sino la historia narrada por los mismos charrúas (aun cuando se trate sólo de lo que queda de la historia de los charrúas, de modo indirecto, y por boca de quienes los oyeron); de allí que Josefina privilegie el texto de Lavalleja en tanto transcribe el "relato de los vencidos".[87] A través del relato de su padre, Josefina recupera, además, la voz de Sepé, a quien aquél le oyó confesar su participación en la muerte de Bernabé.

De este modo la novela opone claramente la ecuación: "historia escrita/historia de los vencedores/versión oficial" a "historia oral/historia de los vencidos/versión no oficial". A este juego de oposiciones se van sumando otras. Evidentemente, el archivo Narbondo es "patriárquico"[88] (no sólo es obra de su marido, en él su padre refrenda sus opiniones y además reúne las voces de los "padres" fundadores de la patria) y allí Josefina se entromete para desbaratarlo desde una enunciación femenina.

---

[86] La sugerencia de esta versión oral del sargento Gabiano se encuentra en Acosta y Lara, donde se dice: "Consideramos la posibilidad de que exista [...] alguna declaración del sargento Gabiano o Galeano, que fue el que trató de que Bernabé montara en ancas de su caballo para escapar de los indios" (120).

[87] Dice Josefina: "Doy más crédito, sin abandonar una actitud sanamente crítica, a los recuerdos de Manuel de Lavalleja, quien, si bien tampoco estuvo en Salsipuedes, convivió con los charrúas sobrevivientes durante diez meses en 1833 y ha afirmado que la conversación dominante entre ellos siempre era el ataque de Don Frutos y la ejecución de Bernabé" (69). Del mismo modo lo confirma el propio Lavalleja en su "Memoria": "lo sé por los mismos indios ejecutores, de quienes me he informado muy detenidamente, de los indios más capaces que había entre ellos; diez meses estuve con ellos en el año treinta y tres y siempre era la conversación dominante del modo que mataron a Bernabé" (Acosta y Lara 193).

[88] Véase Derrida, *Mal de Archivo* (1997).

Las figuras de los charrúas además interpelan una notable tradición. Pablo Rocca, en su libro *Poesía y política en el siglo XIX (un problema de fronteras)* (2003), recorre exhaustivamente las representaciones sobre los indígenas en la tradición literaria uruguaya, en especial la comunidad de los charrúas, aunque también incluye la figura del guaraní, menos problemático a nivel histórico ya que fue más dócil a los intentos de evangelización y asimilación. El charrúa, exterminado a inicios de la República, se vuelve un emblema de lo nacional cuando los sectores letrados lo recuperan desde la literatura y la historia. En esta paradoja central, en esta tensión entre las políticas del Estado y las políticas de la letra de la Nación, podemos colocar a *¡Bernabé, Bernabé!* Pero antes, el texto de Rocca resulta indispensable para repasar las más opuestas interpretaciones sobre los charrúas –acordes a los ideologemas de cada coyuntura. Paralela a las políticas de exterminio de que fueron víctima por parte de la primera presidencia de la República del Uruguay, emerge una demonización del charrúa presente en *El Parnaso Oriental* (1835). Son los "indígenas satanizados" en quienes se condena el salvajismo y la brutalidad con que resisten el ataque de Bernabé Rivera y luego mutilan su cuerpo –se los considera como enemigos y agresores de la patria–. Rocca cita dos canciones funerales publicadas en *El Parnaso Oriental*: la de Carlos Villademoros y la de Francisco Acuña de Figueroa. Este último –que aparece citado en la novela de Tomás de Mattos– nos interesa tanto porque aborda la imagen del charrúa desde una perspectiva histórica, situándolo en la escena del exterminio, como porque *¡Bernabé, Bernabé!* invierte la perspectiva heroica del Coronel y la condena de bárbaros a los charrúas de Acuña de Figueroa.

Poco después, sin embargo, comenzó el extenso proceso de nacionalización del charrúa, que abarca diversos textos y se modula con diferentes ingredientes. Se lo colocó como emblema de lo nacional tanto por su diferencia como por su lucha contra el extranjero. El charrúa compartió con el gaucho el sitial de lo propio, del color local, que las vertientes del Romanticismo rioplatense reclamaban para diseñar el imaginario nacional, pero incluso su importancia fue más allá del gaucho, ya que podía exhibir una exclusividad que le servía para diferenciarse de

Argentina y de Brasil. Como defensor acérrimo del territorio nacional en los años de la Conquista española, el charrúa es situado por algunos con estampa de héroe (*El Charrúa. Drama histórico en cinco actos y en verso* [1853] de Pablo Bermúdez). Incluso en "El último charrúa" (1851) de Ramón de Santiago hay una manipulación de los hechos históricos, ya que la estirpe charrúa muere durante el dominio español a manos de la "cruel España, traidora, ambiciosa", con lo cual se inventa un hecho histórico y se elimina su exterminio a manos del Estado uruguayo (Rocca 144). También el indio charrúa es bastión contra las amenazas anexionistas de los países vecinos, y freno a la perturbadora presencia de la inmigración ultramarina.

Este proceso de nacionalización exalta el "instinto innato de libertad salvaje" (Rocca 153) como el ingrediente central que lo impulsa a defender la autonomía desde épocas remotas –prefigurando la Independencia uruguaya–, tal como se argumenta, con matices diferenciales, en las posturas de Francisco Bauzá (*Historia de la dominación española en el Uruguay* [1880-1882]), y de Zorrilla de San Martín (*Tabaré* [1888]), convirtiendo al charrúa en emblema de la conciliación nacional entre los aportes de la cultura española y aquellos valores nativos –que el mestizo Tabaré encarna de un modo paradigmático–. Estas operaciones del nacionalismo terminan por roturar en el imaginario nacional la consigna de la "garra charrúa".

También las perspectivas sobre los charrúas en la novela de Tomás de Mattos se vinculan decididamente con la formación del Estado nacional, aunque no para reponer allí el mitologema de la autonomía e independencia nacional, de la garra charrúa contra los extranjeros, de lo nacional, mitología que presupone su exterminio a la vez que se funda sobre él. Sin embargo, la novela, al centrarse en el exterminio, convoca esta paradoja aun cuando no la desarrolle, tensa el contrasentido entre las políticas de Estado Nacional y las políticas de la Letra Nacional, y ahonda el desacuerdo entre la historia y el mito. Por ello, aun cuando Tomás de Mattos lee la cuestión charrúa desde la literatura, lo hace manteniendo un firme y decisivo vínculo con la historia, más aún, historizando la figura del charrúa. En esta novela histórica, no hay un personaje "tipo" del charrúa –tal como pedía Georg Lukács en su caracterización del género– ni un ejemplar representativo de la barbarie, ni un personaje mito de lo nacional. No hay un Tabaré, un Celiar, un Yamandús; si pensamos en la figura de Sepé, aparece muy atravesada por los vaivenes de la historia, cambiando al ritmo de las alianzas y los rechazos que le tributa el incipiente Uruguay: colabora en las guerras de Independencia, defiende la autonomía de su comunidad, se repliega ante las amenazas de exterminio, se venga de sus victimarios, y termina ensayando esa lengua ambivalente del sobreviviente.

7. Los ojos de Andrómaca

La carta (ya que el texto de Josefina es una carta a Federico Silva) promueve y autoriza la escritura femenina de Josefina en varios sentidos. Como discurso que se enmarca en las *escrituras del yo*, el género epistolar constituye uno de los encuadres institucionales de la letra femenina. El proceso de separación de las esferas según el género sexual, es decir aquello que Nancy Armstrong en *Deseo y ficción doméstica* (1991) llamó el "contrato sexual" –que terminó de consolidarse en el siglo XIX–, atribuye a la mujer el gobierno del hogar y la incumbencia en el mundo de los sentimientos, que se desenvuelven en el espacio privado. En cambio, el poder masculino proyectado en lo económico y lo político se ejercita en el ámbito público. Estas regulaciones del contrato sexual también distribuyen los territorios del saber y los moldes de la expresión femenina, de allí que los géneros del yo, los diarios íntimos, las epístolas sean lugares privilegiados para un sujeto femenino que se encontraba en gran medida condicionado por sus experiencias domésticas y sentimentales. No obstante, el empleo de estos géneros menores por parte de las mujeres implica, en muchos casos, un uso político, ya que –insisten varias críticas– no se trata de encerrarse en perspectivas "represivas" que se detienen sólo en las ausencias de o las coerciones a la voz femenina, sino de analizar los enclaves femeninos como vectores de poder, como lugares de productividad del saber.[89] Varias perspectivas críticas revisan la tradición femenina latinoamericana del género epistolar, desde la figura inaugural de Sor Juana Inés de la Cruz hasta textos narrativos claves como los de Teresa de la Parra, Norah Lange, Elena Poniatowska, Diamela Eltit, Matilde Sánchez y tantas otras.[90]

Josefina escribe desde un espacio reticulado por el contrato sexual: Federico Silva la convoca para pedirle documentos referidos a Bernabé Rivera que se encuentran en el archivo de su marido, ya muerto. Mera intermediaria entre los documentos oficiales atesorados por Narbondo y el periodista de *El Indiscreto*, Josefina sin embargo va a recargar y aprovechar ese terreno menor de la carta –las tretas del débil–, escribiendo su perspectiva sobre los hechos de la historia y sus protagonistas. Se corre, no obstante, de cierta figura femenina emblemática del contrato sexual, ya que no ejerce un poder doméstico, no se ocupa de noviazgos, matrimonios, relaciones de parentescos (en principio, no tiene hijos). En la novela no hay una "ficción doméstica". La casa –tanto la paterna como la que comparte con su marido– no es para Josefina el centro de su poder doméstico, sino el lugar donde transitan hombres públicos, importantes protagonistas de la historia que ella conoce y con quienes incluso discute, avanzando en los territorios masculinos de la política, la economía y la historia. Así, la casa, el espacio femenino, el ámbito privado son invadidos por los intereses de la política, y se convierten en una zona intermedia y ambivalente entre lo privado y lo público. También la carta queda en una zona intermedia entre la escritura privada en que Josefina la enuncia y la publicación que lleva a cabo el editor.

La carta como escritura de lo menor, de la voz femenina, del mundo de los sentimientos y del territorio de lo privado se desplaza, entonces, para interpelar a la historia, a la grafía de los hombres, a las versiones públicas; así la lucha por el poder interpretativo se da en los bordes de

---

[89] La crítica a las hipótesis represivas y la defensa de perspectivas que analicen el poder productivo de las mujeres se encuentran argumentadas en Armstrong y Franco.

[90] Ver, por ejemplo, el artículo de Nora Domínguez "Extraños consorcios: cartas, mujeres y silencios" (1998).

los géneros canónicos, tal como argumenta Jean Franco. Sin embargo, Josefina retiene algunas marcas de lo femenino: la mirada desde los sentimientos acá se vuelve una mirada que confronta con la racionalidad instrumental del Estado, desde una razón más atenta a sus vínculos con los valores éticos.

El género epistolar aparece en la novela como un dispositivo de autoridad de la voz femenina, como una institución que sostiene su valor, ya que no hay un uso en todas sus dimensiones de la carta como un intercambio entre un yo y un tú (el tú de Federico Silva es una débil presencia), no hay respuestas, no hay "correspondencia" ni está el "contrato epistolar", sino una sola y extensa carta.[91] Pero sí se recupera otra de las particularidades de la carta: su carácter polémico, que se vehiculiza en el cruce de acusaciones, defensas, discusiones, diálogos. *¡Bernabé, Bernabé!* se constituye en gran medida como una serie de discusiones, debates, polémicas, diálogos y conversaciones en cuyo centro está el archivo patriárquico de la historia que Josefina interpela.

La novela privilegia el "diálogo controversial" (13) –para utilizar un sintagma de Maren y Marcelo Viñar– y la "conversación" como modos de acercarse a las versiones de la historia, dos perspectivas que ya reconocimos en los debates culturales de los noventa. En Josefina hay todo un trabajo y un especial interés en lograr las condiciones adecuadas para sostener una conversación. Se enfrenta a las disputas con su esposo y su padre, cuya virulencia se traduce en una lengua militar: "Narbondo se *atrincheró* [...] en el bando de mi padre" (54), "la *ofensiva* de Juan Pedro", "Narbondo aceptó con su habitual elegancia la *derrota* pero cuidó su *retirada*" (cursivas mías). En cambio prefiere desarmar esa lengua militar y utilizar el término "conversación" para referirse a sus charlas con Gabiano, cuidadosa de las estrategias para no quebrar un intercambio productivo ("De a poco, él hablando y yo asintiendo, se fue tranquilizando. Con prudencia, procuré que mis disculpas evitasen que la conversación se desviase. La difícil humildad fue la clave de mi éxito [...] me di cuenta

---

[91] Las marcas y protocolos del género epistolar se abordan en Ana María Barrenechea, y en Patricia Violi.

que, si no nos interrumpían, la charla estaba definitivamente encauzada"
[59]). Por ello, la carta como escenario de una polémica donde se autoriza
la voz femenina se convierte en un género adecuado y pertinente para
encauzar los intereses de esta novela. Germán Rey nos recuerda que para
Jorge Luis Borges la "conversación" era una suerte de género literario, y
sintetiza algunas de las marcas que la acercan al género ensayo, tales como
"discursos en formación, abiertos a las expectativas de los interlocutores
sin el extremo rigor de lo sistemático pero con el sugestivo titubeo de
un pensamiento en diseño [...] un pensamiento móvil que muestra sus
certezas como también sus propias incertidumbre" (14).

Frente al archivo Narbondo, en varias ocasiones Josefina desenvuelve
una mirada femenina atenta a los movimientos de la subjetividad, a los
sentimientos, a los vericuetos de la conciencia, a los detalles ("el detalle
esencial"), a las minucias que permiten alumbrar "otras razones" (sin
necesidad de interpretar la voz femenina como emocional o irracional).
A veces ejerce una mirada oblicua sobre los documentos o recupera los
intersticios que estos textos rara vez muestran, para comentar las zonas
más oscuras de la campaña contra los charrúas, como cuando en un parte
Bernabé llama a la celada de Salsipuedes "jarana contra los charrúas"
(68). En otras oportunidades no lee en los textos datos históricos sino
los residuos de las subjetividades que la historia descarta, los detalles, las
inflexiones de las frases que descubren la interioridad del que escribe,
como en las palabras con que Bernabé alude a María Luisa: "lo hace
con una fórmula que, por el diminutivo, parece muy tierna pero que
termina impresionándome como morbosa y aniñada" (84). Conjetura
las causas del estado de ánimo de Bernabé cuando en una carta se queja
del mal tiempo, falta de caballos y otros inconvenientes, lo imagina
lejos de su hijo recién nacido y de su "bellísima esposa". Desmenuza
la sintaxis y recrea al mismo tiempo el impacto que hubiera podido
causar, en el espíritu de don Frutos, la lectura del parte que José María
Navajas le envió anunciando la muerte de Bernabé (121). Casi como
un emblema de esta mirada, podemos recordar la escena en que ella
describe el retrato que pintó de Bernabé, procurando despojarlo de sus
señas más visibles, "intentando liberar a Bernabé de esas patillas y de

esa barba y bigotes que, según dicen, cuidaba con maniático esmero" para "entrever un rostro aniñado e insulso" (33). En este sentido, emerge una lectura de los "hechos históricos" desde el excedente provisto por una sensibilidad femenina y por una escritura literaria, distante de los mandatos disciplinarios de la historiografía.

Desde esta mirada femenina, la novela ¡*Bernabé, Bernabé!* cuestiona las certezas unívocas de la historiografía, apela a la "conversación" para dirimir los conflictos y posturas enfrentadas, recupera voces disímiles. Confía en la narración y sus posibilidades dialógicas como una apertura a las alteridades de todo tipo, y como una vía para escapar a la lógica de la violencia. Josefina insiste en el tema de la duda[92] –"las dudas y el temor de perder la ecuanimidad"–, la misma duda que el editor propone como freno a los "caminos que desembocan rectamente en la atrocidad" (25). La tolerancia, la conversación, la duda, el "plácido y desencantado período final" desde el cual escribe Josefina, constituyen marcas a la vez de la novela, de la narrativa de Tomás de Mattos y de la temperatura de los años noventa –en notable sintonía con los ensayos de Hugo Achugar–, preocupados por analizar las prácticas autoritarias del Estado uruguayo.[93]

8. Apéndice

Doce años después de la primera edición, Tomás de Mattos reescribió ¡*Bernabé, Bernabé!* (2000). Sobre esta segunda versión, que agrega unas

---

[92] La "duda", junto con el rechazo del "juicio" y la apuesta a la comprensión y a la tolerancia, remiten también, creemos, a un campo semántico de raigambre cristiana, que aporta una perspectiva ética a la novela. El mismo Tomás de Mattos se ha definido como un "cristiano de izquierda" ("La empresa y las identidades uruguayas" 135).

[93] Ana Inés Larre Borges en "Los ojos de Andrómaca" (1989); Peyrou y Achugar en "Como el Uruguay no hay" (1989) y "El referendum no leído y otros problemas de hermenéutica bifocal" (1989) apuntan, de uno u otro modo, estas características. Peyrou hace hincapié en el acto de "comprender" y la importancia que alcanza la duda en la novela; Larre Borges señala también la duda como el método privilegiado que se articula en la técnica del contrapunto, y Achugar –en abierta polémica con Lockhart– destaca el "derecho a opinar y disentir que tiene todo ser humano" en contra de los "catones y los depositarios de la verdad". Véase también los artículos de Lockhardt que figuran en la bibliografía, tres publicaciones que también forman parte de la polémica.

setenta páginas y modifica la totalidad de la novela, me interesan dos cuestiones: en primer lugar los cambios introducidos en diferentes niveles de la novela, y en segunda instancia los motivos que impulsaron esta nueva versión, ciertamente importantes para aceptar el riesgo de ampliar una novela signada por el éxito.

En el acápite que preside la nueva edición, Tomás de Mattos nos informa sobre la publicación de nuevas investigaciones llevadas a cabo por Eduardo Acosta y Lara que iluminan zonas antes desconocidas de la guerra de los charrúas, razón suficiente –a juicio del autor– para corregir su texto atento a los descubrimientos. Los nuevos datos triplican el ataque a los charrúas. No hubo una sola matanza en Salsipuedes, sino tres ataques y emboscadas sucesivas en Paso del Sauce, la Cueva del Tigre y Salsipuedes. Esta novedad no modifica sustancialmente el valor del exterminio, pero sí ahonda el carácter sistemático y premeditado por parte del poder. Esto no es un dato menor, ya que una de las discusiones en torno al Terrorismo de Estado versó sobre el carácter sistemático en la persecución y desaparición de personas durante las últimas dictaduras de los setenta. Además, en *¡Bernabé, Bernabé!* (como luego en *La fragata de las máscaras*, su siguiente novela) y en otros textos narrativos de estos años, la lectura de la historia intenta desvanecer aquellas posiciones que interpretaban determinados momentos de la historia nacional (la anarquía del siglo XIX, las dictaduras) como excepciones y cortes, momentos de paso para retomar el cauce normal de la democracia. La lectura a contrapelo de la historia que ejercitan las novelas de Tomás de Mattos hilvana una continuidad, una reiteración tenaz de gobiernos militares, políticas de exterminio, sistemas de opresión, violencia y terrorismo estatal.

Por otra parte, la empresa ahora no es obra sólo de orientales: la presencia de Lavalle y de Flores, con soldados argentinos y brasileños, convierte a la celada en un anticipo de la guerra de la Triple Alianza, otro momento de la historia que se inserta en el mapa de las violencias articulado por la novela (y que otras novelas históricas de los años noventa retoman). También en este caso se trata más de ahondar y expandir, que de introducir eventos que trastornen la economía narrativa.[94]

La segunda cuestión que me interesa se refiere al pacto de lectura que esta novela histórica instala con el lector. La reescritura, motivada por un cambio en los documentos históricos, está señalando con insistencia la estrecha relación que la ficción sostiene con el discurso historiográfico, el cual aparece como sostén y garantía de la "verdad" ficcional. El carácter de novela histórica, más allá del cumplimiento de ciertas reglas del género, como la inclusión de personajes históricos y la distancia del escritor con los eventos de la historia que narra (entre otros), radica también en el interés de la novela por llevar a cabo una lectura significativa de la historia. *¡Bernabé, Bernabé!* se preocupa, efectivamente, por restablecer un tramo decisivo de la historia uruguaya, el exterminio de los charrúas, y aquí es donde se percibe el afán por recuperar la "verdad" de la historia, donde la historia adquiere un lugar central. Lo que no significa que termine por roturar una verdad única, ya que ni bien la novela se aboca a su búsqueda, van surgiendo diversas voces, documentos y versiones. *¡Bernabé, Bernabé!* se detiene en la búsqueda más que en el arribo. La importancia de la historia no impide la presencia de la ficción. Al contrario, la prolija declaración del editor M.M.R., advirtiendo sobre la existencia de núcleos ficcionales, ayuda a sostener la confianza del lector en la "verdad" de la historia.[95] Se procura trazar una vía de encuentro entre el "regreso de lo real" y la puesta en crisis de la "verdad".

---

[94] Si éstas son las principales novedades, Tomás de Mattos no dejó de aprovechar la ocasión para reescribir, ahora en detalles mínimos, la entera novela. Giros de su prosa, el cambio de algún adjetivo, la tachadura de lo que parece sobrar, algunos matices apenas diferentes en sus personajes o gestos, las reflexiones de Josefina, van haciendo de *¡Bernabé, Bernabé!* una novela diversa desde el detalle. En el cotejo de ambas versiones, más de una vez, me he preguntado si su autor no ha caído en la tentación de ceñir y ajustar ciertos significados que en su primera versión quedaban más librados a la interpretación personal del lector.

[95] Las palabras del editor en las cuales aclara dónde se encuentra la ficción: "Pese a este perceptible respeto por la verdad histórica, juzgo conveniente subrayar que, a mi juicio, sus afanes fueron bastante más allá que los de un mero cronista. Trascendiendo, para bien o para mal, la relación de los hechos y la indagación de sus causas, hay una tendencia constante a revivir los episodios como si hubieran sido percibidos, aun a costa de la introducción, a veces no confesa, de elementos ficticios: la emoción de un indiecito aturdido por los primeros festejos de la victoria de Sarandí, la imaginada apariencia del vaquero Lorenzo González y las últimas y antagónicas visiones con las que la vida acaso despidió o expulsó a Sepé y Bernabé, son tres ejemplos que valoro como pertinentes, pero no únicos" (22).

La segunda versión de *¡Bernabé, Bernabé!* resulta el ejemplo paradigmático de la trascendencia del documento[96] ya que, como dijimos, el motivo que provoca su reescritura es la publicación de nuevas investigaciones sobre el exterminio charrúa. Sin esa base, sostiene De Mattos, no se "hubiera sentido en posesión de documentos, datos e interpretaciones suficientes" para arriesgarse a escribir esta novela, "la presente versión definitiva"(9).

Es en el prólogo donde se formaliza este contrato de lectura, ya que allí se cita el documento como aval de la verdad histórica, pero también de la verosimilitud ficcional, y asimismo como principio desde el cual se negocian los límites de la ficción. En *¡Bernabé, Bernabé!*, ficción e historia convergen en un formato realista que se ha aligerado de las aristas más rupturistas respecto al verosímil de la historia, que han caracterizado la nueva novela histórica gestada desde el Realismo Mágico o lo Real Maravilloso, como el uso de anacronismos, las adulteraciones de la historia, la parodia, lo carnavalesco, el grotesco o el *pastiche*.[97]

---

[96] Si bien el documento oficia como aval de la historia, es justamente por ello que se lo cuestiona sobre todo en los abusos, las tergiversaciones, las mentiras que cuenta: el documento hallado en el archivo Narbondo termina siendo un "monumento" de la versión oficial, mientras que Josefina procura buscar los "documentos de la barbarie".

[97] Sobre las características de la nueva novela histórica, véase Seymour Menton y Fernando Ainsa.

Revolución y derrota:
La fragata de las máscaras de Tomás de Mattos

1. Africanidad e indianidad: el archivo latinoamericano de las revoluciones, motines y revueltas

La fragata de las máscaras (1996) es una ficción que dialoga intensamente con la historia de América Latina. Aunque escapa a cierto protocolo específico del género *novela histórica* en que se encauza su publicación anterior, *¡Bernabé, Bernabé!* de 1988, mantiene un estrecho vínculo con ella en más de un sentido, desde su interés por la historia latinoamericana, con especial énfasis en los sistemas de opresión así como en las luchas libertarias, hasta el empleo de determinados procedimientos narrativos como la multiplicación de voces, el acople de diversos tiempos y la presencia de personajes históricos.

La fragata se centra en un motín de esclavos acaecido en 1799 a bordo de la nave *El Juicio*, abarcando desde los preparativos del motín y su primer triunfo, hasta su posterior fracaso que da lugar a dos vectores de la acción: por un lado el juicio y condena al cadalso de aquellos esclavos atrapados, y por el otro la huida clandestina de un pequeño grupo en una balandra hacia la isla Mocha, hacia la libertad. Este motín oficia asimismo como una metáfora o sinécdoque de la revolución, o como un enclave desde el cual reflexionar de un modo más general sobre las revoluciones en América Latina. De Mattos emprende esta exploración desde el contexto de los noventa en el Cono Sur y en Uruguay, atravesado por una reacomodación de la izquierda que supone una puesta en foco de ciertos ideales, imaginarios y narrativas (junto con la revisión de las prácticas de la izquierda armada de los sesenta), y una reflexión sobre los motivos y alcances de la derrota y de las pérdidas.

La fragata se escapa de la historia uruguaya, y desde una perspectiva a la vez amplia, diversa y compleja aborda una serie de eventos de distinta índole de la historia de América Latina (incluyendo Uruguay), de la mano de personajes de los más diferentes linajes y pertenencias. No obstante, el "motín" como centro de la historia (tanto de la *history* como del *story*) nos reenvía a una tradición latinoamericana de revoluciones, revueltas, levantamientos y motines, cuyos emblemas mayores son el levantamiento de Túpac Amaru (1780) y la revolución en Haití (1791).[98] Tal como ya dijimos, una de las instancias de institucionalización de este archivo revolucionario fue aquel que se fraguó en torno a la triunfante Revolución cubana, y que es posible leer en *El siglo de las luces* (1962) de Alejo Carpentier y en *Calibán* (1971) de Roberto Fernández Retamar, entre otros textos.

El siglo de las luces aborda la germinación de las revoluciones de independencia en América Latina. Si bien atiende a sus complejos vínculos con la Revolución francesa, a Carpentier le interesa explorar la gestación de aquellos acontecimientos que van pautando una historia latinoamericana propia y peculiar, una genealogía autónoma de revueltas y levantamientos por parte de diversos grupos de esclavos –uno de los eventos seminales es la Revolución de Haití, presente tanto de esta novela como de *El reino de este mundo* (1949), ya que aunó a la guerra de independencia una lucha contra la esclavitud. En este sentido es que uno de los personajes, el suizo Sieger, afirma: "Todo lo que hizo la Revolución francesa en América fue legalizar una Gran Cimarronada que no cesa desde el siglo XVI. Los negros no los esperaron a ustedes para proclamarse libres en un número incalculable de veces" (277).

Como ya vimos, Fernández Retamar define dos líneas opuestas dentro de la historia de América Latina, desde una búsqueda por definir

---

[98] En esta línea también podemos incluir la lectura que Oswald de Andrade hace de la historia del Brasil en el *Manifiesto Antropófago* (1928), donde recupera la Revolución Caraiba frente a las tradiciones europeas de la revolución: "Queremos la Revolución Caraiba. Más grande que la Revolución francesa. La unificación de todas las revueltas eficaces en la dirección del hombre. Sin nosotros Europa no tendría siquiera su pobre declaración de los derechos del hombre". Incluso considera que las revoluciones y las utopías revolucionarias europeas son, en definitiva, deudoras de la idea del "hombre natural", tal como se advierte en esta cita: "La edad de oro anunciada por la América. La edad de oro. Y todas las girls./ Filiación. El contacto con el Brasil Caraiba. Ori Villegaignon print terre. Montaigne. El hombre natural. Rousseau. De la Revolución francesa al Romanticismo, a la Revolución bolchevique, a la Revolución surrealista y al bárbaro tecnificado de Keyserling. Caminamos…" (en *Revista de Antropofagia* 1/1, mayo 1928).

sus tramas legítimas –si bien lo hace desde una perspectiva más polarizante que el punto de vista de Carpentier, más atento a los cruces e intercambios entre las diversas historias–. A una historia de la "Anti-América", que comienza con la Conquista europea y se continúa con el sometimiento al capitalismo como una forma de dominio neocolonial, con los oligarcas criollos y con el imperialismo, le opone la historia latinoamericana legítima protagonizada por Calibán, emblema del colonizado, quien ha llevado a cabo un sinfín de luchas libertarias, levantamientos y motines contra los sistemas de opresión, desde los combates de indígenas y revueltas de esclavos negros (algunos de cuyos mojones son la sublevación de Túpac Amaru en 1780 en el Perú y la independencia de Haití en 1803), hasta los movimientos revolucionarios en varias de las colonias españolas de América. Una genuina historia libertaria y revolucionaria que culmina con la Revolución cubana de 1959 y con el triunfo de Allende en1970.

El "motín"de *La fragata*[99] remite a esta tradición, reinstalando un interés por revisar las revoluciones, la validez de sus luchas, su dimensión utópica y también sus fracasos. Publicada en 1996, se sitúa en las antípodas temporales de los textos de Alejo Carpentier y Roberto Fernández Retamar, signados por el triunfo de la Revolución cubana: de allí cierto acento en las pérdidas y los fracasos, aunque también en sus posibilidades. En un contexto en el cual se revisa la tradición armada de la izquierda uruguaya para acondicionarla a los nuevos tiempos democráticos, De Mattos irrumpe con un texto sobre revoluciones y motines.

2. Africanidad e indianidad: el archivo latinoamericano de la opresión

Este ingreso al archivo de las revueltas de los esclavos forma parte del interés despertado a inicios de la democracia uruguaya por la

---

[99] Si bien el "motín" es la metonimia mayor de la revolución en esta novela, tanto el levantamiento de Túpac Amaru, referido por Tobías, como la Revolución haitiana aparecen mencionadas. Dago recuerda la impresión que causó en Babo el relato por parte de Charles Marie Querry, de la gesta de Toussaint L'Ouverture (281).

"africanidad" y la "indianidad" que, según Teresa Porzecanski, indica una voluntad por recuperar al menos simbólicamente las identidades segregadas de la Nación uruguaya, quebrando el concepto unitario de una identidad homogénea de matriz europea. Frente a las políticas de la violencia, la intolerancia y la exclusión que dominaron en la historia uruguaya reciente, la democracia se abre atenta a las alteridades tanto en el presente como en la historia. En esta línea en que se revisan brutales sistemas de opresión, Tomás de Mattos se ocupa del genocidio charrúa y de la esclavitud de los afroamericanos. Así, *La fragata* (aunque también explora importantes enclaves de la historia de la conquista y de las revueltas de indígenas) completaría, con su foco en la "africanidad" de los esclavos, el aporte de *¡Bernabé, Bernabé!* a la "indianidad" en torno a los charrúas. Se trata de una búsqueda arqueológica que desde la experiencia traumática de la dictadura precisa bucear en los antecedentes históricos de la barbarie de los diversos poderes.

Con respecto a ambas comunidades, *La fragata* lee junto con las luchas libertarias los sistemas de dominio, conquista, colonización, esclavitud en sus mismos orígenes –agregando una nueva incursión al origen–. La opresión no se limita al problema de la esclavitud, en principio se extiende hacia los indígenas. El naturalista Bonpland los reúne en su retablo: "mi habitación se ha llenado de indios y negros que conforman contra la pared de enfrente un grotesco retablo" (56). La búsqueda de momentos claves de la historia latinoamericana (y uruguaya) en que se implementaron diversos sistemas políticos de opresión se encuentra en el centro de las novelas de Tomás de Mattos; y son estos eventos los que van enhebrando una historia de las barbaries, una contranarrativa del progreso.

Las políticas de dominación aparecen en *La fragata* desde dos perspectivas: una histórica y otra simbólica. El texto se abre no con el motín, sino con el encuentro del científico Bonpland con indígenas del Perú. En "El jardín reservado" se arriba al origen histórico de la Conquista como punto inicial de la sujeción: el palacio de Cajamarca donde el Inca Atahualpa –considerado el último emperador incaico– fue ejecutado por los españoles en 1533. El hijo del cacique Astortilco le muestra las ruinas del antiguo palacio. Además, el origen se metaforiza en figuras míticas que procuran explicar la historia de la opresión. El "paraíso perdido", el "Edén" de los incas, está sumergido bajo las ruinas donde su último emperador fue muerto por Pizarro; y el mito bíblico de Caín viene a sustituir al del Edén: "Imagino que juega con la idea de que al atravesar el Atlántico no llegamos a otro espacio del planeta sino a otro tiempo. A un ámbito donde, si la naturaleza recuerda a cada paso a la que reinó en el Edén, también muestra despojos que avisan que Caín ya mató a Abel" (69).

Esta perspectiva tiene hondas raíces en la tradición literaria latinoamericana –y ecos particulares de *El Siglo de las Luces* de Alejo Carpentier–. La comparación con la novela de Carpentier puede servirnos para apuntar los perfiles que De Mattos da a la naturaleza y al origen, si bien podemos advertir un contacto más profundo entre ambos textos, en tanto se refieren a un período similar y comparten varios puntos, en especial el archivo revolucionario. En *El Siglo de las Luces*, Carpentier inserta su fábula del origen a partir de la imagen de la naturaleza primigenia, nueva y adánica de América Latina que sucesivamente denomina "Paraíso Perdido", "Hespérides sin nombre" y "Mundo de lo cámbrico". Así retoma y redefine una larga tradición sobre el tema que contaba con dos líneas contrapuestas: de Buffon a Hegel se sanciona una posición eurocentrista que hacía de la naturaleza latinoamericana signo a la vez de inmadurez y decadencia; del lado contrario, y en la línea que va de Humboldt a Spengler, la naturaleza americana se percibe como un mundo nuevo lleno de posibilidades, como un "Urzeit" que auspicia un futuro desarrollo (también podría incluirse aquí la figura del Paraíso Perdido de los *Diarios* de Colón). Evidentemente, Carpentier retoma esta segunda línea para describir desde su programa de "lo Real Maravilloso", la exultante naturaleza latinoamericana.[100]

Tomás de Mattos le da un giro a la perspectiva carpenteriana o a la tradición que la sostiene, al señalar el entierro del Paraíso Perdido de

---

[100] Véase Teresa Basile, "La naturaleza como discurso sobre la identidad latinoamericana" (1992). Varios son los autores que se ocupan de analizar esta tradición, por ejemplo: Gerbi; Ortega y Gasset y Pratt.

los Incas debajo de las ruinas de la opresión gestada por la conquista. Instaura en las tesis humboldtianas del Urzeit una temporalidad signada por la presencia de Caín, fracturando la naturaleza con el impacto de la historia.[101] Si, en la novela de Carpentier, Esteban experimenta la naturaleza como un reducto al cual acudir frente al régimen de opresión que instaura Víctor, *La fragata* recoloca la naturaleza y el mito del paraíso perdido bajo la experiencia de la opresión (caída del Edén y presencia de Caín). El momento en que ambas novelas se publican marca la diferencia entre escribir desde una revolución triunfante (aun cuando el texto de Carpentier es en gran medida crítico frente a las revoluciones que evalúa), o desde las derrotas que las dictaduras del Cono Sur imprimieron a los movimientos y proyectos de la izquierda armada.

3. La escena etnocéntrica. Antagonismos y amistades

En estos contextos de conquista y esclavitud, la novela describe ciertos tratos y relaciones con el "otro". La presencia de la mirada a lo largo del texto vehiculiza cierta perspectiva etnocéntrica, tanto a nivel de la representación como del empleo del punto de vista.

La cuestión de la mirada es ostensible ya en la nouvelle *Benito Cereno* de Herman Melville, texto primero que *La fragata de las máscaras* reescribe declaradamente. *Benito Cereno* (1856)[102] cuenta un motín de esclavos negros en la fragata *Santo Domingo*, cuyo capitán da nombre al relato. Pero no se nos narra el motín sino el abordaje de la fragata por el norteamericano Amasa Delano (el protagonista), comandante del *Bachelor's Delight* que intenta colaborar con lo que cree es una fragata que sólo ha sufrido numerosos percances. El interés del texto radica en el punto de vista empleado, el de Amasa Delano. Este personaje no percibe los innumerables signos reveladores de los problemas existentes en el mando de ese barco, y el lector –guiado por el foco puesto en

---

[101] Cfr. la siguiente cita: "En verdad, la barrera que separa a esta tierra de Europa, no se levanta con millas de mar desapacible, sino con siglos de molicie y opresión" (69).

[102] Todas las citas corresponden a la siguiente edición: Melville, Herman, *Benito Cereno*. Tomás de Mattos, prólogo. Montevideo: Ediciones de la Banda oriental, 1990.

Delano– sólo hacia el final se entera, junto con su protagonista, que ha acaecido un motín.

Los tropiezos e irregularidades entrevistos por Delano durante las horas que pasa en la fragata configuran el primer enigma propuesto al lector, pero este nudo se desata con un súbito giro: a punto de abandonar la fragata, Delano salta a su ballenera y detrás lo sigue el imprevisto salto de Benito, poniendo al descubierto el motín. El relato continúa con la victoria de Delano sobre los amotinados, el posterior viaje a Lima y el juicio a los culpables. En las últimas líneas, sin embargo, un final ambiguo y abierto invita a otra lectura: el cabecilla del motín, el negro Babo –que ha sido ajusticiado, y su cabeza puesta en el piquete– aparece como el jefe de Benito Cereno, invirtiendo así los roles. Esta escena final de la *nouvelle* de Melville es central en el proceso de reescritura de *La fragata*, ya que la novela de Tomás de Mattos parte de esa inversión de roles para articular la visión de los esclavos –"la versión de los vencidos", como se desprende de las palabras de Muri a Melville: "No lo culpo de haber leído tan sólo papeles de vencedores" (153)–; es decir, para invertir la mirada, el punto de vista y la representación del otro.

¿En qué consiste, entonces, este proceso de reescritura que *La fragata* lleva a cabo respecto de *Benito Cereno*? La *nouvelle* de Melville tiene un narrador en tercera persona que focaliza en Amasa Delano, cuya comprensión de los hechos en la fragata amotinada es un yerro constante. Esta visión equivocada parte de una personalidad, la de Amasa, definida por un "bondadoso carácter y extraordinariamente crédula" (*Benito Cereno* 9). Sin embargo, de un modo subrepticio y progresivo, esta afirmación se desmiente. Por un lado, la mirada de Delano se ejerce desde arriba, desde el palco –"su mirada, que descendía continuamente, como desde un palco a la platea, hacia la extraña multitud que tenía delante y por debajo" (42)–. Otra escena parodia la mirada desde el balcón: Delano sube al balconcillo para ver mejor pero la balaustrada cede y el capitán casi cae al mar (38).

En su concepción sobre los negros y mestizos, esta mirada desde arriba de Delano pone en evidencia una torpe ideología etnocéntrica, en cuanto los considera naturalmente sumisos, y por eso no puede descubrir el motín: "esa docilidad que nace del contento de un espíritu limitado y sin aspiraciones, así como esa disposición a un ciego afecto que a veces distingue a los seres indiscutiblemente inferiores" (47). Esta fabricación del otro como un menor, obediente, sumiso, impotente, inferior que caracteriza la mirada imperial de Delano se quiebra, no sólo porque al final la realidad del motín se hace clara a pesar de su ceguera, sino además porque el final desplaza abruptamente la mirada hacia los ojos de Babo, quien a pesar de estar muerto se constituye en el jefe obedecido por sus antiguos capitanes. El triunfo del jefe amotinado cubre de sospecha la primera lectura e invita a revisarla. Podríamos decir que éste es el punto de partida, el desafío inicial de De Mattos para su novela, tal como se advierte en la conversación que mantienen Josefina y Gustavo en la "Carta a Herman Melville" (29-30).

La fragata de las máscaras comienza, entonces, con un replanteo del punto de vista, que condensa una de sus mayores significaciones. Si la mirada de Delano se ejercía desde arriba, desde el balcón, *La fragata* la invierte y focaliza desde abajo, retoma y continúa la mirada de Babo que cierra *Benito Cereno*. Si Delano parte de una serie de prejuicios etnocéntricos, *La fragata* los invierte al recuperar el punto de vista de los esclavos negros, por un lado, y exponer su capacidad de amotinarse, su carácter activo, su agencia en la historia, por el otro.

Esta extensa novela se estructura en el cruce de voces, puntos de vista, relatos, fuentes, lenguas y traducciones. El ficticio editor M.M.R. decide publicar en 1956[103] los manuscritos de Josefina Péguy de Narbondo, vueltos ya problemáticos en su condición de "originales". El editor encuentra una carta de Josefina dirigida a Melville y dos versiones de su novela: dos gruesos cuadernos de tapa dura enviados por ella a Melville, escritos es inglés, y cinco cuadernos en castellano que dan un relato más extenso con agregados y comentarios de su marido Narbondo. Josefina, a su vez, ha utilizado a discreción las acotaciones de Narbondo para el

---

[103] Es decir, cien años después de la primera edición de *Benito Cereno* de Melville en 1856. Como vemos, la presencia del editor M.M.R. y de Josefina vinculan a esta novela con *¡Bernabé, Bernabé!*, estableciendo una serie.

texto en inglés. M.M.R. elige la versión inglesa –que traduce al castellano– para publicar *La fragata*, ya que encuentra tardíamente los originales en castellano. Pero además, esta versión en inglés es la más breve, mientras en el manuscrito en castellano, es decir en el texto que se elide, estaría la historia completa. Así, la historia como totalidad, como relato completo está ausente en *La fragata*, tiene agujeros.

También las fuentes se multiplican. *Benito Cereno* de Melville tiene como fuente el capítulo XVIII de las *Memorias* del capitán Amasa Delano: *A narrative of Voyages and Travels in the Northern and Southern Hemispheres Comprising Three Voyages Round the World, Together With a Voyage of Survey and Discovery in the Pacific Ocean and Oriental Islands*, publicadas en Boston en 1817. *La fragata de las máscaras* no sólo se basa en una reescritura de otra reescritura, la *nouvelle* de Melville, sino que Josefina añade otra fuente: el relato oral de su padrino Bonpland que consta de diálogos y comentarios con los participantes en el motín y en los sucesos posteriores.

La novela incluye una variedad de textos y de voces que dan cuenta de la diferencia étnica, de clase, cultural, disciplinar, de género, etc.: una "Nota preliminar" del ficticio editor M.M.R., la "Carta a Herman Melville" escrita por Josefina, la cita de un fragmento de Melville extraído de *Las encantadas* y un "Epílogo. La carta de Lizzie" (enviada a Josefina por la esposa de Melville). Cada capítulo y cada apunte es el relato de diversas voces: Josefina, Bonpland, Tobías, José Abos, Dago, Muri y Lizzie. A la visión de los negros se añade la voz femenina. Además, el relato de Josefina fue escrito en colaboración con su tío Gustavo.

De este modo el truco del manuscrito hallado y publicado, que procuraba dar veracidad al texto, se convierte en un espacio con grietas y en un lugar de cruces de manuscritos, de traducciones, de fuentes diversas que desmienten la idea de un original unívoco para autorizar la reescritura continua y multívoca como un modo de reinterpretar desde el presente los textos de la cultura.

La estatuilla de múltiples rostros que el editor encuentra entre las cosas de Josefina simboliza –en otro registro– esta multiplicidad de miradas:

> Apenas he hallado una estatuilla, no sé si auténtica, que parece provenir de la cultura dogona: de un único cuerpo emergen tres caras (el lector ya la habrá visto en la portada de esta edición). ¿Representa al mandinga Babo, al dogón Dago y al arará Muri procurando dar muy distinto sentido al único destino que los enreda? ¿O alude a los talantes diferentes y a veces antagónicos con los que cada persona suele afrontar la vida, según sean las cambiantes circunstancias? (16)

La cita pone en claro que no se trata únicamente de recuperar el punto de vista de los vencidos; la novela varía y diversifica el interior mismo de la voz de los africanos a partir de, fundamentalmente, tres personajes que representan no sólo tres culturas diferentes –mandinga, dogón y arará– sino tres perspectiva diversas: la de Babo en tanto jefe de la sublevación, la de Dago en su calidad de curandero y la de Muri como hechicero, en un indudable rechazo a la homogeneización de las culturas de herencia africana.

Dago es un negro dogón que ha aprendido una mezcla de medicina y curanderismo (85) al servicio del médico Pedro Ortiguera, y luego cuida el jardín de hierbas que ha levantado en el convento. Su figura es paralela, dentro de las culturas negras, a la imagen del científico, y evalúa con una gran dosis de escepticismo la presencia de los dioses en los rituales, introduciendo constantemente un perfil crítico frente a los usos de la religión y a los manejos del poder, y guiándose por el principio de la supervivencia. El hechicero del grupo, Muri, ha recibido la sabiduría y los rituales africanos de su madre. Dago y Muri se contraponen continuamente en su apreciación de los hechos: mientras Muri cree en la actuación de los dioses en el motín, Dago lo pone seriamente en duda, e interpreta el motín desde una posición crítica y escéptica. Descree de la victoria y de la posibilidad de alcanzar la libertad, y pone reparos a la probabilidad de llegar al Senegal y alcanzar la libertad. Si bien Babo, el cabecilla del motín, el jefe, no tiene a su cargo un capítulo o un apunte, sí colabora en el proceso de diversificación al interior de la comunidad de los esclavos, ocupando el lugar del político, enfrentado en alguna ocasión a Dago y su mirada crítica, casi de intelectual. Babo es quien asume la acción con todas sus consecuencias, es quien lleva adelante las matanzas y organiza la balandra que los conduce a la isla Mocha. Es un personaje asistido por la paradoja y las contradicciones que toda política radical supone.

Esta maquinaria de construir diversidad que es *La fragata* interfiere una de las marcas del eurocentrismo –la homogenización– que Edward Said analizó de modo exhaustivo, bajo la etiqueta de "orientalismo", como un paraguas en el cual se amontonan e igualan culturas muy diversas; y que Tzvetan Todorov en *Nosotros y los otros* (1991) estudió, desnudando las políticas de "asimilación" de la alteridad en el sí mismo por parte del colonizador. La diversidad es un principio estructurante que opone y acerca a los personajes. A la serie Babo, Dago y Muri se opone y complementa la del fraile Tobías, el científico Humboldt y el médico Bonpland. Al perfil católico de Josefina se opone el agnóstico de Gustavo. El juicio se valoriza desde diferentes posiciones: el magistrado José Abos, el fraile Tobías, el Juez Martínez de Rosas.

La novela aparece atravesada por un impulso que tiende a diversificar las voces, pero también por la posibilidad de conciliarlas a pesar de sus diferencias o, mejor, manteniendo sus diferencias. Dicho de otro modo, los credos, las religiones, las ideologías políticas, las profesiones no siempre impiden –o no deberían siempre impedir– la cooperación en la construcción de América Latina. Una preocupación –por otro lado– de larga data en estas tierras, basta pensar en "Nuestra América" de José Martí. En esta línea Josefina atribuye a Bonpland las siguientes reflexiones:

> Y su versión fue sesgada por la obsesión que animó y amargó sus últimos años. No sé qué le dolía más: si las vidas absurdamente cercenadas, si las tierras y las libertades arrebatadas, si el extravío de los ideales que caldearon su entusiasta mocedad, si la contumacia con que los habitantes de esta tierra se empecinaban en confundir "europeidad con civilización y americanidad con barbarie", en vez de converger en construir entre todos "una civilización americana". (*La fragata* 25)

Esta posibilidad de encuentro y cooperación entre todos y a pesar de los desacuerdos se percibe en las alianzas que la novela establece. La reescritura de *Benito Cereno* es emprendida por Josefina y su tío Gustavo luego de una discusión –"querella doméstica"– que pone en evidencia los disímiles puntos de vista así como sus credos: "Da la casualidad, Josefina, que tú eres la católica y yo el agnóstico" (30). La amistad de Bonpland con Tobías se plantea a pesar de sus diferencias: "Leuda entre nosotros una afinidad tangible, pese al básico antagonismo de nuestras posturas filosóficas" (48). Como ya vimos en *¡Bernabé, Bernabé!*, el interés en la conversación es un rasgo importante en la narrativa de Tomás de Mattos –así como en las propuestas de Hugo Achugar y de Marcelo y Maren Viñar– en torno a la posibilidad de abrir un diálogo controversial luego del monólogo de la dictadura.

Si *La fragata* procura volver a contar el motín de *Benito Cereno* desde el punto de vista de los negros, continuar el texto de Melville en el punto en que éste quebró la mirada desde el balcón de Delano para sustituirla por la mirada de desafío de la cabeza de Babo, recobra para ello esta voz del otro a través de la estratagema del empleo de la máscara.

En *La fragata* la máscara –cuya mención forma parte del título y del epígrafe de la novela– aparece con varios y contrapuestos significados. Refiere por un lado a la persona que aún no ha descubierto o decidido su destino, a una identidad oculta o aletargada que pugna por descubrirse. El proceso de desenmascaramiento, casi como una anagnórisis, atañe a varios personajes, aunque citaremos sólo el caso de Babo: "esa lengua y esos ojos todavía vivían porque habían pertenecido a un ser que se había dejado quemar hasta el cerno y desembarazado de cortezas y hojarascas" (383); "un hombre que ya había purgado sus pecados y se había aligerado de toda máscara" (194). "Las máscaras de la muerte", título del capítulo cuarto, parecen aludir borgeanamente al encuentro del muerto con su destino final.

En franca oposición con la concepción anterior, la máscara es también un lugar desde el cual es posible actuar, transformar la realidad o proponer una "verdad", sin mentiras o a pesar de ellas.[104] La máscara no tanto como algo que hay que quitar, sino una herramienta para utilizar. En este carril se comprenden fundamentalmente dos acontecimientos: el baile ritual de Muri que pone en marcha el motín, y el coronamiento de Babo como jefe. En ambos casos, los personajes dejan traslucir que no interesa demasiado si los dioses efectivamente se hicieron presentes en estos actos rituales, sino el uso que se hace de ellos, la apropiación de las máscaras de los dioses con fines libertarios.

En tercer lugar, la máscara es un procedimiento para articular las voces de los personajes en sus diversidades –femenina, indígena, negra, científica, religiosa, etc.–, poniendo en claro ese carácter ficcional, tal como se desprende de la afirmación de Josefina: "cuando tuve oportunidad de decirle toda la verdad y nada más que la verdad (y usted sabe que me apropié de varias de sus mentiras y añadí muchas más) lo hice a través de una u otra máscara" (387). Detrás de estas "máscaras negras" no discurre "un pensamiento auténticamente africano" sino "la solidaria angustia que acosa a una única mente blanca que se esconde tras esos personajes", aclara también el editor (15). De este modo, tanto Josefina como el editor declaran la estratagema de la máscara, denunciando la impertinencia de apropiarse de la voz del otro –la ventriloquia–, y la descubren como ficción. La máscara deviene una *ficción de alteridad* que vehiculiza la solidaridad del escritor con los "otros", en una propuesta similar a la que emplea Hugo Achugar. Además, esta insistencia en las máscaras evoca el título del libro de Frantz Fanon *Piel negra, máscaras blancas* (1952) como una economía de las identidades coloniales que Josefina invierte al vestir su piel blanca con las máscaras negras. Estas múltiples máscaras evalúan cada acción importante creando un estado de deliberación permanente, de preguntas, conjeturas, apreciaciones, debates, disputas. El dialogismo y la polifonía bajtinianos están presentes

---

[104] En el epígrafe inicial (que es una cita de *Moby Dick* de Melville) la novela parece integrar ambos significados, la máscara como encubrimiento pero también como lugar donde se ejerce la acción: "Todos los objetos visibles, amigo, no son sino máscaras de cartón. Pero en cada acontecimiento, en el acto vivo, en la acción resuelta, algo desconocido pero siempre razonable, proyecta sus rasgos tras la máscara que no razona. ¡Y si el hombre quiere golpear, ha de golpear sobre la máscara! ¿Cómo puede salir el prisionero, si no atraviesa el muro?" (11).

en la variedad de voces, en el cruce de versiones y puntos de vista, en las disputas y querellas que se desatan entre los personajes, en la diversidad que distingue incluso los perfiles diferenciales dentro de una misma comunidad o grupo.

A la vez que se procura reescribir el motín desde el punto de vista de los esclavos, se interpela en varias ocasiones la mirada imperial, la escena eurocéntrica. Por ejemplo, Bonpland aparece a la vez como par y figura contrapuesta a Humboldt. Ambos son representantes del Iluminismo, de la ciencia, de la mirada europea que interroga a América, pero las diferencias entre ellos son perceptibles, como si Bonpland representara el proceso de crítica a su compañero y jefe de expedición. En el primer capítulo, "El fraile insomne" (relato de Bonpland a Melville), se exponen dos modos de acercamiento a los esclavos e indígenas, dos diferentes miradas. La escena primera describe la relación entre indígenas y europeos a partir de la burla, la máscara y el rencor de los primeros ante el trato desaprensivo de Humboldt, quien pone en juego su superioridad, nuevamente la mirada "desde arriba". La aproximación de Bonpland va a desanudar ese trato esquivo hasta conducirlo a una recíproca confianza, cuyo resultado final es la revelación del tesoro oculto de los antepasados incas.

Bonpland percibe la realidad desde sus sentidos, en oposición a la razón esgrimida por Humboldt. Huele el pescado y las comidas del puerto de Huanchaco, descubre su aire húmedo, siente obsesivamente su cuerpo ("mis tripas") y observa el cuerpo de los demás. Desnuda tanto el trato jerárquico de Humboldt como el "trato sumiso y servicial" de los indígenas, alumbrando así una escena etnocéntrica en la cual Humboldt actualiza los estereotipos de la sumisión, la inferioridad, la minoría, la pobreza del "buen salvaje" (39).[105] Con otra personalidad, con rasgos más equívocos, Delano también manifiesta el "desprecio que siente por los negros" a través de un carácter en el que "la bondad y la soberbia se confunden" (47).

---

[105] Varios textos se ocupan de los debates en torno a la condición del indio desde la Conquista, y analizan las representaciones eurocéntricas del "otro"; señalamos sólo los clásicos de Rolena Adorno, Edmundo O'Gorman y los aportes de Tzvetan Todorov.

La percepción de América desde los sentidos, desde el cuerpo, desde abajo llega a un punto culminante cuando Bonpland prueba el guano con su paladar. El guano es la síntesis de los contrastes de América Latina, es la expresión de la convivencia de las ruinas, pérdidas y fracasos de su historia con sus posibilidades de fecundación y riqueza. La prueba, el catado del guano oficia como un rito de iniciación al conocimiento de estas tierras; como consecuencia, en el primer apunte ("El jardín reservado") el hijo del cacique Astortilco le muestra a Bonpland las ruinas del palacio de Cajamarca de su antepasado el Inca Atahualpa y le revela el oculto tesoro como prueba de mutuo respeto. Aquí la escena etnocéntrica se trueca en diálogo.

Resulta significativa la mención de Cajamarca, que guarda un alto nivel significativo como inicio del quiebre del diálogo en tanto posibilidad de entendimiento entre españoles e indígenas. El diálogo entre el Inca Atahualpa y el padre Vicente Valverde el 16 de noviembre de 1532 (poco antes de que atrapen al Inca y luego lo condenen a muerte) se interrumpe, se corta, se frustra cuando Valverde exige al Inca que se sujete a las creencias cristianas y a la corona española; Atahualpa se niega, lo cual desata la violencia represiva del aparato militar de la conquista que lleva a una masacre. Más allá de las razones y argumentaciones de cada uno (que varían en los relatos de los cronistas), varios críticos coinciden en colocar en esta escena el trauma de la imposibilidad del diálogo entre vencedores y vencidos, de la incomprensión y desconocimiento entre ambas culturas, y el consecuente inicio de la violencia.[106] El Inca Garcilaso vislumbró este conflicto en los primeros tiempos de la colonización, y procuró suturarlo a través de *Los comentarios reales* (1608) como ejercicio del diálogo entre ambas culturas, como oferta de conocimiento del Incario para los españoles, como textualidad de un escritor mestizo, mediador, traductor. Si bien *La fragata* no repone esta escena, la evoca en el trabajo sobre el diálogo, la comunicación entre diversas culturas que atraviesa la novela, y que, como señalamos a propósito de la conversación, es una preocupación constante en la escritura de Tomás de Mattos.

---

[106] Véase Beatriz Pastor.

El desarme de las miradas imperiales y el registro de las máscaras subalternas constituyen estratos significativos de *La fragata* que vectorizan, entonces, elementos decisivos de la estructura misma de la novela: el punto de vista y el empleo de máscaras, las representaciones de las alteridades desde arriba y desde abajo, y la posibilidad del diálogo y el intercambio entre culturas. No sólo responden al giro de la década de los 90 hacia las alteridades, además suponen un desarme de las "relaciones de antagonismo" practicadas por los Tupamaros y los militares (Panizza).

4. Revolución y religión: *Ecce niger*

Si, como ya revisamos, uno de los modos por los cuales *La fragata* desarticula la mirada eurocéntrica sobre el "otro" se constituye en la diseminación del punto de vista, en el cruce de voces y máscaras, otra de sus formas consiste en la conversión de los estereotipos del sumiso e impotente (e incluso víctima) en rebelde, en un sujeto subalterno con capacidad de intervenir en la historia y de ejercitar una práctica política, que alcanza su punto mayor en el motín y en la figura de su jefe. No se trata de la representación del otro como objeto de la pedagogía estatal, sino como *sujeto performativo*, tal como lo entiende Homi Bhabha en *El lugar de la cultura* (1994). Babo no sólo es un rebelde, un amotinado, es en primer lugar un político que vive en la tensión entre el mundo de las ideas y los coerciones de la realidad; entre los fines y los medios cuyos desajustes, choques o encontronazos lo vuelven contradictorio, ambivalente, habitando el siempre incómodo y nunca puro lugar de la política. De allí la frase de Benito Cereno: "Él fue lo que yo quise ser y lo que, de nacer de nuevo, jamás querría ser" (*La fragata* 382).

Aun con estas impurezas y ambivalencias, *La fragata de las máscaras* coloca a Babo en el centro de su trama y lo convierte en un Cristo negro, sobre todo a través de las miradas de Josefina y de fray Tobías. La carga simbólica de una lucha por la liberación del hombre hasta afrontar la muerte cooperan para dar a Babo significaciones de un Cristo negro. Josefina es la primera que realiza esta asociación a partir de la lectura de

Benito Cereno. Y luego, al iniciarse el juicio, José Abos lo recibe con las palabras *Ecce niger*.

Más allá de la sorpresa de este Cristo negro, podemos leer un fuerte gesto por acercar los saberes del cristianismo al mundo de lo real, a la historia secular. La perspectiva de la "secularización" que Vattimo investiga en su libro *Creer que se cree* (1996) implica el abandono de la propuesta de los existencialistas cristianos, quienes habían cargado las tintas tanto en la distancia de Dios frente al hombre, como en la concepción de una divinidad capaz de dar cuenta del absurdo existencial (y por ello revestida de rasgos irracionales). Para Vattimo este dios irracional (supervivencia del dios vengativo y violento de las religiones naturales) implica la servidumbre del hombre frente a una divinidad distante e incomprensible, idea que en más de una ocasión ha servido para justificar políticas autoritarias. Por el contrario, la secularización se asentaría en una recuperación del cristianismo fundada en la máxima "no os llamo ya siervos sino amigos". Se trueca la imagen del dios que impone justicia por el valor de la *caritas*.

La secularización presta, además, una mayor atención a las condiciones de existencia en el mundo, a los conflictos de la historia, a las necesidades concretas de salvación a partir del valor de la caridad. La secularización tendría su momento de inicio en la encarnación –*kenosis*– de Cristo, en cuanto implica el primer paso de acercamiento de Dios al hombre que pone fin al Dios distante. A ello se añade la idea de "la revelación continua": el mensaje de Cristo no es algo ya dado e inmovilizado en el dogma, sino una salvación en curso. Para ello se sigue el modelo del mismo Cristo, quien tradujo la letra, frecuentemente violenta, de los preceptos y las profecías a términos conformes con el supremo mandamiento del amor. Esta "hermeneusis" o interpretación implica releer los "signos de los tiempos", recuperar la propia historicidad, conectar el mensaje divino con la historia secular; en este sentido se acercaría al "libre examen" de las escrituras propuesto por Lutero. La particularidad de *La fragata* parece consistir en la reactualización de esta perspectiva en un motín de esclavos negros en las costas latinoamericanas del Pacífico, a fines del siglo XVIII.

Babo adquiere la dimensión de Cristo –de un Cristo secularizado– cuando se amotina y rebela contra la esclavitud, y alcanza su punto culminante cuando decide la salvación de un grupo, lo cual presupone la renuncia a su propia salvación, la asunción de la *caritas*. Babo, al amotinarse, abandona su puesto de dominio sobre los esclavos, ya que como mayoral de la carga tenía el poder de mandar sobre ellos y lo hacía sin ahorrar castigos. Su decisión de convertirse en jefe del motín se despierta en el ritual negro iniciado por el babalocha Muri poco después de zarpar.

Las creencias de los esclavos negros son abordadas desde diversas perspectivas. Muri oficia de sacerdote y convoca a los dioses, iniciando el ritual a partir de la máscara, fingiendo la posesión de los dioses como vía para que se hagan presentes: "No le recriminé que esa noche, como tantas otras, haya terminado fingiendo que Eléggua lo poseía [...] Fingir, obligado por las circunstancias, es un insoslayable deber ritual" (233). Dago lo contempla incrédulo e interpreta la aceptación de Babo de los dioses africanos como un uso político deliberado.[107] No obstante, el baile de Muri desata un impulso liberador –"una hembra que ha olvidado la esclavitud" (237)– y promueve un rito de pasaje y nacimiento –"se ha transformado en la hembra que cumple el rito lustral" (238)–. Babo se transfigura y adopta la figura de Changó, el dios de la guerra, principio que va a despertar el motín. Pero, insisto, lo que más se destaca en la descripción del baile ritual de Muri es su duda constante sobre la cooperación de los dioses a los que convoca, y sobre la real o fingida transformación de Babo en Changó: "Dudosa es la identidad; inocultable la furiosa sed de justicia"(241).

En esta escena, la religiosidad afroamericana está lejos de contemplarse desde una perspectiva que la considere como mera superstición o

---

[107] "Pero mientras Muri supuso que allí afloraba, aunque todavía Babo no lo reconociera, una sagrada vocación, Dago sólo vio el signo precoz de lo que luego sería un radical cambio de comportamiento, motivado por meras razones estratégicas. El mandinga se estaría preguntando qué le impedía servirse, como tantos otros, y para fines que consideraba incomparablemente más altos, de la salvaje religiosidad de su gente" (229).

idolatría. Resulta significativo recordar las construcciones eurocéntricas de la alteridad religiosa que consideraban a las religiones amerindias como idolatrías, y focalizaban en sus tópicos más barbarizantes como la sodomía, el sacrificio humano y la antropofagia, lo que ha sido llamado como la "red lascasiana" (Gruzinski y Bernard). Pero también se separa de quienes, en su defensa, destacan el poder revolucionario como una dimensión mágica o maravillosa inscripta en sus religiones. Esta perspectiva nos remite de nuevo a la narrativa de Alejo Carpentier, quien destacó en *El reino de este mundo* el poder libertario del *vudú* y su intervención en la Revolución haitiana. La novela de De Mattos parece partir de este punto para luego correrse. El *vudú* y las religiones afroamericanas forman parte de la perspectiva sobre lo "Real Maravilloso", dentro de la cual Carpentier explora las marcas de la identidad latinoamericana. Desde una matriz spengleriana, el autor considera a América Latina como un continente joven frente a la "decadencia de Occidente", lo que supone una particular relación del hombre americano con la religión y con la naturaleza: el predominio de la fe, la vitalidad de las religiones y la convivencia estrecha con la naturaleza, frente a la pérdida de la fe, al nihilismo, al racionalismo y a la distancia del hombre ante la naturaleza que caracterizan la decadente "civilización" occidental. La gestación de estas ideas que vuelca en "De lo real maravilloso americano" de 1948, luego prólogo a *El reino de este mundo*, tiene lugar en su viaje a Haití en 1943, donde es central la experiencia de lo maravilloso en "el nada mentido sortilegio de las tierras de Haití" (11). Asimismo, en la descripción que hace de la Revolución haitiana, intervienen elementos mágicos y maravillosos que fusionan la dimensión política de la revolución con la dimensión religiosa del *vudú*, que cruzan la historia con lo mágico, lo real con lo maravilloso, como por ejemplo cuando apunta a "los poderes licantrópicos de Mackandal" (14), un líder de la rebelión. Desde esta experiencia de lo maravilloso hincado en lo real, Carpentier va a criticar al surrealismo europeo en lo que tiene de artificial: "lo maravilloso invocado en el descreimiento" (14).[108] Conocemos las críticas que este "primitivismo" carpenteriano ha

---

[108] Véase Carpentier, "De lo real maravilloso americano" (1949); González Echevarría, *Alejo Carpentier* (1993); Ospovat.

suscitado en cuanto él mismo descreía en los poderes sobrenaturales que atribuía a sus personajes.[109]

En *La fragata*, es justamente este primitivismo el que está ausente. No hay una visión de las religiones afroamericanas como una experiencia sin mediaciones críticas por parte de una subjetividad adánica inmersa en lo mágico o lo irracional. Por el contrario, Babo, Dago y Muri mantienen un vínculo crítico y racional con la religión (lo que no impide la experiencia religiosa e incluso sobrenatural) y constituyen subjetividades cercanas al lector, el texto no los primitiviza. La novedad de *La fragata* radica en el quiebre de cierta mirada sobre las religiones afroamericanas que las exalta en su particularidad y con ello las distancia del lector, a favor de una perspectiva más "universal", atenta a una "igualdad compleja"[110] que las acerca a otras experiencias religiosas.

Una segunda instancia importante en la cual interviene la matriz religiosa no se refiere ya a los preparativos ni a la realización del motín, sino a las muertes y pérdidas acaecidas en la etapa posterior a éste, y a las posibilidades inscriptas en estas mismas pérdidas. Su significado se condensa en la frase en yoruba "El muerto parió al santo" y convoca la idea de un renacimiento o transformación luego del sacrificio acontecido en el levantamiento. Es Babo quien primero ilustra esta posibilidad de que su muerte traiga beneficios, cuando decide, sabiendo que el barco será asaltado por Delano, su último plan: organizar en la balandra una huida hacia la isla Mocha, seleccionando a los niños y los más jóvenes junto con Muri como su jefe. Esto implicaba quedarse él mismo en la fragata para tener la suficiente autoridad y poder elegir a los que se salvarían, abandonando el interés individual por el colectivo: "Recién cuando se desembarazó de toda expectativa de sobrevivencia y se propuso que su muerte aparejara la libertad al mayor número posible de compañeros, volvió a recuperar el dominio de sí" (370).

---

[109] Sin embargo, la narrativa de Alejo Carpentier muchas veces desdice sus esquemas teóricos, y sobre todo los vuelve más complejos y variados; así, la figura del mulato Ogé (*El siglo de las luces*) rebasa este "primitivismo".

[110] Varios estudiosos ya han criticado fuertemente la idea de lo "universal" en su versión etnocéntrica, de allí que preferimos poner el término entre comillas y apuntar a la idea de una "igualdad compleja" tal como la analiza Todorov en *Nosotros y los otros* (1991).

Así, otra de las dimensiones cristianas que Babo retoma es la idea de redención a partir de la muerte, que remite a la crucifixión de Cristo. Curiosamente esta idea se expresa en la novela no a partir de una referencia al mundo cristiano, sino de una frase en yoruba que Tobías pronuncia —"¡Ikú lobi ocha!"–, cuya traducción es "El muerto parió al santo". En el capítulo cuarto, "Las máscaras de la muerte", luego de que Tobías presencia la muerte de Babo en el cadalso, expone esta concepción: si el ajusticiamiento de Babo implica, en principio, la victoria de los opresores, Tobías busca otro camino para recuperar algún sentido positivo en este sacrificio y lo encuentra en la idea de los frutos que nacen de la muerte.[111] De este modo el *Eclesiastés* y la frase en yoruba encuentran un punto en común: tanto el saber de las religiones africanas como el del cristianismo promueven esta decisión, lo que señala claramente un intento por acercar las religiones.

La fragata de las máscaras hace de esta frase, en gran medida, el nudo de sus historias, pues son varios los personajes que se redimen a partir de la muerte de Babo. La primera transformación, el primer fruto de su muerte, se verifica en el verdugo, Dionisio Moiño, quien decide devolver el dinero de la paga por su actuación en el ajusticiamiento del cabecilla. Este dinero pasa a manos de Dago para comprar la libertad de algunos esclavos. También él se redime al elegir a Francisco a pesar de que "lo detestaba" (203). Las muertes de Robles y Raneds provocan "la inesperada y entusiasta resurrección de don Benito" (332), el "débil caballero", quien finalmente decide proteger la huida de los negros. Las transformaciones de Muri y de Dago se describen con detalle. La actitud de Muri frente a la vida lo opone a la rebeldía de Babo ("es verdad que, si por mí fuera, jamás me habría rebelado" [157]), prefiriendo adecuarse a las circunstancias sin ir más allá de sus posibilidades. Sin embargo, su

---

[111] Véase "su rebeldía, tan iluminada por su audacia e ingenio como ensombrecida por las crueldades que perpetuó, había producido, al menos, unos escasos y desabridos frutos, nacidos después y a causa de su muerte" (200). La concepción de la muerte fecundante suscita en Tobías una relectura del Eclesiastés: "En parte no se equivocaba el autor del Eclesiastés cuando la describía [...] Pero apuesto a que si se lo respira y se lo acata, nada es en vano, ni todo es igual, como casi siempre parece. Estoy jugando a que una semilla germina donde usted no imagina y a que tanto una cruz como un garrote vil pueden ser las seña que al viajero le marquen el rumbo que ha de llevarlo a la casa que le ha sido legada" (203).

participación en el motín cambia estos valores, ya que será Muri el elegido como jefe para el grupo de negros que escapa de la fragata buscando fundar una nueva sociedad. A él, Dago le aplica la frase yoruba: "fue [...] el primero y acaso el único de nosotros que ha muerto y parido un santo [...] Fui yo y no otro, el que le dijo a Muri cuando entrechocamos nuestras copas: –¡Ikú lobi ocha!" (341-42).

Finalmente también Dago va a redimirse. En "La isla de los ciegos", expone su posición a partir de la "necesidad"[112] de "sobrevivir"como un acto de salvación que sólo remite a la propia persona, y se niega a la solidaridad con quienes morirán en la isla ("Tampoco quiero recordar que son mis hermanos" [122]). Ante el ataque de Delano a la fragata, se arroja al mar y nada hasta la costa a fin de salvarse. Luego del intento de fuga de Aranda, Dago impone la necesidad de matar a todos los blancos para ahorrar comestibles y conservar sus cadáveres como alimento del resto de la tripulación. Esta última decisión traduce de un modo brutal la frase yoruba: los muertos alimentan al santo. Dago tampoco aspira a ningún tipo de salvación ("no avizoro ninguna salvación" [121]), no apuesta a la utopía de la isla Mocha, la figura invertida de esta isla de ciegos. Pero él igualmente va a redimirse a partir del arrepentimiento: "–Dago, si volvieras a estar en la fragata, ¿te tirarías al agua?", le pregunta Tobías, "–¡No!– me respondió de inmediato y con un énfasis inusual" (376). Tobías entiende este arrepentimiento como un nuevo nacimiento a partir de la muerte de Babo y le regala la frase: "–Ikú lobi ocha..."(376).

La fragata, entonces, provoca una "confluencia" –en el sentido de Lezama Lima– entre las religiones africanas o afroamericanas y el cristianismo. Una confluencia que las equipara en sus legalidades y les

---

[112] La novela contrapone la ley de la "necesidad" de Dago ("Jamás lo persuadiría de que la única fuerza que mueve al hombre es la necesidad que no tiene nada de sagrada" [331]) a la figura de Ananké, cuya traducción del griego corresponde a "necesidad" y que en el texto adquiere el valor de la maternidad, reproducción y posibilidad de fecundar la vida. Ananké es la fuerza materna que defiende a su hijo y apuesta a la vida, es una de las primeras elegidas para escapar en la balandra. Los que irán en la balandra responden a la necesidad de perpetuar la especie pero no descuidan el interés común: "En la balandra y en la lancha se lanzarían al mar, a la incierta búsqueda de la isla Mocha, todos los niños, los vientres más jóvenes y más sanos y los tres o cuatros varones más aptos para fecundarlos" (377).

permite establecer un diálogo y forjar traducciones. Se procura evitar tanto una mirada imperial sobre las religiones afroamericanas que las secundarice y subalternice, como una mirada local que exalte su particularidad a costa de barbarizarla, o una perspectiva que explote su exotismo. No se enfatiza la diferencia, sino la común posibilidad de toda religión de encarar los problemas del ser humano desde esa misma diferencia –lo que Todorov llama la "igualdad compleja" (*Nosotros y los otros* [1991]).

También señalamos que tanto el cristianismo como las religiones de linaje africano se alejan de las tesis marxistas sobre la religión como el "opio de los pueblos", y subrayan su capacidad política, su incumbencia en el "reino de este mundo" como ya adelantó Alejo Carpentier –aunque su potencial revolucionario no se ancla en su matriz maravillosa, o no sólo en ella, sino también a partir del uso del intelecto–.

La religión se inicia en el motín como una política de libertad (tanto en la posesión de Babo por Ochún, como en la implicancia libertaria de la figura de Cristo), pero también la religión aparece como un punto para reflexionar desde las pérdidas, desde las muertes, desde los golpes, tal como se advierte en dos frases claves del texto: los "frutos que nacen de la muerte" y "el muerto parió al santo". Hay cierta insistencia en abordar la revolución desde el fracaso: Tobías dice, respecto al levantamiento de Túpac Amaru, "Lo que ocurre es que aquí [...] ya tuvimos una Revolución [...] Pero perdimos" (55). Esto nos evoca y reenvía a las derrotas de la izquierda en los años setenta en el Cono Sur, y más específicamente a la derrota del Movimiento de Liberación Nacional-Tupamaros en Uruguay, cuya fecha muchos sitúan en 1972.

Incluso el perfil que adquiere la utopía de la isla Mocha también puede leerse desde el quiebre y las críticas que recibieron las macronarrativas, tanto en los debates sobre la posmodernidad como en aquellos que se articularon en la posdictadura uruguaya. Uno de los cambios más notables de *La fragata* con respecto a *Benito Cereno* consiste en el final del motín. Mientras en la *nouvelle* de Melville Babo salta detrás de Benito Cereno a la ballenera de Delano, en la novela de De Mattos Babo instaura la utopía al permanecer y organizar el escape de un grupo de esclavos. El peculiar tratamiento de la utopía radica aquí en dos cuestiones. Por un lado se trata de una utopía menor. Se discuten diversas alternativas: Babo —según dice— quiere llegar al Senegal, pero termina despidiendo la balandra hacia la Isla Mocha, cerca de Chile. Se contraponen, entonces, el Senegal como utopía mayor a la utopía menor: "La isla Mocha dista de ser una isla encantada" (393). Por otro lado, se discute insistentemente sobre la posibilidad real de alcanzar el Senegal, y se inquiere sobre las condiciones de éste como espacio utópico. No se trata ya de un "no lugar" (*ou topos*) sino de un lugar concreto, al que se arriba luego de navegar una considerable distancia, que tiene determinadas formas de gobierno y donde incluso existe la esclavitud ejercida por los mismos "negros" contra sus hermanos.

Estas críticas a la ingeniería de las grandes narrativas utópicas dialogan con los reclamos de una pequeña utopía —en lugar de la utopía servida en bandeja— hechos por Hugo Achugar en un texto que curiosamente se titula *La balsa de la Medusa* (1992). De este modo, *La fragata* recupera el impulso utópico de los sesenta, el ímpetu redentorista y las proyecciones libertarias pero lo hace desde la deconstrucción de las letras más radicales de las macronarrativas, desde la crítica al voluntarismo un tanto ciego a las condiciones de lo real y a favor de las pequeñas utopías atentas a las condiciones de las fuerzas históricas.

5. Memorias del presente

Como sucedía en *¡Bernabé, Bernabé!*, Tomás de Mattos también duplica y desplaza su propia enunciación hacia Josefina para conectar el presente que rodea a Josefina con el pasado del relato del motín. La escritura de *La fragata* se origina a partir de un pequeño escándalo protagonizado por Josefina el domingo 26 de noviembre de 1855, día en que suceden dos acontecimientos. Se festeja la toma de Sebastopol por las tropas aliadas en el marco de la guerra de Crimea, mientras que el día anterior "había estallado en la ciudad una inoportuna revolución y los alzados se habían apoderado del Fuerte, que así se llama la sede del gobierno" (23).

¿A qué remite este evento del archivo de la historia uruguaya? Al finalizar la Guerra Grande (1843-1851), y fracasada la política de fusión tendiente a cancelar las viejas divisiones, comenzó o se reanudó una etapa de guerras civiles entre diversas facciones. El período que va de 1851 a 1886 será de convulsiones continuas y contradictorias, y se sucederán cuarenta y tres movimientos entre revoluciones, motines y alzamientos. En el caso de Josefina, se trata del levantamiento de José María Muñoz y un grupo de conservadores que asalta victoriosamente el Cabildo, pelea en las calles por varios días, y finaliza con la derrota y el destierro de Muñoz. Esto significa un nuevo fracaso en el intento de pacificación y entendimiento entre los diferentes grupos. Las palabras de Lamas en su Manifiesto de 1855 expresan este sentimiento de frustración:

> Rompo pública y solemnemente esa divisa colorada [...] que no volverá a ser la mía jamás; no tomo, no, la divisa blanca, que no fue la mía, que no será la mía [...] ¿Qué es lo que divide hoy a un blanco de un colorado? Lo pregunto al más apasionado y el más apasionado no podrá mostrarme una sola idea social, una sola idea moral, un solo pensamiento de gobierno con esa división. (en Machado 72)

Josefina, entonces, se fastidia por el festejo de la toma de Sebastopol, de esa victoria, en momentos en que en Uruguay ha estallado una revuelta: "La frivolidad, la hipocresía y el ostensible desdén por los acontecimientos de nuestra tierra que cundían entre los comensales, me fueron sacando de quicio" (23). Bonpland se pone de su lado y le cuenta el motín como una respuesta oblicua a su altercado.

De este modo, el relato del motín aparece como un desplazamiento del conflicto actual de Josefina: Bonpland actualiza el motín de Babo desde la coyuntura presente (1855), la falta de atención hacia los conflictos uruguayos y el levantamiento en Montevideo como puesta en escena de la imposibilidad de una política de unidad entre las diferentes facciones políticas. ¿Dónde radica la similitud o el paralelismo que convierte al motín en una respuesta oblicua a la guerra fratricida que asedia a Uruguay? En ambos casos se trata de enfrentamientos armados entre hermanos (motín, revuelta, guerra civil) ante la incapacidad de transitar otras vías de convivencia sin opresión. Desde esta incapacidad por encontrar respuestas políticas, Bonpland esgrime la necesidad de construir América Latina "entre todos".

A la coyuntura del presente, Josefina le añade otro dato: el puerto de Montevideo fue el lugar de embarque de buques esclavistas. En *Benito Cereno* el barco Santo Domingo partía del puerto de Valparaíso rumbo al Callao, con el cargamento de productos del país y un grupo de ciento sesenta esclavos. Cuando Delano lo aborda, Babo inventa, para justificar una larga travesía, la partida desde el puerto de Buenos Aires rumbo a Lima. Josefina incluye un episodio inédito en *Benito Cereno* pues hace partir de las costas de Montevideo a la fragata Neptuno con don Benito, Dago, Aranda, Babo y Pastora, "sin que ninguno supiera que aquí, en esta zona arbolada que se extiende al pie del Cerro, se construiría, recién iniciada la dominación portuguesa, una casona, en cuya segunda planta una viuda borronearía, casi un siglo después, el trágico destino que tras muy pocos años les aguardaba a casi todos ellos" (230). De Mattos también inventa el nombre de Ananké y la hace provenir de Montevideo, como asimismo proceden de allí los esclavo sque Aranda embarca en la fragata de Benito.[113] Esta insistencia busca dejar bien en claro que Montevideo ofició como puerto clave en el tráfico de esclavos.[114] Nuevamente Tomás de Mattos se interesa por rastrear las genealogías de la barbarie, en este caso de la esclavitud, en la historia del Uruguay.

El tercer tiempo que viene a completar el momento desde el cual Josefina habla (1855), y la fecha en que sucedió el motín narrado por Bonpland (1799), es la década de 1990, es decir, el tiempo en que Tomás de Mattos escribe la novela, esa década aún sacudida por las secuelas de los conflictos y enfrentamientos políticos de la historia reciente.[115] El

---

[113] "Eran Ananké y su hijito; la negra con cría que el hermano de Alejandro nos había enviado desde Montevideo" (277) y "Y don Alejandro erizó al chileno, llegando en compañía de cincuenta negros, procedentes de Montevideo"(88).

[114] Véase Agustín Beraza e Ildefonso Pereda Valdés.

[115] Los tiempos convocados en esta novela (aquellos en que suceden acciones, y aquellos en que se enuncian los relatos) son —como en *¡Bernabé, Bernabé!*– múltiples: 1799 (acaece el motín);

desplazamiento en tiempo y espacio está sugerido en la misma novela. Josefina enfoca la mirada final de Babo hacia el sur y hacia el futuro:

> Pero para comprender comportamientos inexplicables también nos fuimos al pasado que vislumbrábamos a través del expediente que usted transcribe hacia el final de su novela. E, incluso, ya lo comprobará, incursionamos por el futuro. Yo tengo, por ejemplo, muy claro por qué el negro Babo, a punto de ser ejecutado, volteó su última mirada hacia el sur más remoto. (32)

El sur aparece a través del sintagma del "pez amarrado" tomado del capítulo ochenta y nueve de *Moby Dick*. Este "pez amarrado" no se refiere sólo a los esclavos, dice M.M.R., "es –como más de una vez sugirió Josefina– muy aconsejable para la gente llamada a vivir en el Sur" (20). En dicho capítulo de *Moby Dick*, Ismael comienza analizando las leyes sobre la pesca de ballenas para culminar en una parábola sobre las naciones y los hombres: "¿Qué era América en 1492 más que un pez suelto, en el que Colón clavó su estandarte español como pértiga señaladora para sus reales amos?" (Melville 296). En múltiples ejemplos, Ismael presenta la historia de la humanidad como una batalla por la conquista, la colonización, el saqueo y la dominación de los estados poderosos sobre los más débiles. Tomás de Mattos remite esta frase al presente en una de sus entrevistas: "Y quien quiera medir las relaciones de Melville con nuestra actualidad, entre tantísimos pasajes, puede acudir a la lectura del admirable capítulo LXXXIX, de *Moby Dick*, centrado en la fábula del 'Pez amarrado y pez suelto'" (en Larre Borges, "Próxima navegación" 19).

El vínculo con el presente de la escritura de Tomás de Mattos hace de los eventos de la historia recuperados "memorias del presente", y aquí me refiero a la dimensión selectiva de la memoria, a un uso de la memoria que se ancla con fuerza en los intereses del presente –muy diferente al relato exhaustivo que la historiografía como disciplina requiere–. *La fragata* ofrece vías para releer en el pasado uruguayo (y latinoamericano),

---

1802 (Bonpland y Humboldt se encuentran con Delano); 1855 (Josefina protesta por el alzamiento de 1855 y Bonpland le cuenta la historia del motín); 1882-1883 o 1890 (cuando Josefina escribe *La fragata*, según su editor MMR o según ella misma –1882 además señala el inicio del gobierno autoritario de Santos–); 1956 (M.M.R. escribe la nota preliminar), entre otras fechas.

ciertos antecedentes o momentos claves de políticas atravesadas por enfrentamientos radicalizados entre grupos e ideologías, que nos reenvían al escenario de las décadas previas a la recuperación democrática de 1985.

Si *¡Bernabé, Bernabé!* incursiona en el archivo de la historia uruguaya para alumbrar el exterminio de los charrúas, *La fragata* lo hace para mostrar su participación en el sistema de esclavitud. La "indianidad" y la "africanidad" de ambas novelas interviene en varias capas del imaginario nacional: a las metáforas que hacen del Uruguay un país con una población homogénea, de raíz europea, sin un fuerte legado indígena, ambas novelas responden describiendo ciertas ligaduras con los indígenas charrúas y con los esclavos negros. Pero además focalizan –en los dos casos– en políticas de la violencia por parte del Estado, en sistemas de dominio a los cuales estas comunidades se vieron sometidas: el archivo del "otro" está tomado del estante del archivo de la violencia.

6. Los signos de los tiempos

El funcionamiento del intertexto religioso puede comprenderse a partir de la idea de "hermeneusis" inscripta en el mensaje de Cristo. Si la Iglesia y la tradición se postulan como mediadoras en la interpretación de la Biblia, el concepto de "secularización" de Vattimo, anteriormente mencionado, propone la relectura del mensaje cristiano a partir de los signos de los tiempos y no del dogma como texto concluso.

Tobías hace explícita esta estrategia frente al espejo de popa:

> ¿Por qué la escena tenía que estar indisolublemente atada al pasado y al futuro que el mito le ha asignado? ¿No teníamos derecho, tanto el escultor, como yo, su humilde contemplador, a darle otro sentido, si éste era el que más intensamente nos removía el alma? ¿Qué motivo insoslayable nos obligaba a ordenar los hechos en el tiempo como se le había ocurrido al ideador del mito? (*La fragata* 221)

Este reclamo por reapropiarse y reinventar los mitos "universales" constituye toda una apuesta en ciertos escritores latinoamericanos, que da cuenta de ciertas tensiones en la voluntad por establecer vínculos con las culturas de Occidente sin por ello menguar la autonomía y particularidad de lo propio: mientras en su ensayo "Mitos y cansancio clásico" (1957) Lezama Lima arremete contra el cansancio clásico suscitado por la reiteración siempre igual de los mitos y defiende la capacidad de los escritores para renovarlos, Carpentier instaura en sus textos constantes ligaduras con el repertorio de los textos religiosos y mitológicos desde un intento por des-regionalizar el texto latinoamericano.

El *aggiornamiento* impulsado por el Concilio Vaticano II (1962-1965) significó un giro desde el dogma hacia las exigencias del presente, reconduciendo el interés de la Iglesia latinoamericana hacia los conflictos de los sectores más pobres, hacia los "condenados de la tierra", lo que dio lugar a un acercamiento con los movimientos revolucionarios de la década de los sesenta: "Como instrumento ideológico adecuado a su nueva posición, estos sectores destacan en sus análisis aquellos pasajes del Nuevo Testamento que hacen referencia al potencial revolucionario de la ideología cristiana" (Cavillioti 11). La Iglesia debía "escrutar a fondo los signos de los tiempos e interpretarlos a la luz del Evangelio", tal como se aconsejaba en la encíclica *Gaudium et Spes*.[116]

Un sector del cristianismo y de esta Iglesia de izquierda, tercermundista y revolucionaria en Uruguay participó, colaboró o dio su apoyo al Movimiento de Liberación Nacional-Tupamaros, en cuyo caso se destacan las figuras de algunos sacerdotes como Juan C. Zaffaroni, el cura cañero, Indalecio Olivera y Uberfil Monzón (entre otros), tal como sucedía en buena parte de América Latina bajo el ejemplo del sacerdote colombiano Camilo Torre. Esto supuso tanto la común participación en una serie de ideas y políticas como la impronta religiosa y el aura mística que rodeaba a los movimientos guerrilleros.[117]

---

[116] *Vaticano II. Documentos Conciliares*, Bs. As., Ediciones Paulinas,1988.
[117] Sobre la participación de la Iglesia de izquierda en Uruguay se puede consultar: Clara Aldrighi; Hebert Gatto; Ángel Rama, *La generación crítica*; Juan Zaffaroni; Rafael Díaz Salazar, entre otros.

En la novela, Tobías Infellez aparece atravesado por un proceso secularizante, que Bonpland define: "sus modales parecen, por viriles y seculares, más que los de un sacerdote, los de un seglar profundamente enamorado del mundo, pese a sus miserias [...] recita de memoria los versículos de la Biblia, como si fuera un luterano o un calvinista; pero los aplica a la vida como si fuera un librepensador" (53). Su origen "bastardo, adulterino y cuarterón" ya lo coloca como representante del "mestizaje" latinoamericano que asume al ocuparse de los "negros, indios y delincuentes" (75). Tobías, entonces, representa una imagen bastante peculiar de la voz del cristianismo en América Latina: es un fraile díscolo del monasterio del Monte Agonía, en conflicto permanente con el Santo Oficio; ha participado en la rebelión de Túpac Amaru y acusó públicamente el ajusticiamiento de Babo; elige colocarse del lado de los débiles; tiene inclinaciones hacia el arte; convoca diversos credos religiosos combinándolos con bastante libertad. Pero también se dedica a evaluar pérdidas y fracasos (Túpac Amaru y el motín de Babo), indagando si hay y cuáles son las posibilidades inscriptas en estos fracasos. Su participación en la revuelta de Túpac Amaru[118] lo convierte en emblema del entronque entre cristianismo y revolución, en anticipo de las tendencias renovadoras de la Iglesia de América Latina. Sin necesidad de postular un vínculo punto por punto con las posturas de la Iglesia tercermundista, las propuestas de *La fragata de las máscaras* no se comprenden sin este contexto. El perfil religioso de la novela adquiere ciertos valores del *aggiornamiento* de la Iglesia latinoamericana en la década de los sesenta, en especial el nexo entre cristianismo y revolución y la identificación de Babo con Cristo, que implican una interpretación especialmente atenta a los signos de los tiempos.[119]

---

[118] Tobías fue investigado por la Inquisición por participar en la revolución de Túpac Amaru: "me lamenté luego, durante algunos meses, haberle contado todas mis cuitas como capellán, aparentemente preso, del ejército de Túpac Amaru. A don Benito esa aventura mía lo impactó. Le costó creer que un fraile, e hijo, por otra parte, de una adinerada familia, le describiera con inocultable simpatía todas las vicisitudes de una borrascosa rebelión de indios campesinos" (103).

[119] Cfr. "La liberación se halla en correlación con la dominación. Venerar y anunciar a Jesucristo Liberador implica pensar y vivir la fe de Cristo a partir de un contexto sociohistórico de dominación y opresión" (Boff 50).

El uso de la violencia como arma empleada en la lucha libertaria se vuelve en la novela un tema de debate y opiniones encontradas. Si Tobías reprueba y se lamenta de las muertes y tropelías acaecidas durante el motín, también reconoce que forman parte del mismo, que "lo sublime y lo monstruoso siempre entremezclan sus humores" (383). Sostiene una visión de la política en que parecen entremezclarse sólidos ideales con un poco convencional pragmatismo, una percepción atenta a los vaivenes entre los fines y los medios. El interés por la conversación, el diálogo, la traducción, la comunicabilidad entre las culturas, sin embargo, corre a la novela de ese lugar, e introduce la posibilidad de las políticas de la alianza (el "entre todos", el "nosotros") que Bonpland y Josefina reclaman. El cruce de estas dos perspectivas (la praxis revolucionaria y la política de la alianza) marca uno de los momentos de mayor dialogismo de esta novela heterofónica.

Dada la decisiva injerencia o participación de la Iglesia (y sus contrapuestas tendencias) tanto en varios de los movimientos revolucionarios como luego en las dictaduras del Cono Sur, esta novela interroga (aunque indirectamente) la vigencia del cristianismo en los nuevos tiempos de las aperturas democráticas, cuando invita a revisar algunos puntos claves de su participación en el pasado, cuando convoca a reactualizar el archivo cristiano de izquierda y sus nexos con los movimientos libertarios, con el destino de los débiles, con las luchas fratricidas y sus muertos, con el uso de la violencia, con la posibilidad del diálogo, con el empleo de la *caritas*. Desde su confesada posición de "cristiano de izquierda" (135), Tomás de Mattos introduce, en las revisiones y discusiones sobre el Terrorismo de Estado y el futuro de la izquierda que acontecieron en los noventa en el Cono Sur, la cuestión del cristianismo y de la Iglesia.

Las recepciones de esta novela no suelen acentuar sus vínculos con el presente en que su autor la escribió,[120] pero sólo si la colocamos en la década de los noventa adquiere una inquietante significación, ya que

---

[120] *La fragata de las máscaras* fue publicada en 1996, pero pensada muchos años antes y anunciada en el prólogo de *¡Bernabé, Bernabé!*

interroga –como ya dijimos– no sólo las revoluciones y los sistemas de opresión, sino además la intervención de la Iglesia y de los saberes del cristianismo en estos hechos de la historia.[121]

7. El arte de la novela: Mito e Historia

El registro de la historia latinoamericana, presente en el acopio de eventos referidos fundamentalmente a los sistemas de opresión y a las revueltas libertarias, con lugares y fechas clave, se resignifica desde una serie de símbolos capturados de las mitologías occidentales. La novela construye una serie de paralelismos entre momentos históricos relevantes de América Latina y relatos míticos occidentales: paraíso perdido/Incario; Caín/Conquista española; utopía/movimientos revolucionarios, entre otros. Asimismo, ciertos momentos condensan el nivel simbólico más general del texto. Por ejemplo, en el cuarto apunte, "El espejo de la Medusa", Tobías interpreta –a partir del nombre de la fragata El juicio– la elección que hace cada individuo en su vida: "el nombre apuntaba a otro tipo de travesía, mucho más importante y a la que ninguno de nosotros podrá soslayar con desistimientos o transacciones" (210). La *imago* de la travesía (que nos reenvía a la gran novela de Herman Melville, *Moby Dick*) como metáfora de la búsqueda continua de toda vida humana, penetra toda la novela, y se hace evidente puntualmente tanto en el viaje en la fragata El juicio –cuyo nombre destaca la impronta simbólica– como en el escape en la balandra –connotado por la asociación con el cuadro de Géricault, *La balsa de la Medusa*.[122]

Otra de las *imago* centrales en la novela es la contienda entre el bien y el mal, las pugnas entre los fuertes y los débiles, entre las víctimas y los victimarios. Entonces: ¿cuáles son las luchas que se enfrentan en la travesía? En el espejo de popa Tobías interpreta una serie de símbolos

---

[121] En una entrevista Tomás de Mattos asegura que "siempre pensó que, no el Bernabé, sino ésta novela sería la polémica" (Larre Borges, *Próximas navegaciones*"). *La fragata* fue, entonces, ideada ni bien terminó la dictadura y su autor temió que suscitara una polémica.

[122] En *El siglo de las luces* de Alejo Carpentier encontramos una similar perspectiva en torno a la búsqueda de sí mismo en la figura de Esteban, quien se reconoce como un Parsifal.

a partir de las figuras mitológicas. Sus diez medallones pequeños representan diversas escenas de lucha como las de Hércules con Nereo, Jacob y el Ángel, Prometeo encadenado, Caín y Abel, Lucifer y el arcángel Miguel, Elías y el sacerdote de Baal, el sueño de Mardoqueo, Adán y Eva, Noé y la paloma, e Ícaro. Los dos medallones centrales presentan la figura de un enorme pez, "el Leviatán, la Esfinge acuática, la ballena de Job, de Jonás y de Acab", que encara al espectador considerado como el "adversario omitido" (213). En el otro medallón Neptuno está por darle un beso a la Medusa cuando ella comienza a transformarse de virgen en monstruo. En los diez medallones pequeños, las escenas de lucha se abren a diferentes posibilidades, desde el fratricidio hasta la búsqueda de la sabiduría, desde la caída hasta la nueva tierra de Noé.

La vida es percibida como una contienda entre fuerzas opuestas, siguiendo la postulación del doble principio del bien y el mal. El medallón del Leviatán enfrenta al hombre en soledad con la desmesura inaprensible del universo; mientras en la figura de la Medusa se cifra la posibilidad de la liberación a partir del beso, el rescate de la Medusa por parte de Neptuno pone en juego el beso como símbolo de la *caritas*. Las interpretaciones de Tobías parten de esta postulación de la vida como lucha entre dos principios –"lo diáfano y lo perverso" (221)–, en contra del monismo del dogma cristiano. Esa polaridad entre el bien y el mal, sin embargo, es colocada en un doble proceso que la vuelve más compleja, corroe su tajante oposición, desarma la incontaminación y pureza tanto del bien como del mal. Por un lado se señala continuamente cierta dialéctica entre el bien y el mal, un inestable equilibrio que constantemente sitúa a los dos principios en relación, y por ello se vuelve difícil distinguir con certeza la impronta de cada uno. Esta posición se evidencia en la reflexión de Tobías ante el relieve de uno de los medallones: "el escultor [...] procuró recrear ese precario, delgado y casi imponderable equilibrio entre dos reinos antagónicos pero tan difícilmente discernibles" (221). El otro camino que limita o desvía la certeza del mal radica en la posibilidad de redención, que Tobías lee en la figura de la Medusa besada por Neptuno: "¿Por qué el beso no podría ser redentor?" (221). La imagen de la Medusa como vía de transformación liberadora, de redención, de pasaje y conversión del mal al bien, se conecta con la frase central de la novela, "¡Ikú lobi ocha!", que ya analizamos. Curiosamente, Josefina reconvierte el naufragio del cuadro de Géricault, *La balsa de la Medusa*, en un renacimiento.

El fraile Tobías será el encargado de alertar acerca del error de postular una frontera sólida entre el bien y el mal: "el bien y el mal no se alimentaban a sí mismos y crecían en una espiral irrefrenable, alejándose el uno del otro, sino que, por el contrario, se alternaban, produciéndose recíprocamente, a veces con una angustiosa inestabilidad. A veces con una dinámica tan serena y armoniosa que parecía preestablecida" (52). Las creencias afroamericanas convalidan esta concepción: "Los orixás, Ismael, se aman pero también se odian [...] persiguen, igual que nosotros, ideales antagónicos. Créame que las convulsiones no reflejan un universo armónico" (235).

Ciertas imágenes también representan el cruce de opuestos: así, el guano que Bonpland prueba con su boca es el excremento de las aves pero también una de las fuentes de riqueza del Perú. También la tina que yace en el patio de la casa paterna de Tobías, y que alude a su origen mestizo: "Es evidente que fray Tobías discurre tanto sobre la milenaria partida que, según él, el bien y el mal vienen jugando, en todos los lugares y seres de este mundo, porque le agradece nada menos que su nacimiento a esta inacabada pulseada. No ha tardado en decirme que no se avergüenza de ser bastardo, adulterino y cuarterón" (59). Las referencias al guano y a su propio origen convierten al dualismo, además, en una herramienta privilegiada para comprender la historia de América Latina.

Las tres imágenes centrales que Tobías lee (la lucha, el Leviatán y la redención), parecen establecer una sucesión temporal que, a su vez, la novela sigue. Primero la lucha entre los hombres, luego el combate con el Leviatán y finalmente la posibilidad de redención. El motín está escandido en esas etapas: la extrema violencia inicial con las muertes y matanzas de Aranda y los suyos representa la primera etapa de contienda entre los hombres. Firmado luego el armisticio se ingresa a las decisiones mayores de la elección del destino, del enfrentamiento con el Leviatán: "Francisco decía hace un rato que la paz está con nosotros. Y es verdad. Sólo nos queda un único adversario: ¡el mar! ¡Este inmenso mar que nos separa de la que será nuestra tierra! ¡Una tierra en la que mandan los negros y en la que no existen esclavos!" (329). Finalmente el beso redentor de Neptuno a la Medusa se corresponde con la serie de renacimientos marcados por la frase "El muerto parió al santo". Si Josefina procuraba reconducir los antagonismos estableciendo puentes para arribar a las políticas del entre todos, también en el plano religioso se revisan las antítesis, no para negar los fuertes antagonismos sino para explorar los diversos caminos y comprender las consecuencias implicadas en cada elección.

El nivel mítico de *La fragata* abre la historia de América Latina a otras temporalidades, instaura –como ya señalamos– confluencias con otras culturas, va más allá de lo local; pero también va más allá de la historia y reinscribe el texto, la historia, sus personajes en los problemas de la condición humana: las reflexiones sobre las travesías del hombre, sobre los giros entre el bien y el mal, sobre las incumbencias del juicio, sobre las pugnas entre fuertes y débiles, sobre las políticas y sus sacrificios, las muertes y sus frutos, la violencia y la *caritas*. Es en esta dimensión donde se juega la significación ética de los personajes (también del texto y del lector). Estos símbolos que la fragata exhibe invitan a la elección y al compromiso por parte del espectador, en la certeza de que la vida coloca al individuo ante algún tipo de combate. Tobías marca su propia elección ante las tallas: "Presentí que nos hermanaba una idéntica predilección por la Medusa, por Prometeo, por Abel, la primera víctima; no dudé que abominaba a los dos dragones y al águila, pero que comprendía el desconcierto de Caín y que no temía encarar, con Jacob o Ícaro, al Ángel o la incandescencia de las alturas o a Proteo o al Leviatán" (221). El inestable y perturbador equilibrio entre el bien y el mal –que los vuelve "difícilmente discernibles"– por un lado, y por el otro la necesidad de elegir una posición, asumir un punto de vista y comprometerse con ciertos valores, marcan el dilema ético, su paradoja, su complejidad.

La novela recupera cierto perfil existencial que siempre ha caracterizado el arte de la novela, tal como sostiene Milan Kundera cuando dice que "el novelista no es un historiador ni un profeta: es un explorador de la existencia" (61), pero que en la tradición latinoamericana ha lidiado con la fuerte impronta de la historia, de la política, de la identidad latinoamericana. Sin abandonar un decisivo interés por la historia, *La fragata* puede colocarse en el cruce entre ambas tendencias.

La escena del juicio contra Babo y el resto de los esclavos amotinados, en el capítulo tres, "El reino de la indignidad", es otra de las oportunidades en donde se expone la dimensión ética enfocada en el fraile Tobías. Allí se pone en cuestión la justicia humana como un sistema que castiga a los débiles, tal como surge en el discurso iracundo de Tobías luego que ha caído la cabeza de Babo. El fraile cita la Biblia valiéndose especialmente del *Eclesiastés*, cuya visión pesimista de la existencia ("vanidad de vanidades y todo es vanidad") tiñe sus sentimientos frente al ajusticiamiento de Babo, y recuperando luego la esperanza de redención que esa muerte instaura. También el *Eclesiastés* habla sobre la injusticia a que son sometidos los oprios, así como las profecías de Amós que protestan y reclaman castigo contra la opresión de ricos y poderosos, o las de Jeremías que se unen a esta condena.[123] Como ha sucedido en tantas ocasiones en la historia del cristianismo, la palabra de la Biblia sirve para cuestionar las instituciones, incluso a la Iglesia misma.

El juicio en la novela no sólo no contempla la absolución o el perdón,[124] sino que se ejecuta mediante un castigo que encierra la venganza ("¡Quebrarle no elgaznate que todos, incluso él, sabemos que lo vamos a hacer y con el mayor rigor que esté a nuestro alcance! ¡Quebrarle el alma! ¡Deshacérsela!" [137]) y la tortura. El trato de Tobías frente a Babo –horas antes de su ejecución– resulta la contrapartida del juicio:

---

[123] "No interesa, monsieur, lo que dije. Para imaginarlo basta haber leído la Biblia. No hice otra cosa que hilar pasajes que me sé de memoria y eso, según Cisneros, fue lo que providencialmente me salvó, más allá de las sinuosas argucias del dictamen del Santo Tribunal, porque condenarme implicaba trasuntar el rechazo de la palabra de Dios que pervierte o embrutece a más de uno de sus ministros. Si quisiera tener una idea más concreta, aparte de los Evangelios, lea a mis profetas predilectos: Jeremías, el pacifista; Amós el justiciero. En realidad, el primer texto que cité desde el cadalso, pertenece al muy peligroso Eclesiastés" (199).

[124] El capítulo sobre el juicio contrapone los valores del castigo y del perdón: el castigo impuesto por el tribunal se opone al pedido de fray Tobías de "la absolución del negro Dago" (150) solicitada por los padres del Monte Agonía.

"mi objetivo no se apartaba demasiado del que animó al juez Martínez. Doblegar al negro, aunque no para lastimarlo, sino para restañarle el corazón. Tumbarlo, pero no en la ignominia de la claudicación, sino en el auténtico reencuentro consigo mismo" (179).[125] El juicio como "reino de la indignidad", claudicación del alma, atañe no sólo al caso de Babo; luego de la audiencia, los magistrados van a lo de Bernazza a compartir unas copas, y allí el Juez Martínez busca quebrar al Protector de los Esclavos descubriendo rumores sobre la ocupación de su padre como verdugo del pueblo, ante lo cual Jesús María José se avergüenza y huye. El juez Martínez suscita asociaciones con la figura de Edipo, ya que su hija se llama Antígona –me refiero al Edipo que en el inicio de la tragedia de Sófocles promete la búsqueda y el castigo del culpable, irguiéndose como juez–. En cambio, para José Abos, el juicio resultó "particularmente ignominioso. A ningún magistrado, e incluyo a Martínez de Rozas, cuyo cinismo esconde a un liberal desencantado, le reconforta servir a una Justicia que castiga a unos infelices que, si bien se los mira, sólo buscaban recuperar u obtener por primera vez su libertad" (99).

Casi como una conclusión, Tobías dice sobre Babo: "Lejos de mí empuñar la vara de la justicia. No nací ni para seguir ni para perseguir a ese jefe. Otra huella es la que he escogido" (382). En Tobías aparece un rechazo no sólo ante este juicio, sino, de un modo más general, ante cualquiera. Pero, en la otra orilla, Tobías elige y valoriza el destino asumido por Babo: "No es repudiable ningún destino cabalmente asumido" (382). Nuevamente, la dimensión ética se tensa y complejiza entre el rechazo al juicio y la asunción de valores. Muchos señalan la reemergencia de

---

[125] La mirada –tema recurrente– se muestra como fisgoneo en el acercamiento de Tobías a los esclavos condenados, índice de respeto y distancia frente a sus intimidades y secretos ("Para fray Angélico y Cisneros este fisgoneo previo les resultó incomprensible. Me reprochan que, en vez de abrir la puerta y entrar acompañado por los custodios, me haya demorado en la ventanuca. Para ellos, no sólo fue una pérdida injustificada de mi autoridad moral sino, por añadidura, un signo de inexcusable vacilación" [181]). El deseo de acceder a la verdad por parte del fraile se diferencia tanto de los métodos de tortura del juez como de la confesión propia de la institución eclesiástica. Asimismo, cuando Tobías se acerca a Benito para asistirlo en la agonía, inesperadamente resurge el secreto, objeto privilegiado de las averiguaciones del fraile, porque el moribundo clama "¡Muri! ¡Diamelo!...¡Se les hunde la balandra! ¡Negros míos!" (169). Pero a diferencia del intento de sacarle la verdad a Babo a partir de la tortura, Tobías se retira ante la necesidad de "respetar la intimidad".

la ética en el campo intelectual de los años noventa en el Cono Sur, que vendría a sustituir el protagonismo de lo político en las décadas anteriores. La izquierda revolucionaria de los sesenta y setenta percibía a la ética como una coartada que pone trabas a la acción revolucionaria (impide la subordinación de los medios a los fines) y se convierte en un intento por anular la política, un refugio de las conciencias tranquilas y de los estómagos llenos que no se ensucian con los avatares políticos de su tiempo (De Diego 215-19). De Mattos, en cambio, reintroduce la ética en la escena revolucionaria.

8. El arte de la novela: legisladores e intérpretes

En una entrevista con Rosario Peyrou, Tomás de Mattos expresa su disenso con el "compromiso político" en relación a un ensayo de Alejo Carpentier:

> Pero entiendo de forma muy diferente lo del "compromiso político". Yo lo cambiaría por "compromiso ético" [...] Yo, como escritor, no puedo decir que soy juez de la historia. Me parece que la realidad es muy compleja y el escritor debe tener mucha humildad. Se terminó el tiempo de los grandes pontífices que decían dónde estaba el bien y dónde el mal e impregnaban su mundo narrativo con ideología.

Las coincidencias entre esta declaración de Tomás de Mattos y las palabras arriba citadas de Tobías sobre el rechazo a juzgar son notorias; sin embargo, no podemos atribuir las palabras del fraile a su autor sin caer en una doble impertinencia: desconocer la diferencia entre la ficcionalidad de los personajes y el estatuto del autor, por un lado, y por el otro simplificar las diversas significaciones que la palabra juicio alcanza en boca de Tobías y en la entrevista de Tomás de Mattos. A pesar de estos desajustes, la cuestión del juicio en sus diversas dimensiones es central en la narrativa de Tomás de Mattos. Además, la novela ¡Bernabé, Bernabé! formula objeciones a la cuestión del juicio, ya sea cuando se refiere a la justicia o cuando remite al rol de Josefina como escritora frente a los hechos que narra. También, como vimos, La fragata discute constantemente la posibilidad, la conveniencia y la justeza misma del juicio: las reflexiones sobre el dualismo entre el bien y el mal, y las dificultades para distinguir el uno del otro, vuelven difícil juzgar, lo que da lugar a cierta coincidencia en los reparos que se esgrimen ante ambas formas de juicio.

La ingeniería de *La fragata* también encauza esta voluntad de escapar al compromiso político que hace de una novela el espacio para certificar una ideología. Los diversos autores que firman los capítulos y apuntes de la novela puntean una polivocalidad que procura generar un ambiente deliberativo en torno a los temas, como ya señalamos. Los diversos perfiles de cada escritor (aun cuando se trate de máscaras), el gusto por el debate y la conversación, instauran un dialogismo que distancia al texto de una narrativa de tesis al servicio de un compromiso político.

Incluso subyace en *La fragata* cierta idea de una escritura que tienda hacia la interrogación, que no se agote y concluya en las respuestas, sino que éstas sean seguidas por nuevas preguntas, tal como dice Tobías: "Monsieur: las respuestas traen siempre otras preguntas cada vez menos fáciles de contestar" (345).[126] Vattimo también reflexiona sobre la clausura del dogma, al afirmar "la violencia implícita en toda ultimicidad, en todo primer principio que acalle cualquier nueva pregunta" (77). Y también para Kundera "el espíritu de la novela es el espíritu de la complejidad" (31). Ya en el prólogo a *Benito Cereno*, Tomás de Mattos comenta el juicio de Borges sobre esta novela: "Hay quien ha sugerido que Herman Melville se propuso la escritura de un texto deliberadamente inexplicable que fuera un símbolo cabal de este mundo, también inexplicable" (Melville, *Benito Cereno* 5). De Mattos convierte la inexplicabilidad del texto del norteamericano (radicada en un único foco), en una multiplicidad de aproximaciones a los hechos acaecidos: "la novela es, como el mundo,

---

[126] También aparece cierta idea de la escritura como un infinito: la escritura como un palimpsesto que acumula diversas capas, que escribe y borra sobre lo ya escrito, surge en la escena final, cuando Muri se acerca a la tortuga mítica, símbolo de la historia escrita por todos, del tiempo que supera la vida de un individuo, superficie en la que se han escrito las historias de batallas por la liberación y en la cual finalmente Muri hará su propio trazo: "Paulatinamente mientras el negro ha ido raspando y limpiando, una a una, aquellas cicatrices tan diferentes entre sí, a veces extrañamente ensanchadas e hinchadas, a veces casi borradas, aveces inscritas sobre otras más viejas como si las conchas fueran, capa a capa, un misterioso palimpsesto, la tortuga eterna, obsesivamente dedicada a vencer el obstáculo de la roca, se ha agrandado y transfigurado" (395).

muy esquiva a una explicación unívoca" (7). La polivocalidad, el dialogismo, la ambivalencia son quizás las notas que mejor marcan la narrativa de Tomás de Mattos, las que definen su forma como un modo en sí mismo de significar.

Si bien *La fragata* se autoproclama una reescritura de *Benito Cereno* de Melville, también es posible leerla en su vínculo con *El siglo de las luces*. La afinidad con la literatura de Melville se presenta como un dato mayor, constitutivo del diseño mismo de *La fragata*, no sólo en la declarada reescritura de *Benito Cereno*, o en la presencia de citas de *Moby Dick*, o en la complicidad con temas, perspectivas, imágenes, interrogaciones y metáforas; además, *La fragata* ficcionaliza una relación con Melville que adopta la forma epistolar. Y es en esta ficcionalización donde se descubre la índole del trato con el escritor norteamericano: el diálogo, las cartas, la respuesta de la esposa de Heman Melville –Lizzie– a Josefina, el empleo de apodos, fabulan un escenario de intimidad, de diálogo, de complicidad, de guiños amistosos, de homenaje, de familiaridad, sólo segado por la distancia de Montevideo.

En cambio, una "angustia de las influencias" parece marcar la relación con la novela de Alejo Carpentier, mucho más agonista, un verdadero duelo en el cual se juega otro tipo de reescritura, lo que supone retomar ese archivo literario de las revueltas y revoluciones que Carpentier gestó en los sesenta para revisar aquello que está vigente, para rechazar lo que se percibe agotado, para continuar por otros rumbos, para efectuarle un desvío o un *clinamen*, para reescribir desde la posdictadura uruguaya otra de las sagas sobre motines y revoluciones.

Este interés de Tomás de Mattos por dialogar con textos claves del llamado *boom* latinoamericano, textos que exploraron programáticamente la identidad latinoamericana con ahínco, es significativo. Si pensamos en Uruguay, en su –quizás– más importante novelista, Juan Carlos Onetti, difícilmente podemos atribuir a sus textos tal proyección latinoamericana: su obra no integra cabalmente el *boom*, sus novelas son más rioplatenses que latinoamericanas, y menos preocupadas por el programa de la identidad. Las novelas de De Mattos dejan traslucir una voluntad de "latinoamericanizar" Uruguay, es decir, de dialogar, reescribir, disputar al interior de una tradición literaria que se constituyó desde una matriz latinoamericana, poniendo en escena sentimientos de pertenencia y de destino compartidos. Como si procurara ahora restablecer un diálogo desde la tradición literaria uruguaya. Las dos novelas de Tomás de Mattos, *¡Bernabé, Bernabé!* y *La fragata de las máscaras*, escogen recorridos contrapuestos para anudar vínculos con América Latina. *¡Bernabé, Bernabé!* parte de la historia uruguaya, del origen de la nación, y desde allí establece nexos con otras historias y geografías. Pero es en el prólogo del ficticio editor y no en el cuerpo de la novela donde se anudan las historias. *La fragata de las máscaras*, en cambio, invierte el recorrido y el espacio textual, ya que se desarrolla en gran medida en Perú. Las ruinas incaicas de Cajamarca y Cusco se recuperan para conectar el sometimiento esclavista con la conquista española. Desde esas ciudades latinoamericanas se establecen las ligaduras con Montevideo como puerto de tráfico de esclavos.

Por último, la polivocalidad, el dialogismo, la ambivalencia, como características –ya señaladas– de la narrativa de Tomás de Mattos que lo distancian del compromiso político y de la figura del "gran pontífice" o del "juez de la historia", lo acercan al perfil de intelectual que intervino en el armado de los debates de la posdictadura como asimismo a la figura del intérprete posmoderno. Zygmunt Bauman rastrea dos figuras del intelectual: el "legislador" moderno y el "intérprete" posmoderno, que permiten ilustrar esta tensión que Tomás de Mattos explora. El *legislador moderno* es aquel intelectual que (aun cuando no lo logre) se dedica a buscar los fundamentos de los valores de la cultura occidental; a legislar, entonces, en los campos de la ciencia, la ética y la estética, defendiendo sus aportes desde una perspectiva universalista que otorga a la cultura de Occidente un lugar central y privilegiado desde el cual se juzga a las culturas de otras comunidades. El intelectual legislador se auto-reconoce como una autoridad, legitimada por un conocimiento objetivo que le permite la conquista de la verdad, la consecución de un juicio moral válido y la selección de un gusto artístico apropiado, de validez universal.

En cambio, el *intérprete posmoderno* ha dejado el mundo de las certezas que caracterizaba la perspectiva moderna y se sumerge en las tierras movedizas e inciertas de la posmodernidad. La posmodernidad como perspectiva frente a la cultura, como caja de herramientas teórica, entraña la demolición de la idea de universalidad y su sustitución por el reconocimiento de la pluralidad de comunidades, cada una de las cuales tiene su propia legalidad, ya no universal sino histórica: de allí el carácter local y relativista de la verdad, el juicio y el gusto defendidos por el intelectual intérprete. Esto supone tanto el quiebre de la superioridad de Occidente y la crítica a su mirada etnocéntrica en favor del punto de vista del relativismo, como el derrumbe de la búsqueda de una verdad última del mundo o de la experiencia humana, y el final, entonces, de las ambiciones misioneras y doctrinarias del arte. Si bien el intérprete representa los valores de su propia comunidad, una de sus tareas más importantes consiste en establecer comunicaciones entre las diversas comunidades, lo que exige especialistas en traducción entre varias culturas. Bauman destaca la importancia del "arte de la conversación" como vía de la comunicación entre las comunidades, cuando sostiene que "En pocas palabras, la especialidad propuesta se reduce al arte de la conversación civilizada" (203), lo que permite "hablar con la gente en vez de combatirla" (204).

Esta figura del intérprete y del traductor ha constituido una tradición en el campo cultural de América Latina desde la Conquista, debido a la necesidad de establecer vínculos entre ambas culturas: los *Comentarios reales* del Inca Garcilaso constituyen seguramente el punto de origen del modelo del intelectual traductor y mediador entre ambas culturas, que apuesta al diálogo y al conocimiento de los saberes de ambos universos sin desconocer las violencias y estragos gestados por la Conquista. Esta exigencia del rol de intérprete, de traductor y comunicador es central en *La fragata de las máscaras*, en cuyo interior rige la demanda de un diálogo entre las culturas, entre las religiones, entre las máscaras; de una conversación entre diversos personajes; y de un abandono de la mirada imperial y del juicio del colonizador. El intérprete, para Bauman, intenta penetrar profundamente en el sistema ajeno de conocimiento, desde el cual debe hacerse la traducción, y mantener el equilibrio entre las tradiciones dialogantes. Tobías con su ascendencia mestiza oficia como figura del traductor, mediador, dialogante; y Josefina hace del arte de conversar una política de la escritura.

El fin de la épica sesentista y la retroescritura de la historia. La narrativa de Amir Hamed

En las páginas anteriores exploramos las respuestas y propuestas que esgrimió en los inicios de la democracia la generación de los sesent-setenta, es decir, aquella promoción que se formó al calor de la experiencia revolucionaria, comprometiéndose en mayor o menor medida con sus ideales y acciones, y padeciendo luego bajo la dictadura la derrota de los mismos. El regreso del exilio y del insilio los enfrentó al desafío de revisar los saberes de la izquierda insurgente en un contexto signado por el debilitamiento de la opción armada a lo largo de América Latina. No fue menos importante la revisión de las tramas de la dictadura, con las herencias del Terror dictatorial y las genealogías de la violencia estatal a lo largo de la historia. Todo esto los condujo a un examen radical de los imaginarios nacionales y de las tradiciones culturales, a una puesta al día y una autocrítica, también, de sus propios compromisos tomados en el pasado, a un ajuste de cuentas de cara a las necesidades del futuro que ahora la democracia parecía comandar, tal como fuimos viendo.

En cambio, introducirnos en la literatura de Amir Hamed nos permite avizorar algunas de las iniciativas de la generación siguiente, la de los 80-90, aquella que brota en democracia (aunque haya crecido en dictadura), los jóvenes que emergen en el contexto del fin de siglo y milenio. Acarreando la pesada herencia dejada por las heridas de la dictadura y por el retraimiento de las épicas que enturbian el futuro, arrastrando un pasado devastado e inhabitable que les ha caído en suerte y del cual no fueron del todo actores, ingresan al terreno de una democracia que perciben sin expectativas y falta de relatos. En Hamed hay conciencia de la derrota en tanto constituye lo dado, la meseta en la cual están situados, pero no hay crítica ni menos autocrítica de un pasado en el que los miembros de su generación no fueron protagonistas, no hay una evaluación de los errores y fallas de la izquierda ni de la derecha dictatorial, no hay puesta al día ni repaso de los imaginarios nacionales. Por el contrario, es posible advertir el deseo de un corte con ese pasado, que se vehiculiza a través de dos intervenciones. Por un lado, Hamed configura en sus *ensayos* un nuevo relato en torno a la pérdida del universo de los sesenta-setenta y la emergencia de otro nuevo y desconocido, un umbral que oficia como *incipit* de su escritura, como demarcación de un locus de enunciación para sus propios textos (extensible a su generación). Por el otro, a contracorriente del revisionismo por parte de la promoción anterior, propone en sus novelas históricas un juego irreverente con los saberes de la historia, para diseñar un espacio inapropiable, para edificar un lugar desde el cual proyectar los deseos y los relatos de los jóvenes, para dar lugar al pulso expectante de lo nuevo –un derecho y un desafío de toda generación que asoma.

1. Escritura/retroescritura

En 1994 Amir Hamed publica *Artigas Blues Band*. Cuatro años más tarde reúne en *Retroescritura* (1998) una serie de ensayos escritos desde 1992, varios de los cuales aparecieron (entre 1993 y 1995) en "La República de Platón" –suplemento cultural del diario *La República*. A ello hay que añadir otra serie de artículos publicados en *Insomnia*. Abordar su narrativa, entonces, requiere indagar antes las reflexiones vertidas en estos textos. Si bien son diversos, los ensayos que componen *Retroescritura* abordan y acechan obsesivamente la "escritura" desde diversas perspectivas. Parten de la certeza de que todo es escritura: no sólo porque el lenguaje ya no es más transparente en tanto formatea lo "real", tal como propuso el denominado giro lingüístico, sino porque además los acontecimientos mismos son escritura, van escribiendo los derroteros de la historia. Hamed interroga la condición de la escritura en la década de los 90, en los límites del fin del milenio y bajo los cambios epistémicos que el posestructuralismo introdujo (junto con los demás post). Lo hace diseñando un relato y creando una maquinaria de la escritura retro.

El relato comienza con la muerte del padre (del Padre, la Ley, el *logos*), acarreado por el fin de la historia, el declive de las utopías y de las macronarrativas que opacan el horizonte –todas condiciones que configuran el relato, que ofician de matriz primera de un nuevo orden. Lo cual da lugar a la sustitución del futuro por el pasado, en el escenario uruguayo doblemente atravesado por la caída del Muro de Berlín (1989), que puso fin al mundo bipolar de la Guerra Fría, y por la posdictadura (1985) que, a nivel local, también canceló los enfrentamientos radicales de las décadas anteriores. Tanto el futuro de un mundo mejor esgrimido por las propuestas revolucionarias de la izquierda insurrecta de los tupamaros, como la proyección fundacional de un Nuevo Uruguay por parte de los funcionarios de la dictadura, se disolvieron en el inicio de la gris democracia, en "esa resignación que eran los años noventa". La suspensión del futuro y el desgaste de lo nuevo ponen a funcionar, entonces, una escritura que regresa al pasado y abreva en sus archivos, una *retroescritura*: "en [...] la Tierra, se habían acabado las novedades" (*Retroescritura* 7).

A través de la lectura de producciones culturales de diversa índole, Hamed trama este relato que –en el primer ensayo "Acechante en el umbral"– se inicia con *Alien*, la saga cinematográfica de ciencia ficción que comenzó en 1979. La muerte de Alien a manos de su madre, la teniente Ripley, funciona como metáfora de la voluntad por suprimir el brote, lo que está por nacer, la criatura, lo radicalmente desconocido, ese *otro* que procura regenerar el futuro. Alien es la primera figura de una larga serie de ogros que el texto consigna, y ocupa el lugar de la alteridad más absoluta, lo irreconocible que acecha en el umbral del vacío dejado por el derrumbe de la modernidad. Sin figuras paternas, con una madre que rechaza su engendro, este film es un emblema de las mutaciones en la *episteme* del fin del milenio. El constante deambular por los bordes del Universo desarticula el viaje lineal de las teleologías, ignora toda épica, no consigna ningún orden, no construye una historia patrilineal ni edifica una protopatria, ya que carece de génesis, de fundadores y de fines. Hamed lee en esta saga la representación del giro hacia el pasado, pero además la serie misma es una máquina retro –en una época "yerma de proyectos" (9)– en tanto vuelve sobre sí misma para producir nuevos films, incluso cuando ya ha muerto su protagonista y sólo resta resucitarla –tal como sugiere la pronunciación de su nombre Ripley: *re play*.

En ausencia del Padre, desembarcaron en los años noventa los "hermanos mayores" para pilotear "la ingrávida nave de los desencantos" (17). Descreen del futuro y sus épicas teleológicas, son "héroes de lo vacuo" (17), "desestabilizadores" (16) que operan desde el terrorismo viral carcomiendo los pilares del sistema que fingen sostener (desde este lugar Hamed analiza la figura de Bill Clinton como un hermano mayor). La vacancia del Gran Padre Blanco que comanda una historia lineal –junto con la emergencia de lo "prepóstero" como desarticulación de la flecha del tiempo tendido hacia el futuro como teleología y hacia el pasado como genealogía– da nacimiento al mestizaje global, poniendo en acción la "máquina caníbal y recicladora" (15). Al fin de la historia y de la voz del Padre se suma la expansión del mundo virtual como un nuevo territorio que recoloca en el presente de la pantalla el Saber Absoluto, de modo que la lógica de los hipervínculos ofrece el pasado y los saberes acumulados para la ingeniería creativa de cualquier espectador. El espacio virtual es la segunda matriz que interviene en la escritura retro de Hamed, poniendo a disposición de todo escritor el espesor de la cultura "universal".

A partir de estos dos relatos paradigmáticos, el del (moribundo) Padre Blanco y el del (emergente) Alien, se traman dos modos contrapuestos de escritura que se expanden a través de series de opuestos: linealidad/ deriva; géneros legítimos/ bastardos; ciudadanos/ hordas de bárbaros; escritura/ voz; lengua madre/ extranjera; metáfora/ metonimia; sedentario/ nómade: visión/ ceguera; Espíritu/ carne, entre otras. La narrativa lineal del Padre, de la Ley, del *logos*, de la Historia, cercada por inicios y finales, ejerce una obturación de lo múltiple. En cambio la escritura de *Alien*, que se articula a partir de este organismo sin ojos ni mirada, impredecible, no segmentable, de sentidos no determinados, de extrañeza invencible, interrumpe todo fin y se da a la deriva continua, provocando una serie de desvíos en el interior del texto lineal e introduciendo lo prepóstero, todo lo cual da lugar al texto bizarro de la retroescritura (22).

La perspectiva retro es, en principio, un mecanismo presente en la cultura actual, una moda retro (muchas veces carente de imaginación) que Hamed analiza especialmente a partir de la cultura visual y masiva del cine y la televisión, ocupada en reciclar los productos de épocas pasadas y dar al mercado segundas y terceras partes (así las series de *Alien*, B*ack to the Future*, *Terminator* o *La Pantera Rosa*) en lugar de crear siguiendo los imperativos de lo nuevo. *Back to the Future* diseña el viaje al pasado para procurar corregirlo y así salvar el futuro, en una mirada retro que hace del pasado la garantía del futuro. Pero a partir de esta impronta del presente, Hamed fragua el concepto de retroescritura también para forjar él mismo un texto devoto de esa matriz: en estos ensayos el sujeto de enunciación va enhebrando diversos productos culturales del pasado (retro) a partir de un significante que oficia como punto de partida de una deriva por diferentes textos. En varios de los ensayos que siguen, indaga diversos procedimientos de la escritura a partir de los dos modelos ya señalados: la escritura lineal, del padre o de la madre, teleológica, de la Ley, y la escritura nómade y mutante, descentrada y semoviente, extranjera y marginal, recursiva y retro. Cada una despliega un imaginario particular.

En "Retroescritura", el ensayo que da nombre al libro, Hamed revisa las propuestas de las sagas de *Alien*, de *Terminator* y de *Back to the Future* para, entre otras cuestiones, preguntarse: ¿quién escribe en la máquina retro y dónde se halla la identidad de cada uno? La respuesta parece encontrarse en la pantalla de la computadora o del televisor, en la intimidad de un slip, en el calzoncillo Calvin Klein, en la publicidad, en la firma de la corporación Benetton, en la cámara del ojo de Schwarzenegger, para finalmente descubrir que "nadie dirige la mano de la retroescritura" (56) en estas películas que se reprograman continuamente ante la pasividad del mercado. O que en *Alien*, the *Eighth Passenger* quien escribe (y miente) es *Mother*, la computadora que dirige la nave, así como en *Alien III* quien cierra la película es la tipografía neurótica de la computadora (58).

En "La madre del género" aborda los procesos de renovación estética dentro de la literatura. Aquí la polaridad se da entre los géneros institucionalizados, que trabajan al amparo de las reglas establecidas, y aquellos bastardos e ilegítimos, no sacralizados por la institución, nacidos en las orillas, en el afuera de las ciudades, desheredados de la tradición, como el tango ("armado en base a residuos de la literatura romántica y a ritmos de negros" [75]) o el criollismo de Javier de Viana quien trabaja con residuos de la épica gauchesca, con detritos de formas poéticas prestigiosas, alimentándose del desecho de todos los géneros posibles (otra forma de procesamiento retro). En cambio, la lengua del huérfano directamente carece de madre, de la madre del género, tal como analiza, con altas dosis de humor y burla, en el poema de Martín Castro.

El espacio de "Metrópolis" también se escinde polarmente, ahora entre el adentro y el afuera de la ciudad sitiada, entre los ciudadanos y las hordas de bárbaros que los asedian, entre los nacionales y los extranjeros, entre la escritura y la voz. Dentro de Metrópolis se encuentra San Agustín, quien compuso una "ciudad para Dios"; Platón, quien escribe *La República*; Virgilio, quien con Eneas funda Roma. La *civitas dei* agustiniana pasa a América con Colón, quien nuevamente encuentra a otros "bárbaros". Las ciudades se fundan en la escritura, cuyas murallas desalojan a los intrusos. Por el contrario, la voz del afuera se forja como una máquina de guerra nómada y bárbara que asalta los muros de la ciudad, tal como acontece en el canto de los sitiadores de Troya en la épica de Homero. También en América, para Hamed, Ercilla escribe desde la ciudad. En cambio México-Tenochtitlan conserva algunos versos de los aztecas. Finalmente hoy las "hordas" bloquean las autopistas de entrada a México, y las metrópolis se duplican en un mundo subterráneo o son asaltadas por los inmigrantes, los nuevos bárbaros. Este capítulo resulta una clara muestra de la retroescritura de Hamed que pone a frotar textos a partir de la deriva primera sobre la ciudad y sus extramuros.

Estas "hordas" son parte de un bestiario de monstruos, inaugurado por *Alien* y conformado por sujetos de la retroescritura que introducen lo demoníaco, la extranjería en la lengua madre, el crimen en las tablas de la Ley, lo monstruoso en la naturaleza, la Edad Media en la nueva era, lo gótico en la modernidad, los bárbaros en la ciudad: Frankenstein, Drácula, la Pantera Rosa, el Golem, Quasimodo. Es el sujeto latinoamericano: "En la mayoría de los casos, el monstruo es latinoparlante" (44). Son los devenires-animales, el devenir monstruo de la letra cuya figura emblemática es el vampiro, el "quiróptero americano" (44). Uno de los intereses constantes en Hamed se refiere a la condición de la letra en América Latina. En un ensayo anterior, "Hay que matar a

Clouseau", distingue entre la metáfora y la metonimia. La primera quiere dar cuenta del mundo desde un centro y por ello remite a la conquista de América. En cambio la metonimia opera por contigüidad y por un continuo desplazamiento, lo que apunta al tránsito del extranjero, de la alteridad: "Se podría decir que la metonimia es el principio del extranjero, y que la metáfora responde al centro" (34-36).

Esta contigüidad metonímica es el procedimiento privilegiado por Hamed en varios de sus textos, al punto que define la sintaxis del relato. Este mismo ensayo se construye a partir de la "frotación" entre diversos textos (la frotación enciende la chispa en la contigüidad de los textos: "un frotarse de la escritura con otros textos, como piedras en pos de una chispa" [23]), cuyo vínculo es una deriva a partir de un significante (por ejemplo el tránsito de la serie de la Pantera Rosa hacia la Peste Rosa del SIDA), en un relato sin ningún centro que va y viene por campos semánticos diversos y encadenados, abriendo líneas, disparando imágenes, sumando textos de otras épocas, para dar cuenta de algunas de las *imago* del fin de siglo.

El buey y el camello reiteran en otra clave la oposición sedentario/nómade en "Escritura de buey (La máquina de buscar la sombra)", para dar cuenta del nacimiento de la novela con *Don Quijote de la Mancha*. El buey con su arado "hace el ordenado surco que llamamos cultura" y escribe "linealmente la historia" (86), de izquierda a derecha, de occidente hacia oriente, buscando la sombra. Es, también, una escritura castrada, "porque para escribir debemos castrar" y "hacer de la bestia cultura" (87). Una de sus variantes, el "bustrofedón", diseña una huella en zig zag (la vuelta del buey). En cambio el camello se mueve en el desierto –espacio liso, no estriado por los surcos del arado (Deleuze y Guattari, *Mil mesetas* 483-509)–, es incapaz de acarrear un arado y, además, es sexuado, está cargado de deseo. Su carácter nómade –"parece no perseguir nada"– y su escritura ciega lo hacen deambular a zurda y diestra. Esta oposición se resuelve en un mutante, el *Quijote*, "brote de un camello fantasma que se ha apareado con un buey" (*Retroescritura* 88), producto de la pluma siniestra de Cide Hamete y de la letra diestra de Cervantes.

"Recalentamientos" opone dos modelos de autómatas inventados sucesivamente por Dédalo y Leonardo da Vinci. El primero creó el bovino donde se ocultó Pasifae para copular con Poseidón; una vez nacido el Minotauro construyó un laberinto para guardarlo y finalmente a Talos para proteger el laberinto. El laberinto es escritura "bovina, bustrofedónica, sombría" (89) ya que, con el hilo de Ariadna, Teseo podrá leerlo. Para facilitar la huida del laberinto (del hilo del discurso) le diseña a su hijo Ícaro alas de cera que le permitirían volar, pero fracasa cuando las alas se derriten en la proximidad del sol. Leonardo crea no desde la matriz lineal del discurso, sino desde las refracciones de la luz y los espejos que lo miran y retrovierten con un punto de fuga. Concibe una máquina de vuelo que deviene en murciélago, en vampiro, símbolo por excelencia del retroescritor.

La deriva de la escritura de Hamed, en "Nadie me quiere", comienza con el ojo de Schwarzenegger en *Terminator* para luego deambular por otras textualidades. Se trata del problema de la escritura y sus cegueras en el baño, Schwarzenegger acaba de arrancar su propio ojo malherido para volver a salir en busca de la madre del futuro y exterminarla. Esta metáfora dispara una serie de conexiones que articulan fragmentos: el ojo, la máquina de guerra, el deseo de matar al padre o a la madre son los dispositivos necesarios para la escritura. Los agentes que ramifican las metonimias son los Cíclopes de un solo ojo –"máquinas de guerra" (fraguan y funden metales para construir las armas)–, junto a los Titanes y Gigantes que "se rebelan contra su creador". En la saga de Odiseo, éste enceguece a Polifemo, le enseña a leer y escribir cauterizando su ojo, volviéndolo ciego. Sólo cuando el ojo es herido puede comenzarse a escribir. El mito platónico de la caverna sólo muestra sombras, y cuando salimos la luz "hiere nuestros ojos y nos vuelve ciegos para percibir las sombras" (96). "En la colonia penitenciaria" de Kafka se narra la *hybris* –y la imposibilidad– implícita en el intento de leer la Ley a través de la escritura de la máquina que a última hora se desbarajusta, de modo que el mensaje resulta "indescifrable, sanguinolento y roto" (97). El que busca desentrañar la Ley deviene culpable. Edipo, a continuación, retoma la escena kafkiana para arrancarse los ojos en reconocimiento de su culpabilidad. El relato se cierra con una película del presente, *The Silence of the Lambs*, en la cual la salida de la caverna provoca hambre, pero nadie puede saciarlo. Aquí el significante "Nadie", que aparece en el título del ensayo, va enhebrando las historias y conduce una de las derivas sobre la escritura que tiene su punto inicial en el nombre (ουτις: Nadie) con que Odiseo se presenta ante el Cíclope, y que apunta a la muerte del autor como dueño del texto, a la muerte del padre como fundador de la verdad, y a la ceguera que todo texto incluye. Sólo es posible leer aniquilando un ojo, desde las sombras, desde las cavernas, sin procurar apresar la Ley ni descifrar la Esfinge ya que "Nadie" es quien habla.

"Aires viejos (groserías, delicadezas)" dispone una constelación en torno al hambre, el banquete y el canibalismo. Se trata de la escritura a partir de la carne y no del Espíritu, sospechamos. El ojo malherido de Polifemo levanta en el negro de la gruta su párpado como una "membrana" (99) que luego deviene "miembro", "pene", "the pen". Es, además, un ojo "famélico" que proyecta su hambre en los diversos banquetes que el texto persigue: la obertura es la película *Delicatessen* cuya carnicería aparece como el resto de una gran catástrofe (¿la carnicería, la carne como sobreviviente de la muerte del Espíritu?). La imagen elegida muestra las boletas de los créditos de la película prendidas de los jamones, pescetos y cuadriles, en tanto metáfora que señala a la carne como "única garantía fiable" de la escritura. Sigue el banquete de Platón donde sólo se sirve una frugal comida, un "poco de aire" –en Platón no hay antropofagia–. *The Cook, the Thief, his Wife and her Lover*, el film de Peter Greenaway, ofrece como plato el cuerpo de Michael relleno de páginas que Mr. Spica deberá comenzar a comer por "el pene" –todo lo cual se vincula con el pacto entre Abraham y Jehová en torno a la circuncisión como principio de la escritura de la Ley. Entonces: la escritura emerge a partir de la mutilación del pene y su transformación en "the pen" (la cultura a partir de la castración). *The Silence of the Lambs* pone en escena la antropofagia como un nuevo nacimiento. El canibalismo adviene proceso de escritura: "siempre que cito a alguien es porque me lo estoy cenando". A continuación, en *Fried Green Tomatoes at the Whistle Stop Cafe* la escritura del criminal narra el cuerpo del delito que se devora en el acto de antropofagia. La escritura se erige desde la carne, a falta de otra garantía que la sostenga, y termina por revelar al escritor como un asesino, un caníbal, un antropófago, es decir, una de las imágenes de peso en la tradición latinoamericana, presente en la figura del antropófago de Oswald de Andrade (1928) o en la de Calibán de Roberto Fernández Retamar (1971).

En "EXP.P (PSICOANÁLISIS PARA PASTORES)" Hamed introduce la escritura de la computadora, y apunta a la creación de la Máquina de guerra. Platón ha arrojado a los poetas al ostracismo, a los extramuros de su Ciudad-Estado gobernada por "Las Más Altas Ideas". Pero los exiliados inventan una "pastoral" a partir de la factura del "Idilio" de Teócrito, un nuevo engranaje bélico para asaltar los andamios de la República. Este idilio, bucólica o pastoral esgrime como armas en contra de la ciudad: la defensa de la vida natural y la utopía. Sus versos dispersan la peste, el virus de la sífilis descubierto en 1495, año sacudido por una serie de cambios: el descubrimiento del Nuevo Mundo, la invención de la imprenta y la creación de la bala de cañón. Los tres nuevos inventos se conectan entre sí para hacer de la escritura una máquina de guerra cuyo virus sifilítico dispersa y deriva los sentidos en una incesante mutación nomádica inaugurada en el espacio americano.

Además de articular un relato, la *Retroescritura* es, por sobre todo, una máquina de escritura con sus propios mecanismos y lógicas, que Amir Hamed emplea para definir y construir los andamios de su propio ensayo. Vale la pena copiar su definición:

> Retro: Re de volver a presentarse. Pero se da un Tro de volverse, de dar vueltas, de dispersarse. Un tro de disipación, de obstinada ausencia de norte –o de pasado. Un tro que hace del ayer un juego, propio de un lugar sin pretérito. Un tro básicamente advenedizo, semoviente o nómade, vagabundo o errante, como se quiera, cuyo sitio único está fuera de todo sitio, incómodo con la mayoría de los géneros. (Letra que se muda o letra mutante). Un tro que imita poco al mundo, que apenas lo deriva. (164)

De este modo, la retroescritura pone en juego dos mecanismos: el "RE" implica volver al pasado, recobrar sus textos, volver a presentarlos, activarlos en el presente; el "TRO" es la práctica mutante frente a ese pasado, el efecto de dispersión y desviación inscripto en el juego que baraja sus significaciones. Esta práctica desvía el sentido del *logos* del padre, lo pone a vagabundear en sus derivaciones dispersantes y en sus reagrupamientos advenedizos, desarma las distinciones genéricas para confundir sus gramáticas, mezcla los materiales nobles e innobles, cultos y populares, introduce las diversas lenguas, idiolectos, jergas y grafías en la lengua madre, y captura al pasado para instalarlo en el presente, despreterizándolo en el juego citatorio sin origen ni teleología. Emprende, también, una guerra contra el Estado y sus variantes, el Espíritu, la ciudad, las letras sedentarias, las gramáticas lineales, los géneros literarios cristalizados.

Retroescritura es a la vez una poética –reflexión sobre la escritura– y una puesta en práctica de esa poética que aquí redefine el ensayo en el interior de la tradición latinoamericana del género. ¿Cuál es, entonces, la novedad de su escritura en la década de los 90? ¿Cómo interviene esta escritura en el interior del ensayo? ¿Qué reglas rigen el género, qué pacto de lectura instaura? ¿Qué torcedura le imprime a la tradición –compleja y varia– del ensayo latinoamericano? ¿Con qué modelos se filia y cuáles rechaza? En pocas palabras, nos estamos preguntando por el estatuto del ensayo de Amir Hamed en la escena latinoamericana de los años noventa.

La escritura de estos ensayos se inicia con un significante o una imagen como punto de partida desde el cual se va enlazando una serie de figuras, imágenes, metáforas extraídas de otros textos que se entreveran para arribar a una *imago* mayor, capaz de condensar un haz de significaciones que permitan iluminar zonas del presente, que sirvan para descubrir los nuevos principios que rigen la cultura y los saberes luego de las múltiples debacles acaecidas en el fin de siglo y milenio. Como ya dijimos, el autor emplea para ello la contigüidad entre imágenes, palabras, significantes, conceptos, extraídos de textos de las más diversas épocas, culturas, lenguas, formatos y registros, textos que se ponen a "frotar" para que esa fricción provoque una chispa. La contigüidad, en tanto supone una desjerarquización de los textos y un quiebre de las temporalidades históricas lineales y teleológicas, configura la sintaxis de la argumentación de la retroescritura.

La pregunta por el sujeto de la (retro)escritura es constante en estos ensayos y da cuenta de la puesta en crisis del autor y de la supremacía del texto que viene a sustituirlo (Barthes 1987: 65-71). Ello funda la autoridad y autonomía del sujeto que escribe y se atreve a vincular diversas textualidades, sin atenerse necesariamente a alguna "intencionalidad" del autor que las escribió ni al contexto en que fueron expresadas (aunque puede darse, si le es conveniente, y en muchos casos ilumina épocas pasadas). La cita de un significante no acata ningún significado original, ni respeta algún sentido presumiblemente dado por su autor; por el contrario Hamed se la apropia desde la irreverencia y la pone a funcionar en la constelación diseñada por él, desde la necesidad de su propia escritura, desde las coordenadas de su trabajo creativo, reponiendo paradojalmente su propia autoridad y "verdad". Así, por ejemplo, el vínculo que establece entre el ojo de Schwarzenegger y el del Cíclope en la saga de Odiseo, o la deriva desde la Pantera Rosa a la Peste Rosa del SIDA, o las diversas líneas de fuga que dispara en torno a la "carne" hasta arribar al banquete de Platón. Este particular trabajo con los significantes y textos de la cultura universal tiene antecedentes en el interior de la tradición del ensayo latinoamericano.

Varios críticos señalan, como una de las marcas del ensayo latinoamericano, en especial al ensayos de interpretación nacional, el predominio de una "estructura expositivo-argumentativa en vez de descriptivo-narrativa" (Mignolo 1984), de una "escritura inteligente" basada en la razonamiento y en el juicio (Giordano 1984), del "discurrir del pensamiento mismo" y la presencia de una prosa "conceptual, ajena al hilo enhebrador de la ficción" (Real de Azúa 1964), de una "antinarratividad" (Weinberg 2006), aun cuando no se ajuste a las leyes más duras del discurso científico, aun cuando tienda puentes con la literatura o con la poesía (Picón Salas 1954), aun cuando se jacte de su libertad formal. A contracorriente de este ensayo razonador y argumentativo, *Retroescritura* argumenta desde la imagen, arguye desde la metáfora, discurre con tropos e impone a las figuras una relación sintagmática para configurar un relato. Se trata ya no del "ensayo de interpretación nacional", sino del "ensayo literario", aunque resulte complicado afincar pie en estas tierras movedizas, inestables, contaminadas del género ensayo.

Me interesa, al menos, puntear uno de los momentos claves de la reemergencia de este *ensayo* literario con los textos del cubano José Lezama Lima, perseguir las marcas de su institucionalización. Tendríamos que comenzar con la frustración histórica que Lezama percibió ya a fines de los años treinta y que lo condujo, por afuera del terreno político y por el afuera de los discursos de las ciencias sociales, a indagar una salida, una alternativa en el espacio abierto por la literatura. Se propuso, entonces, averiguar lo cubano, la identidad insular desde las herramientas de la *poiesis*, ya que "un país frustrado en lo esencial político, puede alcanzar virtudes y expresiones por otros cotos de mayor realeza" (*Imagen y posibilidad* 196). En esta frase se percibe la incorporación del problema de la identidad cubana, de la cultura insular al terreno del arte, lo que significa un cambio brusco en el protocolo del ensayo de interpretación nacional, aquel que se institucionaliza en el siglo XIX en América Latina pero ejerciendo un movimiento diferente al de Lezama Lima.

Los ensayos modernistas de José Martí o el *Ariel* de Rodó –entre otros ejemplos– se constituyen desde el proceso de autonomización literaria de fines del siglo XIX, que por un lado escinde los saberes disciplinarios según cada especialidad, y por el otro autoriza al valor literario por su capacidad integrativa y educativa frente a los discursos tecnológicos del proceso modernizador que con su "especialización" y "utilitarismo" no eran aptos para comprender los destinos de América Latina. De este modo el ensayo de interpretación nacional se legitima desde el valor literario, desde la autonomía del arte, pero para dar un paso más allá y volver a vincularse con lo político. De allí –como explica Julio Ramos– la hibridez del género, que cruza las prerrogativas de la literatura con las demandas de la política; de allí que en el ensayo la autoridad política no cese de manifestarse. El hibridismo de su textura, que cruza las lenguas literarias con otros registros discursivos de las más variadas disciplinas, es la marca más importante de esta tensa relación entre las diversas esferas sociales. En cambio en Lezama Lima no hay hibridismo, no hay puente con el exterior, los discursos de las disciplinas no literarias no presionan con su fuerza el inexpugnable espacio que Lezama construye en sus ensayos, donde parece reinar el mundo autónomo de la *poiesis* con sus leyes.

Como si Lezama no contemplara, en la coyuntura política del momento, la posibilidad de negociar desde la literatura con otras instituciones los debates en torno a la identidad cubana y latinoamericana.

Algo similar ocurre en los ensayos de Amir Hamed, en los cuales lo político se captura desde lo literario, se lee oblicuamente desde una matriz poética ya que es la literatura la que puede abrir caminos en el apagón de la gris democracia. Estamos en una coyuntura en la que se ha abandonado la centralidad deslumbrante que supo ocupar lo político en los sesenta, de la mano de la revolución cubana y de sus chispazos por América Latina. El aura de los guerrilleros, el fuego de la revolución ahora se trasvasa a la literatura: la escritura de Hamed da cuenta de un reencantamiento de la literatura, reencantamiento que no implica una apuesta a la capacidad fundacional de la letra, ya que ésta está guiada por la deriva posestructuralista del significante.

En los ensayos de Lezama Lima quien escribe, el sujeto de enunciación, es un *sujeto metafórico* que apuesta a la imagen como un absoluto y articula una progresión de imágenes, una "red de imágenes que forman la imagen" (Lezama Lima, *Analecta del reloj* 153). Tanto la *prueba hiperbólica* como la *vivencia oblicua* son las reglas de funcionamiento que rigen los enlaces entre las imágenes sin seguir el orden de la razón sino el de la poesía, que autorizan las libres asociaciones entre elementos separados por abismos de tiempo, espacio y sentido, y que liberan a la escritura ensayística de las corroboraciones de la verdad al desplazarla hacia la *mentira poética*. La imagen actúa en lo *incondicionado*, se abre a la diferencia, es "misteriosa en sus asociaciones", dice Lezama.[127] En *La expresión americana* (1957) Lezama activa estos principios del ensayo literario para hablar de la identidad cultural de América Latina, pero lo hace reconduciendo el ensayo de interpretación nacional a los foros del *logos* poético. Es a través de la "historia tejida por la imagen" –así la llama Irlemar Chiampi– como Lezama instituye este ensayo literario. El contrapunteo de imágenes engendrado por el *eros relacionable* no

---

[127] Si bien estas reflexiones en torno a la escritura se encuentran diseminadas por toda la obra de José Lezama Lima, se concentran en "Las imágenes posibles". Véase. además los análisis de Abel Prieto y la selección de Irlemar Chiampi en la bibliografía.

sólo es la herramienta con la cual Lezama explora la trama cultural latinoamericana; es también la condición que rige el funcionamiento de la cultura americana en tanto espacio gnóstico, en tanto matriz abierta a las contaminaciones de todo tipo, en tanto protoplasma incorporativo de otras culturas o dispositivo que canibaliza y calibaniza la entera biblioteca. De allí las continuas vinculaciones con culturas remotas en espacio y tiempo.

Retroescritura puede colocarse dentro de esta línea del ensayo literario, pero a su vez ejerce una torsión ante el nuevo contexto del fin de siglo, ante otro escenario en el cual Hamed señala la clausura de los relatos teleológicos y de las ansias identitarias. Se trata, como apunta Sandino Núñez en la "Coda retro" que cierra el libro, de la cancelación de la ciencia como disciplina clave de la modernidad que ha procurado ordenar, explicar y sistematizar lo real. El filósofo de la ciencia, a cargo de este orden, ocupaba el lugar de "un buen Dios, un padre, un señor superior, serio y responsable" (*Retroescritura* 165), y su gran representante, Hegel, instauró el Espíritu como principio organizador de la historia. Es en este quiebre que se arma la máquina retro, una maquinaria desde la cual varios escritores revisarán los mega relatos nacionales del pasado.

En lugar de las *confluencias* lezamianas entre diversas figuras e imágenes de la tradición que el sujeto metafórico dispone y conjuga desde el *eros relacionable*, Hamed instituye la *deriva* (menos teleológica y más contingente) que va enhebrando textos a través de las mutaciones de un mismo significante o imagen. En este desplazamiento, el uruguayo prefiere hablar de la escritura como mutación y metamorfosis, en lugar de la experimentación propia de la vanguardia que remite al imaginario técnico siguiendo la lógica de lo nuevo.[128] El arte como *mutación* encuentra –para Hamed– su texto clave, su origen y paradigma, en las *Metamorfosis* de Ovidio, no sólo porque su obra describe diversas metamorfosis, sino además porque expone el proceso de construcción narrativa como una sucesión de mutaciones. El texto se abre con el Caos

---

[128] Amir Hamed, "Vanguardia y dictadura" y "Forma, resistencia, indigestión", en página web *Henciclopedia*.

que no es "más que masa tosca", punto de partida de las mutaciones que en su texto abarcan desde el inicio del mundo hasta el presente del siglo I. Remite también al proceso de escritura que comienza como un conjunto de "gérmenes discordantes" para arribar a una "meseta". Así, "Ovidio es la exigencia de lo que muta: narración". El proceso se extiende a las lecturas y reescrituras de las que será objeto: "No ignoraba que otra mutación ya se lo estaba llevando: nosotros –la lectura– que por milenios lo seguimos torsionando, no lo dejamos descansar".

La *Metamorfosis* de Ovidio –en tanto proyecto sideral–, sin embargo, difiere de la escritura del presente, atravesada por mutaciones que pervierten y desvían cualquier "gran obra" al contagio de un virus, sometida a los vaivenes de un diablo, de un programa antojadizo, de la piratería de la red: "Pareciera que el gremlin que perturbó a Descartes juguetea en las computadoras, saboteando esa gran obra, esa incisiva reseña, la columna candente que no llegamos a escribir".[129] La "mancha" es otra de las imágenes condensadoras del sentido de una escritura que contiene un dispositivo corrosivo de su linealidad y transparencia. En su ensayo "Mancha, hueco, canaleta", Hamed reescribe en clave deconstructiva la escena en que Cervantes derrama el frasco de tinta y desde ese manchón inicia "En un lugar de la Mancha...". La *mutación* es a la vez signo de lo real –"Devenir, volverse algo distinto de aquello que se está siendo parece el orden natural de las cosas"–[130] y condición del "verdadero sentido de la literatura", ya que revela y pone en escena la ley mutante del mundo; la mutación configura el centro de la escritura como práctica nómada que se enfrenta a los códigos cristalizados.

Asimismo, en lugar del sujeto metafórico lezamiano (que se corresponde con la figura aurática del poeta como profeta y maestro, tan cara a Lezama), el sujeto de enunciación en Hamed se corre del lugar del Padre para acercarse a los perfiles del "hermano mayor", del "duende" o del "cuántico". Son figuras menores y traviesas, que desobedecen al padre, psicopatean a sus hermanos erosionando sus convicciones y

---

[129] Amir Hamed, "Del caos o prólogo del mundo", en página web *Henciclopedia*.
[130] Amir Hamed, "Ovidio o de cómo deja de ser el mundo", en página web *Henciclopedia*.

vienen a sustituir, en la práctica de la escritura, al Espíritu. Juegan con los dispositivos –"órganos, chips, tornillos, genes"– que el mundo virtual pone al alcance: "Sé todo lo que hay que saber: no me resta entonces sino inventar y jugar, volver sobre lo hecho, corregirlo, modificarlo, introducirle minúsculas variantes" (*Retroescritura* 166).

Este yo del ensayista, que hace de la oferta transnacional de la pantalla un archivo inconmensurable de imágenes, textos y lenguas con los que dialoga, se asemeja en su voracidad tanto al "viajero inmóvil" de Lezama Lima como al lector de una babélica biblioteca de Borges (no es casual que el mismo Hamed promueva una *Henciclopedia* en la web). En ambos escritores, quien enuncia en el ensayo es, por sobre todo, el *lector* de una dilatada biblioteca en tiempo y geografía, que descubre textos ignotos u olvidaos, escritos en lenguas muertas, un lector que teje y entreteje la trama del ensayo con los jugos de sus lecturas.[131] Quizás éste sea un punto de contacto del ensayo de Amir Hamed no sólo con Lezama Lima, sino también con Jorge Luis Borges, quien en "El escritor argentino y la tradición", frente a la tendencia al color local, reclama el derecho a la cultura universal por parte de los escritores argentinos: "podemos manejar todos los temas europeos, manejarlos sin supersticiones, con una irreverencia que puede tener y ya tiene, consecuencias afortunadas" (273). La amplia, variada y por momentos rara erudición, el interés por los textos de filosofía y religión (que Hamed extiende hacia la cultura pop, la videocultura, la música y la política), el fraseo inquisidor, la picardía, la ironía, la irreverencia e incluso travesura en las argumentaciones y cierto jugueteo con los textos pueden constituir otras coincidencias con el escritor argentino. Su peso es indudable en la escritura del uruguayo quien supo reconocer que Borges "mejoró definitivamente el lenguaje para que todos tuviéramos con qué escribir" (Hamed "It's me, Borges").

---

[131] En "De la necesidad del ensayo. Esta América y su género" (2016), Hamed describe al "yo" que enuncia en el ensayo: "A ese sujeto nada le resulta ajeno, cuanto más recluido, más abarca, precisamente la lección de Michel de Montaigne, el primero de todos, retirándose para escribir sus ensayos para dar cuenta del mundo, es decir, para dar cuenta de las más grandes, pero también de las más tristes, hazañas de bípedo. Cuanto más aislado, más ubicuo ese yo, más capaz de dar cuenta. No necesita ver ni comprobar: le basta con oír, con leer".

Pero además de sus ensayos sobre crítica literaria, Borges consumó una de las intervenciones más perturbadoras al protocolo del ensayo al introducir la ficción como ácido corrosivo de la presunta "realidad" de la que el ensayo se supone que habla. En su obra podemos puntear otro modelo clave en este tanteo por el ensayo en América Latina ya que sacude y trastorna sus regulaciones vigentes, y rehace el pacto de lectura. Borges *ficcionaliza* el ensayo. Ya no se trata de una argumentación por la imagen que teje una *imago* poética en el centro del ensayo como en Lezama Lima. Acá la agencia provocadora es la ficción que desestabiliza ciertas lógicas del género. Es el "efecto de referencia", es la presuposición de "no ficcionalidad" de todo ensayo lo que en primer lugar minan los textos de Borges. En "Examen de la obra de Herbert Quain" (1941) leemos un ensayo crítico sobre una obra inexistente de un autor también inexistente, en "Tres versiones de Judas" (1944) comenta, glosa y critica las obras inventadas de Nils Runeberg. En ambos casos, sin embargo, se mantiene cierto marco característico del ensayo –la mención de obras "reales" como las de Mrs. Agatha Cristie, Gertrude Stein, las publicaciones del *Times* y del *Spectator*; la retórica propia del ensayo crítico; el sujeto de enunciación que se autonombra como Borges, y hasta los títulos de los ensayos– y por ello el efecto es mayor. "Nueva refutación del tiempo" (1946) es uno de los ensayos –de matriz filosófica– que fractura la entidad del "yo" y desestima la posibilidad misma de la argumentación filosófica como vehículo en la búsqueda de la verdad: todo el razonamiento en torno a las teorías sobre el tiempo se vuelve puro juego de la imaginación, fantasía de la que el mismo ensayista descree. En "Tlön, Uqbar, Orbis Tertius" (1941) la puesta en crisis del saber filosófico no se da sólo en el nivel argumental, sino en el mismo acto de ficcionalizar las teorías filosóficas de Berkeley, de introducir un fantástico dentro del relato, de desplazar el ensayo hacia el cuento. Borges hace del ensayo ficcional el escenario para desmontar las certezas de los saberes, para deslumbrarse ante las fraguas de teorías inauditas e inconsistentes que intentan denodadamente comprender el universo, para examinar sus construcciones en el juego incrédulo con la argumentación, para sorprenderse ante la fáustica pretensión de explicar el cosmos: lo hace desplazando la filosofía y la teología hacia el tembladeral de la literatura, estimando "las ideas religiosas o filosóficas por su valor estético y aun por lo que encierran de singular y de maravilloso" (775) –con lo cual, por otra parte, invierte la consabida descalificación del "insustancial" ensayo ante la "seriedad" de la filosofía.

Más cercano a Lezama, para Hamed esta es una batalla (la del ensayo ante la filosofía) ganada al introducir, en el interior del género, la potencia de la literatura (más que la ficción), el despliegue de la imaginación, la pulsión de la *poiesis*, para dar lugar a la chispa nacida en la frotación de los textos.

La *retroescritura* invita, más que al trabajo con la ficción, al juego de enlaces, derivas, desvíos suscitados en el achivo literario y cultural. En "De la necesidad del ensayo. Esta América y su género" (2016) Hamed descubre en el "desvío" (señalado por Theodor Adorno y César Aira) el dispositivo central del ensayo en tanto supone desensimismar a las cosas y vincularlas con aquello que le es ajeno, sacarlas de su ceguera y abrirlas a lo otro (por ejemplo acoplarle a un jarrón la genética o la televisión, o vincular la corrupción con la artritis).[132] Lo que es otro modo de referirse a los enlaces y frotaciones entre diversas imágenes que ya había adelantado en sus primeros textos de *Retroescritura*.

Según las perspectivas de Sandino Núñez en la "Coda retro", Hamed postula dos hechuras del yo, del duende: el arqueólogo posestructuralista y el cuántico, quienes ejercen dos diferentes intervenciones sobre el pasado. Entre los arqueólogos, Derrida deconstruye y critica los discursos del pasado mientras Foucault arqueologiza sobre las fallas y discontinuidades de la historia. En ambos hay una voluntad de reparar, rescatando una historia secreta silenciada en las fábulas del progreso y la evolución del Espíritu: "Es desatar una historia más infame como clave de interpretación (y de deconstrucción) de la cultura europea" (167). Frente a ellos, Deleuze y Guattari ofrecen "una revisión incesante en una especie de presente homeostático" (167). Pero –y aquí reside la propuesta de *Retroescritura*– si el *arqueólogo posestructuralista* deconstruye

---

[132] Además este "desvío" caracterizaría de un modo particular a América Latina, nacida del choque entre culturas a partir de la Conquista española, de allí la necesidad del ensayo en este continente para "pensarse" y "decirse".

el pasado para desmontar sus fallas y discontinuidades, recuperando la historia secreta de las barbaries (y con ello "prepara el espacio de un arrepentimiento o de una revisión penitente"), el *cuántico* visita el pasado para actualizarlo desde los juegos que gustan al duende. Este juego activa el saber lúdico, libre y abierto de la literatura para desarmar los saberes formateados de la historia. Si el Espíritu sancionaba la ley progresiva de la historia y ordenaba el cosmos en esa grilla, el duende desarticula los estratos, las regularidades, desune para mezclar y confundir. El "virus" es la estrategia, ataca a la máquina del Estado pero lo hace a través de la peste y los microorganismos ("terrorismo nomádico, organizaciones transnacionales, narcos, fanáticos, gangsters").

Desde estas reflexiones sobre la escritura, Hamed interviene la factura del ensayo literario, en especial la matriz barroca de Lezama Lima que, como sabemos, a partir del neobarroco de Severo Sarduy ha tenido una prolífica descendencia en América Latina y especialmente en el Cono Sur, en el *neobarroso* del argentino Néstor Perlongher, en el *neobarrocho* del chileno Pedro Lemebel y en el *neobarroco transplatino* del uruguayo Roberto Echavarren, entre otros. La lengua barroca de Hamed es la inscripción de múltiples lenguas extranjeras en la lengua madre del español americano: desde giros sintácticos griegos y latinos, el uso de epítetos, el arcaísmo de un castellano barroco ("en combate –parece– murieron en miles más de doscientos sitiados", 82), las citas en inglés, francés, alemán, italiano, griego y latín, hasta la inclusión del lenguaje de la computadora. La escritura combina prosa, verso, letras de tango, rock. El espacio de la hoja está en continuo movimiento intercalando párrafos con estrofas, versos, notas a pie de página que abarcan toda la página, tachaduras de lo escrito, zonas que transcriben el espacio de la pantalla de una PC. Las citas entrecruzan un amplio haz de textualidades que van desde la cultura de los medios masivos y la informática a Homero, Virgilio, la Biblia, San Agustín, Baudelaire o Poe. Hamed interfiere un verso o un sintagma de la alta cultura con una ocurrencia graciosa que genera una *gradatio* descendiente ("Su noche oscura del alma ocurre en pleno día", 117), explota la impertinencia en el modo de vincular palabras que incumben a muy diversos registros culturales ("Sofocada epifanía",

133), o emplea el anacronismo léxico ("Dante Empíreo State", 119). Este importante renuevo de la lengua provoca asombro y risa, y reconduce la escritura a una de sus tareas fundamentales, a explorar lo que asoma, a auscultar lo contemporáneo en su desfasaje, en su anacronismo, en aquello que se escabulle a la visibilidad enceguecedora del presente, a percibir el intempestivo como sugería Nietzsche (Agamben).

Como vemos, el trabajo sobre la historia que propone Hamed se distancia de aquel que pensaban las generaciones anteriores. El regreso al pasado ha sido una de las marcas más fuertes del campo intelectual y literario de la posdictadura uruguaya, la exploración de la historia ha sido una vía para reelaborar la experiencia y las herencias de la última dictadura, como un camino donde interrogar sus causas o antecedentes. Esto se canalizó a través del auge de las novelas históricas, que releen el convulsionado siglo XIX para armar una nueva cartografía de la historia, hilada por los puntos de emergencia de las políticas de la violencia estatal. Leen a contrapelo la narrativa heroico-progresista de la historiografía hegemónica señalando sus huecos y quiebres, rescatando las memorias de la barbarie, e intentan así buscar en la historia un origen que explique la emergencia del terrorismo de Estado en Uruguay. Para decirlo en términos de Amir Hamed, estas novelas históricas son obra del arqueólogo posestructuralista que rastrea las "fallas" de la historia con una voluntad de reparar, rescatando –en este caso– los relatos menores de la violencia, ocultos detrás de la narrativa teleológica de la independencia, de la civilización y del progreso, tales como las voces de los indios charrúas, de los esclavos afrouruguayos o de las víctimas del militarismo de Latorre. Es la empresa que asumen los escritores de la generación de los sesenta-setenta, que vivieron el entusiasmo revolucionario y apostaron al relato emancipador, y que al regreso del exilio y del insilio de la dictadura se volcaron a auscultar las fallas de la historia.

En cambio, en la máquina de la retroescritura de Hamed quien escribe es el duende, el cuántico, y lo hace para jugar con la historia, para –como proponía Lezama– "... hacer con ese siglo XIX, calembours, boutades, roulants, descoyuntarlo, tomarlo en serio o reducirlo a irónica estampa, variarlo, ordenarlo, exigirle; esa es una posición que no nos podemos dejar arrancar, un nuevo siglo XIX nuestro, creado por nosotros y por los demás" (Lezama Lima 1977: 82-83). En *Artigas Blues Band*, la novela histórica retro que Amir Hamed escribe, casi como una contra-versión en el marco del auge de las novelas históricas en los noventa, se ejercita la retroescritura. No viaja al siglo XIX como espejo donde reflexionar sobre las causas y antecedentes de la última dictadura, prefiere resucitar a Artigas para activar su vector subversivo en el presente. Tal es el valor de la retroescritura en tanto máquina de guerra capaz de corroer los Principios, los sentidos clausurantes de los monumentos nacionales —en especial el Mausoleo de Artigas como ícono de la dictadura—, las identidades fijas que sostiene la letra sedentaria del estado, para configurar desde el nomadismo una escritura inapropiable por los poderes.[133] *Retroescritura* puede leerse, entonces, como un emblema teórico de la revisión del pasado que varios ensayistas de la década de los noventa emprenden, como la construcción de una máquina de escritura que reúne dos principios teóricos: la revisión del pasado (RE) desde el desvío (TRO) de su teleología. Pero este engranaje funciona desde el presente, recobra los textos del pasado pero los pone a funcionar en las constelaciones de los imaginarios del fin de siglo —como el SIDA, la moda retro, el agujero de ozono, la boga de los dinosaurios, los video juegos, el resurgimiento del gótico— o de los acontecimientos de la historia política del presente, desde Bill Clinton a Saddam Hussein. Lo que está en juego es el presente. Un presente en cuyo ADN está inscripto el fin de la épica y las grietas de la dictadura, pero no como una deuda a resolver o evaluar (ya que no hay culpa en ese pasado no protagonizado por los jóvenes), sino como una posición consolidada, una derrota ya acontecida que precisa reconocerse para diseñar un lugar propio en tiempos de ocasos.

Amir Hamed explora las condiciones de su escritura —y la de su generación— en este escenario de fin de siglo atravesado por *épicas cansinas*

---

[133] Es posible, en una perspectiva mayor, establecer conexiones con las propuestas que en Chile elaboran quienes se nuclean en torno a la figura de Nelly Richard —entre ellos a Diamela Eltit y Pedro Lemebel— y persiguen desarticular las regulaciones estatales de la cultura a partir de nuevas políticas de la letra que exacerban las asimetrías, los desfasajes, las contradicciones, los puntos de fuga a cualquier intento de clausura.

(*Retroescrituras* 9), con un futuro esquivo a las grandes propuestas. Quisiera volver a una imagen que parece estar pugnando por emerger en los comentarios de Hamed sobre la serie Alien: el filicidio de Alien ("engendro no deseado" 11) a manos de su madre, la teniente Ripley (así como también se insinúa la posibilidad de no haber nacido en *Back to the Future*). La proyección de un filicidio y la imposibilidad del parricidio aparecen como dos condiciones que atenazan a esta generación en gran medida huérfana. Mientras los padres –aquellos que llevaron a cabo la rebelión cultural de los sesenta– extienden su juventud para confundirse con sus hijos sin permitir la distancia necesaria para el enfrentamiento, los hijos parecen proyectar en esta escena el deseo filicida de los mayores que obtura el cambio de mando, que no les permite asumir el timón de la historia. A ello se suma el desgaste de las épicas, desde la revolución hasta el rock, que sus padres rebeldes y parricidas ya protagonizaron, extendieron, agotaron y cancelaron para el futuro. ¿Quién puede competir con las energías desplegadas por la revolución, el rock and roll, la psicodelia? El "vacío del Padre" admite varios significados que van desde las perspectivas filosóficas del posestructuralismo hasta las coyunturas políticas particulares del Cono Sur. Son los hermanos mayores quienes regentean "el fin del parricidio, una no-epopeya que testimonia el congelamiento de la juventud y el fin de las generaciones" (12).[134] En ese escenario irrumpen los jóvenes de la movida de los ochenta, los jóvenes dionisíacos, con altas dosis de impertinencia.

---

[134] Sin desmerecer las diferencias, varias de las marcas de esta generación uruguaya de los 80-90 se asemejan a ciertas características de la nueva narrativa argentina (NNA) escrita por la "generación de la posdictadura" que analiza Elsa Drucaroff en *Los prisioneros de la torre. Política, relatos y jóvenes en la postdictadura* (2011). Mientras la generación anterior entona el grito, la acusación, la proclama o una reflexión sesuda con el fin serio de criticar y denunciar, los escritores de la NNA se toman todo menos en serio y en sus textos predomina la socarronería, la sonrisa, empleando cierta distancia irónica y autoirónica sobre lo que se está contando y evitando consolidar un mensaje claro, exhaustivo y explicativo. Asimismo la crítica argentina describe a esta promoción mediante la imagen de los "prisioneros de la torre": se encuentran en la cima de una torre, montados sobre los hombros de la generación anterior, la de los militantes de los sesenta que sufrieron la persecución en dictadura, y reciben la pesada carga de un pasado –en el cual se encuentran tanto el modelo de los jóvenes maravillosos como la pila de sus cadáveres– que no vivieron pero heredaron.

2. El arte de borrar en *Artigas Blues Band* de Amir Hamed

> *Pues no deis 1, que resonará al infinito*
> César Vallejo

Artigas Blues Band resulta una *retroescritura* de la historia de Artigas que monta desde la "leyenda negra" una máquina de guerra contra el grafo sedentario, contra las apropiaciones de la historia, contra las memorias de la pedagogía estatal e incluso contra las búsquedas genealógicas de las fallas en el pasado nacional. En este giro se opone a la tendencia de las novelas históricas de la posdictadura uruguaya. Hamed cita un ciclópeo conjunto de textos sobre Artigas proveniente de las fuentes más diversas (desde los liberales argentinos a las canciones de Rada) y los pone a "frotar" en una textura desbordante que no hace caso de las filiaciones políticas ni de las querellas historiográficas. Es el duende que viene a jugar y confundir los saberes heredados del Padre (del padrenuestroartigas), desterritorializando la letra estatal y los ordenamientos del archivo nacional, en especial aquellos que hicieron de Artigas la viga maestra del entero edificio de la Suiza de América. No pretende instituir un nuevo orden, sino confundir, rayar, borrar, limpiar para dejar la página en blanco, para desentenderse de la herencia intratable y deshacerse de la maldición del pasado reciente, dejada como un presente griego a la generación nacida o formada en dictadura.

La novela narra alternativamente varias historias que se deslizan, se cruzan, interfieren entre sí, se mezclan. Se inicia con la "cachetada justiciera" que una prostituta propina a un macró en Plaza Independencia bajo la estatua ecuestre de Artigas, quien entonces decide iniciar sus andanzas acompañado por su fiel compañero Ansina. Ya no se trata de regresar al pasado para explorar sus saberes ni de fraguar una mirada revisionista sobre el héroe, ni de apelar a la historia como *magistra vitae*. El texto se inicia con un acontecimiento que perturba y sorprende, que nos desacomoda: en lugar del consabido regreso al pasado de las novelas históricas, Artigas es traído al presente, se lo despreteriza. Además, se lo saca del mausoleo construido en su honor por la dictadura militar. Por otro lado, esta escena es parte del sueño de Ariel, producto de la pérdida de un trabajo académico que un virus búlgaro destrozó en la pantalla de su computadora. Ahora se decide a escribir una novela sobre el héroe oriental. El origen de la escritura, de la literatura, se encuentra en el sueño como alternativa a la grafía institucional del mundo académico. El virus es el régimen de esta retroescritura que a un tiempo vuelve al pasado (re) para borrar la letra muerta de la historia, del estado, de la academia, de la novela histórica, sin reponer otro *logos* alternativo sino un continuo desvío y desvarío (tro).

El relato discurre, entonces, a través de dos vectores: la historia que Artigas emprende de nuevo reescribiendo –retroescribiendo– su propio pasado, y las aventuras de Ariel, Gustavo y Pedro. Ariel –en Nueva York– decide sabotear un congreso universitario con la ayuda de Gustavo y en nombre de Artigas; al mismo tiempo, inicia su novela sobre el héroe. Desde Montevideo, Pedro organiza una célula subversiva llamada "Leyenda Negra",[135] dispuesta a atacar las estatuas y demás iconos del padre de la patria, y a cambiar los nombres y orientaciones de las calles montevideanas (en un proceso de desterritorialización). De este modo, la narración estará en boca de diversos personajes: Artigas, su compañero Ansina y su amanuense Barreiro junto con Ariel, Gustavo, Pedro y sus respectivas mujeres, Ana, Susana y Leda, en una cronología muchas veces desarmada.

Producto del sabotaje al Congreso universitario, Ariel queda cesante y con sus papeles sobre Artigas decide regresar a Montevideo. En la capital uruguaya ya se ha montado una contraofensiva del gobierno a cargo de Juan José Artola para descubrir y desbaratar al grupo subversivo. Apenas arribado, Ariel es sorprendido por Artola con los manuscritos sobre Artigas. Prisionero, será Pedro –fingiendo apoyar a Artola– quien lo torture hasta convertirlo en un vampiro para finalmente abandonar la ciudad en viaje hacia Argentina. Pero antes Pedro continúa y profundiza los ataques de su banda. Por su parte Gustavo monta a pedido de Pedro

---

[135] Como se sabe, la historiografía liberal porteña, recogiendo todos los resabios de una tradición política adversa al caudillismo, fue consolidando la "leyenda negra" en torno a Artigas, en tanto sinónimo de anarquía y caos social. Mitre y Sarmiento sancionan esta versión en sus textos. La intelectualidad uruguaya rescató desde fines del siglo XIX la figura de Artigas para culminar con dos obras monumentales que lo convierten en el héroe nacional indiscutido: el *Alegato histórico* (1909) de Eduardo Acevedo y *La epopeya de Artigas* (1910) de Juan Zorrilla de San Martín.

una filial del grupo subversivo en el extranjero, a fin de extender el accionar corrosivo de Leyenda Negra por varias ciudades europeas. En su meta final, el desierto egipcio, contempla el fin del mundo y el comienzo de una "buena nueva".

En esta trama *Artigas Blues Band* explora sin distraerse y hasta la exasperación las posibilidades de la escritura. Nada cae fuera de ella. Las aventuras y desventuras de Artigas trasiegan el interés de su verdad histórica hacia los avatares de la escritura en una trama que lee "los parajes por que discurrían" (74) como el trayecto de los signos. Los personajes, de una u otra manera, leales o traidores, no pueden escapar a su condición de escritores. Éste es el hilo que mi lectura propone: anudar en la exuberante textura de *Artigas Blues Band* las andanzas de la letra, el acontecimiento de la escritura, los desbarajustes del archivo, las figuras del escritor. Resulta complejo dirimir la relación entre la dimensión histórica de Artigas y la reflexión sobre la escritura. De ningún modo considero que *Artigas Blues Band* conciba el relato de Artigas como símbolo, metáfora o alegoría de la escritura; por el contrario, el itinerario del héroe oriental es en sí mismo un modo de escritura que se desenvuelve a través del éxodo, la derrota y la peste como acontecimientos a un mismo tiempo de la escritura y de la historia.

El punto inicial de esta aventura se origina en el *éxodo* artiguista, en el vacío como abandono del principio de realidad y comienzo de la invención, de la ficción: "yo inventé este país cuando me los llevé a todos al éxodo, lo vacié" (13). Lo "real", aun la ficcionalización de lo real, en *Artigas Blues Band* se nos retacea una y otra vez en un comienzo que, luego nos enteramos, no es más –ni menos– que el sueño de Ariel. A este sueño le sigue la voz de Ariel que habla desde la duermevela del que aún no ha despertado y sólo despertará para convertir su sueño en ficción, que será novela dentro del diario de Gustavo quien asimismo recoge otras escrituras sobre el héroe.

Por su parte, Artigas se convierte en el primer escritor uruguayo en una escena donde se niega a refrendar los límites de lo real: "abandoné el colegio de los franciscanos, después de arrojarle un tinterazo al cura porque me negué a escribir una plana que dijera Non Plus Ultra, porque de haberlo hecho, de haber rubricado esa frase, no hubiera logrado renacer" (13). Pero el éxodo no es sólo vacío –o, quizá, precisamente porque es vacío–, destila una sustancia corrosiva para los pretendidos Principios, contiene un virus que ataca a la letra, desparrama la peste que contamina la integridad de los significados. La escritura como virus, borradura, peste y violencia subversiva de la letra es el legado de Artigas: "y cuando decidí morirme, la peste llegó a mis descendientes" (13). La escritura se abre, entonces, a las posibilidades situadas más allá de un pasado clausurado y de un futuro formateado, hacia un porvenir inaudito, no digitado por el pasado, sino indecible y abierto al riesgo de lo que viene, a la página incierta, montada para esta generación de jóvenes escritores (a la que pertenece Hamed) atrapados entre la derrota de la épica de los sesenta, la experiencia traumática de la dictadura y la opaca democracia.

La escritura expone la lógica del vacío original que sólo tolera la reescritura incesante (re), el arte de borrar el padrenuestroartigas para volver a comenzar en el éxodo continuo de los principios, la mutación que vuelve al pasado para dispersarlo (tro). Dos imágenes de la letra: como sangre, semen, flujo menstrual, tinta –en definitiva, el flujo del deseo–, o como coagulación, cristalización. Apuntan a dos modos de entender la temporalidad: la *historia como monumento* reitera el pasado en la contigüidad sin distancias de la memoria cincelada en el mármol –conmemora–, es conservacionista o, en el mejor de los casos, tolera un nuevo perfil sólo para reinscribirlo nuevamente en letras de molde; la *historia como retroescritura* estropea la temporalidad progresiva, despierta al héroe y lo pone a andar, coloca la historia en la apertura indefinible del futuro –"Sí, mi general, todavía hay historia por hacer" (10)–, la sitúa en lo posible, contra el principio de realidad, en la ficción –"porque hay historia para escribir" (10). Ansina le muestra el camino a seguir "hasta que lleguemos a los parajes donde lo quiero llevar, donde se gestan las pesadillas del prójimo, donde pocos pueden llegar, donde todo lo que no es Historia puede volver a empezar" (14). Esta ficción parece situarse en el "fin de la historia" (el que supo difundir Francis Fukuyama pero también el que percibieron los jóvenes que despertaron a la política con el inicio a la democracia en Uruguay) para preguntarse: ¿cómo es posible volver a empezar la historia una vez que se terminó, cuando la revolución fracasó y la democracia no parece ofrecer demasiado?

En principio, se trata de desarmar la lógica del monumento, irrumpir para disgregar la letra muerta de la conmemoración, borrar el epitafio del mausoleo de Artigas: "todos querrán decir que usté está muerto, muy muerto, para eso en la dictadura le hicieron este mausoleo [...] y todos han estado de acuerdo en enterrarlo con piedras y tinta panegírica a usté que fue el Anticristo de tantos" (11). *Artigas Blues Band* desarticula la conmemoración de la batalla de Las Piedras y es justamente Pedro (*Petrus, petra,* la piedra) quien la pulveriza en la fiesta, en el juego del truco y del ajedrez, en el baile para escapar a la repetición, para dar lugar al otro ilegible bajo la sugestiva incitación de la letra de Jaime Ross "lo que no te di". La conmemoración como una cita que repite es la huella estéril a la que Artigas quiere escapar: "Ya saldrán de eso, se decía Ansina (...) era un buen pase para salir de la repetición a la que podían quedar condenados" (82). Pedro se niega a asistir al acto escolar de la fecha patria, se niega a la repetición del cuadro de Blanes que asegura la clemencia artiguista y prefiere organizar una peregrinación a Las Piedras para ir "a bailar y a tocar alrededor del monumento". El festejo de la batalla con una fiesta es el principio de la acción subversiva. También Artigas, que se niega a repetir la batalla, prefiere —como los otros— ir al baile para enamorar a Rafaela Rosalía Villagrán: "voy a intentar —por lo menos a intentar— la forma última del destino, que es la felicidad" (82). En sintonía con Pedro, Ariel y Gustavo planean boicotear la conferencia en los claustros de la universidad norteamericana, mientras descreen de la clemencia de Artigas con los vencidos. El baile, el cuerpo, el deseo, el eros y la felicidad arrecian con los valores tanto de la épica austera de la militancia política de los sesenta como aquellos del imaginario iluminista, racionalista y austero de la mesocracia uruguaya, definidor del pequeño país Modelo del batllismo. Introducen así la cultura disruptiva de los jóvenes dionisíacos.

Miguel Barreiro, el amanuense de Artigas, quien transcribe sus cartas, pone en escena la figura del escritor copista como traidor. Quien no sabe leer traiciona la índole plural del signo, desconoce, en fin, el arte de escribir.[136] Miguel Barreiro solía copiar las cartas que Artigas siempre dirigía a otros, nunca a él, por eso ignoraba las destrezas del lector y por eso fue incapaz de leer la carta que por una vez Artigas le dirigió a él, convirtiéndolo repentinamente en lector inexperto. Fue su mala lectura la que lo transformó en traidor a la lengua y sentenció su muerte. Pero ahora Miguel vuelve a recomenzar su práctica de copista para convertirse en "escriba", para entender lo que Artigas demandaba de él, para cambiar su destino y el de la letra en la práctica del arte de borrar, para por primera vez cambiar –mutar– una de las palabras que Artigas le dictara y así leer, releer: "Una frase que Miguel, recogiendo un papel nuevo e inmaculado acomodó –tal vez por fuerza de costumbre– en letras de su mejor caligrafía, pero que *modificó*" (130, la cursiva es mía). Barreiro no conocía el guaraní, no podía traducirlo y por eso ignoraba la estrecha relación de Artigas con los indios, no alcanzaba a leer las palabras que el general marcaba en la cabeza de sus indios.[137] Es porque no supo leer la pertenencia de Artigas a los indios que Barreiro quiso pactar con los porteños. Esta relación con los indios (en tanto hordas, salvajes, errantes que impugnan el orden y los límites de la Nación) es una de las principales lecturas que la novela hace de Artigas.[138]

---

[136] Confrontar la siguiente cita: "¿Sabría ya el general cuál había sido el dilema del sobrino? Miguel Barreiro, el amanuense que con el punzón de la pluma abría surcos oscuros en el papel para que la voz del general se acomodara en el espesor y negrura de la tinta, para que volara: La operación maquinal de cavar pozos, cráteres en la superficie lunar del papiro, para que el general volara en una carta o se fijara en un documento. A veces, en aquellos tiempos, la operación era tan automática que no era oída por Miguelito, y el general, en los respiros que se daba, terminaba preguntándole: ¿Qué he dicho Miguel? Y cuando el secretario iba a elevar la voz, el general lo interrumpía: No, sobrino, quiero que me lo digas, no que lo leas. Eres mi mano, pero toda mano debe incluir un cerebro" (129).

[137] "Y como sé que usted, primo, por más que se pueda morir diez veces nunca va a terminar de entenderlo, le voy a explicar qué quiere decir aquello que medio cantaba el general mientras ellos bajaban la cabeza para recibir el agua, para oír en su lengua que el karaíva los renacía con que yo te bautizo para arrancarte tu bautismo" (150).

[138] En 1994 Carlos Maggi publica *Artigas y su hijo el caciquillo* donde describe los lazos del héroe con las tribus charrúas, acentuando una óptica que lo acercaba a los indígenas.

Si la escritura parece jugar su lugar entre la marca que fija y la borradura, entre el surco de lo escrito y la mancha que disemina, diseña entonces un lugar imposible, contradictorio, paradojal, por el que pelean Artigas y Ariel. La letra que se quiere inapropiable, se corroe a sí misma. De allí que la gran escena de la escritura sea su fracaso, su *derrota*, mientras que su utopía es el arte de borrar. La derrota artiguista se inscribe como mancha del elegido en su cuerpo ("la mancha delataba mi derrota de entonces", 57) para volverse vacío, borradura y principio de la escritura ("Esa fue nuestra victoria", 58). Cuando Ariel se decide a iniciar su novela sobre el héroe, un apagón en Nueva York le borra su primera página, lo convierte en otro derrotado: "Susana era infatigable para estimular al derrotado" (60). Así como Barreiro estropea las letras de sus cartas con las manchas de tinta, Pedro no logra definir los trazos de su himno a Artigas cuando la vela se consume y en su torpeza desparrama la tinta sobre la hoja.[139] Hasta Peñarol se suma a la derrota sin lograr una marca. El término "derrota" instaura un juego entre la derrota política de Artigas (que dialoga con la derrota de la izquierda revolucionaria uruguaya) y la derrota como derrotero (eventual y contingente, indefinido y expectante) que aquel vacío histórico deja. De nuevo, entonces, esta ficción parece interrogar los posibles modos de escribir luego del fracaso que pesa en las espaldas de la joven generación de los 80-90, haciendo de la derrota un punto de partida.

Se trata del poder corrosivo del más generalizado virus de la lengua ("Language is a virus", 121). La utopía artiguista de la letra requiere la sabiduría del arte de borrar: "Nos ha sido dado, finalmente, el arte de tachar de una vez, con un solo golpe de pluma [...] Borrar, Ansina, pero con arte" (66). Artigas procura borrarse a sí mismo como principio de la nacionalidad, como nombre del padrenuestroartigas, como marca identitaria en la didáctica escolar, para así poder renacer continuamente: es el pasaje del *sujeto pedagógico* al *sujeto performativo*, para decirlo en

---

[139] Finalmente Pedro va a optar por otro modo de escritura a través del accionar de Leyenda Negra, luego de reconocer las dificultades que lo acosaban: "Yo quería escribirle algo así como un himno servicial y poco galvanizado, pero no me salía y era mejor –todos estuvieron de acuerdo– ayudarlo a andar por ahí, menos aherrojado en bronce y en cemento" (132).

términos de Homi Bhabha (1994). Artigas rehúye el festejo de su natalicio —ni nacimiento ni muerte— sino el renacimiento continuo sin principio que lo anteceda y sostenga; "ni gallina es ni verbo" en el juego de Brahma, no tiene territorio propio en el vagabundeo del significante,[140] y niega el libro de la Constitución escrito "en lengua de nitidez" (100). Reconoce en el arte de borrar el lugar imposible de la utopía de toda escritura y es en la tensión con el surco de la letra, es en la pelea que sostiene con Ariel y su intento de fijarlo en una novela donde se dirime la posibilidad de esta misma utopía: "alguien se arriesga a fijar lo que no se puede fijar en un grafo, me escucha mal para existir un poco más [...] *ese hombre puede desoírme y así ser mi mensajero*" (101, las cursivas son mías).

Si todo es escritura, la letra apropiada por el monumento y la tinta que fluye auspician órdenes contrapuestos, diseñan diversas cartografías de lo "real", de la historia, de la temporalidad, deciden dos políticas en pugna de la lengua. El cristianismo fue el inicio de una política de la letra que apresaba lo "real" en una temporalidad contable a partir del año cero, que instituía un "mundo uniformado en tiempo y letra [...] atrapado por la norma de las simetrías" (32) y que, bajo los imperativos de la conquista y evangelización, desembarcó en América "convirtiendo al mundo en una esfera abarcable, el primer gran paso para surcarlo en naves, apresarlo con infernal papeleo de mapas y relaciones, para historizarlo todo, redondo y dócil como la manzana de la sabiduría" (32). La letra que escande la temporalidad en un orden fijado y según un principio trascendente es, necesariamente, una lengua de la conquista y el sojuzgamiento, es la letra de la corona, del rey, del Padre.

---

[140] Confrontar las siguientes citas donde se expone la resistencia a cualquier principio fundante: "deberías saber que nunca hemos tenido cumpleaños, si yo jamás he nacido, porque siempre he estado en otra parte" (99); "ocho dioses primordiales han sido necesarios para preparar el huevo egipcio del que saldría el dios solar; antes del huevo de Brahma había una flor de loto, que del ombligo de Brahma crecía, para sostenerlo tal vez, pero para que salieran luego, redondos, completos, Civa, Vishnu y también Brahma, que luego diría que todo eso, incluso a sí mismo, hijo del huevo, lo había creado él jugando. Entiende que siempre ha habido un huevo detrás del huevo, que ni gallina es ni verbo, que ha habido un Artigas detrás de mí" (100); "No puedes ver, realmente, que es este paraje por el que discurrimos el lindero en donde, precisamente, no estamos (No sabes, todavía, no estar, apenas eres nómade). No hay mañana ni ayer" (100); "No ha sido, acaso, siempre mi arte, mayor que el de la guerra, el no estar más allá de los que quieren apresarme" (101).

Artigas recupera otra matriz, aquella diseñada por Ovidio en sus *Metamorfosis*, que (como ya vimos en los ensayos de Hamed) desarma la política del Principio en el caos y licua la temporalidad progresiva en el devenir constante de las metamorfosis y mutaciones: "Los franciscanos me hacían traducir las *Metamorfosis* [...] Ovidio comenzaba su historia a partir del caos, y a partir del caos y de cientos de transmigraciones" (32). Artigas se levanta con la señal del elegido, del Anticristo, del lobo Fenris para descolocarse a sí mismo como principio fundante de la nacionalidad oriental, como héroe patrio, y recolocarse en las huellas de la metamorfosis, del flujo inapropiable por las políticas de las coronas y de los poderes de turno: "¿porqué, en aquellas horas, fui yo uno de los pocos, casi el único, que repelió todo intento de poner en estas tierras una corona, de inca, de borbón o de quien fuera?" (31). Es en esta trama donde cobra otra dimensión el impulso libertador de la gesta artiguista, el valor subversivo de la letra, que se desentiende de la defensa más o menos ideológica para volverse escritura revolucionaria. La política de la escritura se juega en la escritura y se enajena en la escritura política. Pero para suscitar esta otra lectura es indispensable –Artigas se lo recomienda a Ansina– leer del "revés" (31). La desconfianza y el alejamiento de lo político –en especial de la centralidad que ocupó lo político en la *intelligentsia* de los sesenta– y la preferencia por las prácticas culturales constituye una de las tendencias de las generaciones jóvenes de las posdictaduras en el Cono Sur.

Ambos órdenes de la lengua, como se vislumbra en sus ensayos de *Retroescritura*, obedecen a diferentes linajes culturales, el occidental y el latinoamericano. Las sucesivas *metamorfosis* de las revueltas libertarias, desde Túpac Amaru a Artigas, y la significación de la derrota junto a la sangre derramada como vehículos para inscribir en la página "la voz infiel del indio", su sed aún no saciada, constituyen las marcas históricas de América Latina. La estrategia del éxodo le sirvió a Artigas para crear el vacío, la página en blanco donde roturar el relato de la derrota con la sangre de su tropa, para marcar los surcos de la historia propia e inapropiable, incomprensible para el conquistador: "No les dejamos ni pampa blanca ni semillas de ningún color, porque no les dejamos casi gauchos, y casi ningún indio a los portugueses, cuando llegaron, para que no pudieran marcar sobre sus pechos rasgados la señal del vasallaje y del imperio" (58).

La textualidad de *Artigas Blues Band* recupera, en su línea de fuga y en su barroca fagocitación de otros productos culturales, ese carácter inapropiable y mutante. Hay un *continuum* de la escritura que fluye y en su fluencia mezcla las voces narradoras de sus personajes, transita por la contigüidad de los espacios, se desplaza anacrónicamente por los tiempos diversos y abre pasajes entre la vigilia, el sueño, la historia y la literatura, desarmando las matrices genéricas. Y es el humor el que muchas veces diluye las fronteras entre diversos tonos del discurso, releyendo la tragedia en clave cómica, la épica como chifladura. La ficción está cruzada por epígrafes, relatos que siguen la trama, documentos oficiales, mitologías, teatro, música, literatura dentro de la literatura, escritura dentro de la escritura, confundiendo y contaminando los diversos registros culturales en un tejido barroco. Esta maquinaria caníbal y recicladora parece devorar el mundo entero, transitar desde el desierto uruguayo al desierto africano, desde el Alfa a la Omega, del Apocalipsis a la Resurrección, recorrer el Aleph en su desmesura. Si en el principio contamos con la letra A, ésta provoca una diseminación a partir del (A)rte: Artigas, Aguirre, Ansina, Artola, Artie, Ariel, Adela, Ana, América, Amir (H)Amed.... Porque la A es alfa y es el Aleph, en el sentido en que Jorge Luis Borges lo define: "un Aleph es uno de los puntos del espacio que contiene todos los puntos [...] el lugar donde están, sin confundirse, todos los lugares del orbe, vistos desde todos los ángulos" (*Obras completas* 623). Artigas, según parece, lo leyó: "Antes de partir había que hacer una seña, y dejaron marcada en una pared una enorme letra A, sí, Ansina, si este es el Alfa, el Aleph, dejemos que se preparen para Omega, el mundo ha sido cernido para saciar nuestra sed" (*Artigas Blues Band* 14).

La estabilidad del significado capaz de dar identidad se cuestiona también en el orden paradigmático como una sustitución del nombre propio: Gustavo, por ejemplo, que recibe desde el comienzo los apodos de Vishnu y Moe, ingresa en una acelerada carrera que desorbita su identidad en múltiples nombres. La estructura de la novela instaura el recorrido del revés al comenzar por el diabólico capítulo 6 e ir descontando hasta el 1 que es, a su vez, punto de arranque del 11, su reiteración al infinito, el principio de las metamorfosis. Las mutaciones parecen debilitar los límites de las palabras, que pierden su integridad en un devenir constante del juego: María Pía/Ana/Mariana; Camel/camello; Castor/Coster...

La escritura como escape al sentido definitivo, como huida a la inmovilidad del significado y a la plenitud fundada y fundante, es el combate que Pedro libra con la creación de una organización subversiva, Leyenda Negra. En principio se trata de explorar el fundamento de la palabra, su trascendencia, "la eterna cruz de madera [que] sostiene la tierra"; y nadie mejor que él que ha nacido como Pedro –"tu nombre es piedra y sobre ella construirás mi iglesia" (90)– para invertir su propia identidad, para pulverizarse. Pedro emprende un recorrido por las creencias, religiones e idolatrías de los uruguayos, los testigos de Jehová, las ofrendas de los Hari Krishna, la promesa "rigurosamente evangelista" de una empresa para cambiar la vida de sus adeptos, la no menos fanática idolatría por Artigas. Incrédulo frente a tanta creencia, leyendo la vacancia detrás de la fe, prefiere el juego gratuito del casino y allí gana el dinero con el que enfrentará la incapacidad de sus congéneres para "no esperar realmente nada" (89). Sustituye, entonces, la trascendencia del significado por el juego intrascendente del significante, sustituye a Cristo por Brahma.

Pedro se decide a refundar, en la tradición de los Tres Chiflados y de Brahma, en la liviandad del juego: "lo más atractivo era la irresponsabilidad de que él había hecho todo eso, el mundo, jugando, vaya cosa" (102). Una de las primeras acciones del grupo subversivo consiste en –al mejor estilo de los tres chiflados, que apuntan sus brazos hacia tres direcciones diferentes– cambiar el sentido de las calles y confundir sus nombres. No se trata de una célula terrorista sostenida en un ideario político ni en la austeridad moral ni en la voluntad por crear un mundo mejor: se separa de la guerrilla de izquierda de las décadas anteriores proponiendo una vasta confusión, la subversión del significado como totalidad dada, el humor, la carcajada y el disparate. Leyenda Negra se ocupa, en nombre de

Artigas, de pintar con grafitis las paredes de Montevideo y pintarrajear los rostros marmóreos del prócer, travestirlos. Es la horda salvaje, bárbara, que irrumpe el espacio estriado de la ciudad para volverlo liso, es la banda de Artigas (Artigas Blues Band) que desterritorializa los iconos fundantes de la patria para retroescribir el pasado, una caterva de bandidos recorriendo la melancolía de los noventa con sus blues.

Si una de las estrategias de la escritura en el poder es contener su fuerza en la petrificación del monumento, otra de ellas será lo que la frase coloquial certeramente define como "tapar la realidad", encubrirla con una *prótesis* (Derrida, *Mal de archivo*). La carpa con que el gobierno enfunda el increíble suceso del despertar quijotesco de Artigas cumple acabadamente esa función. También Artola se dedica a recubrir los vacíos, convirtiendo al lenguaje mismo en una prótesis que pretende ocultar su propia condición: detrás de la prótesis se encuentra el vacío del significado trascendental, la vacancia del Padre, y es por eso mismo que Artola también oculta su impericia de padre fracasado por el abandono de su hija, su incapacidad para escribir en ella el nombre de lo sagrado –la prótesis– "María Pía" (los otros, Ariel, Gustavo, Pedro, parecen no tener padre, y el padre de Susana se llama, curiosamente, Artigas).

La propia condición de Artola radica en "pasar oculto" (117), en tramar la ofensiva desde el sótano de una oficina, en instaurar la prótesis de Artigas cuando descubre que falta su busto: "Logró, gesticulando profusamente, que, mientras tanto, pusieran algo en su lugar: una especie de mampara, una oscura prótesis contra el vacío; detrás del implemento, puede sospecharse, se esconde el busto" (144). Entonces Artola opera, sin quizás advertirlo, la inversión de su propio accionar, cayendo en la trampa de toda prótesis que, al cubrir el vacío, lo revela. Emplea la misma lógica con su hija Adela: recorta en las fotos familiares su rostro, le niega entidad para reclinarse en el sosiego de lo familiar, pero el corte revela que ella falta y con ello su propia falla, desatando inestables vaivenes.[141] Su

---

[141] La siguiente cita: "En el cajón del escritorio estaban las fotos de la familia, que había logrado enmendar, en el peor de los casos, recortando, y en las que, amén la inestable composición del cuadro, no se sospecharía a simple vista que alguien falta. Si se nota inestabilidad, es mejor hacer inmediatamente algo, como trabajar, como encender la radio" (144).

propio nombre también parece una prótesis de Artigas porque también se llama José, José Artola.

Leyenda Negra constituye una maquinaria de guerra que erosiona toda arquitectura sin reponer nada en su lugar, emplea tácticas erráticas, renuncia a todo impulso emancipatorio, subvierte desde el nihilismo. Artola –dedicado "a la superación espiritual" (143)– no teme a las diversas sectas religiosas que se corren de la norma cristiana porque forman columna con lo mismo; en cambio, "estos otros, estos nihilistas desaforados, sí son un peligro. Nada predican, nada esperan, y atacan violentamente la tradición" (144). Luego de trocar los nombres de las calles y pintarrajear paredes y bustos, Leyenda Negra asume hasta sus últimas consecuencias la rebeldía satánica, la violenta trasgresión de las normas para llevar lo conocido a la conflagración final, a la subversión total que espera el fin del milenio, el fin de los tiempos y dar nacimiento así a la bestia que Pedro incuba en el vientre de Ana, para que, definitivamente, lo monstruoso advenga como una letra indómita, la letra del vampiro. En esta tónica, Leyenda Negra profundiza sus estrategias. Desde la "leyenda negra", Artigas deviene monstruo, "ogro", vampiro, la alteridad irreductible –sin principio ni fin, sin genealogía– que demanda toda retroescritura.

Pedro se deja atrapar por su enemigo Artola invirtiendo los roles, confundiendo al perseguidor con el perseguido. Y es que de eso se trata: de confundir, de desarmar las antinomias, los binarismos, de leer en el signo lo que éste rechaza, su otro oculto o expulsado del sí mismo. Es el modo en que Pedro escribe, en que Pedro lee: traslada el significado a su contrario instaurando la más absoluta ambigüedad, aquella que no se puede dividir, dirimir, desambiguar. Para resultar atrapado por las fuerzas de Artola, decide escribir grafitis que copia frases latinas –"Quo usque tandem Catilina" y "Cave canem"– y que merecen la erudita interpretación de Artola.[142] Pedro escribe este grafiti debajo de otros,

---

[142] "(B)ástele saber que Catilina era también miembro del senado y que había estado confabulando un magnicidio, que fracasó, y de cuyo fracaso el mismo Cicerón no fue ajeno. Esas cosas se hacían por la noche. A la mañana siguiente, Cicerón no imaginó que a Catilina le diera el rostro, como se dice, para aparecerse, tan campante, por el senado, y ni bien lo vio, improvisó un

blasfematorios, dirigidos a Artigas, y es en este cotexto que la cita adquiere el significado –explicado por él mismo a Artola– de una defensa contra quienes quieren traicionar y cometer un magnicidio con el héroe patrio. Asume el lugar de Cicerón y atribuye al perro el valor de la fidelidad. Pero, sospechamos, Pedro no cita para duplicar, para copiar, sino para contrabandear un sentido otro que la ambigüedad de la lengua autoriza: el que trama el magnicidio –Catilina– sería Pedro, que intenta liquidar la imagen de Artigas como Padre, padre de la patria y de la univocidad del signo, y en este sentido es efectivamente fiel como el *canem* a Artigas, no a la imagen paterna sino a su potencial devastador. Pero también el *cave canem* –cuidado con el perro– es una advertencia y es una pista que lo liga a ese poder corrosivo asumido por Leyenda Negra (recordemos a "los perros cimarrones" que aludían a las tropas de Artigas). En estas idas y venidas por sentidos opuestos que se incluyen a sí mismos desbaratando sus límites se explora la ambigüedad raigal de la escritura.

Esta estrategia aquí analizada a partir de una cita que Pedro cita pero no copia, puede extenderse a la entera novela, donde cada significación parece incluir su contrario. Nombremos algunos casos: el fin del mundo como principio del mundo; la catábasis y la anábasis –el descenso al infierno de Lope de Aguirre y el ascenso volátil de Ariel, genio del aire, convertido en vampiro–; la figura de Artigas como aquel que funda destruyendo. Esta ambigüedad también opera constantemente en las citas que la novela hace en sus epígrafes, como por ejemplo aquellos fragmentos en el cual un historiador critica la figura "bárbara" de Artigas y que sin embargo la novela recupera invirtiendo el sentido.

Concitar "relaciones peligrosas" entre los términos, entre las citas, entre los textos, entre los personajes, entre los valores, es la tarea predilecta del vampiro, de Satán, que todo lo confunde. Si la escritura se ofrece ante el vacío como inevitable citación de otros textos, entonces el vampiro se

---

magnífico discurso que comenzaba diciendo –se lo digo en castellano: Hasta cuándo, Catilina, abusarás de nuestra paciencia. Se da cuenta de que lo que este hombre escribió, citando al gran escritor latino, puede ser leído como una defensa de Artigas, en vez del vilipendio usual que tenemos que leer. Cuidado con el perro, Cave canem, era un grafiti, es decir una inscripción, en un muro de Pompeya [...] Por lo visto este hombre es un humorista" (196).

convierte en la imagen del escritor latinoamericano que succiona el entero archivo de textos no para copiarlos sino para regenerarlos o degenerarlos, para estropearlos en el teatro que Pedro edifica a la medida de un infierno dantesco en cocoliche y digitado por la sabiduría milenaria de su portero, Klaus Kinski-Nosferatu-Lope de Aguirre. Allí arriba Artigas acompañado de su fiel escudero para, en una experiencia de anagnórisis, reconocerse en la estirpe infernal del quiróptero americano. Se trata de la tradición calibanesca, canibalesca y antropófaga del escritor latinoamericano, quien arremete contra su condición de colonizado devorando los textos de la cultura universal, del padre conquistador, no para repetirlos sino para confundirlos, traicionarlos, invertirlos con descarada irreverencia y articular allí su propia voz de escritor maldito y maldiciente. Desde el *Manifiesto antropófago* (1928) de Oswald de Andrade hasta el *Calibán* (1971) de Roberto Fernández Retamar, desde el barroco de José Lezama Lima hasta el "El escritor argentino y la tradición" (1957) de Jorge Luis Borges, entre tantos otros ejemplos, esta tradición ha calado por toda América Latina.

Como una puesta en abismo –con ribetes grotescos– se nos muestran los poderes barroquizantes del vampiro americano, acostumbrado a beber, insaciable, de la vasta literatura y a confundir sus textualidades, géneros, lenguas y tonos. En la segunda escena de la sátira de Pedro se acerca Choderlos de Laclos a pedir explicaciones al portero infernal, pues su refinada literatura –"mes liaisons dangereuses"– se vio entorpecida por el injerto de un texto ajeno, más precisamente de la autoría del mismo portero de múltiples nombres, quien se niega a enmendar tamaño barullo: "Pas possible. Siempre ha habido y habrá mucho azar" (170). Y es que entre los poderes que pertenecen al vampiro no sólo está la sed insaciable, sino también la "infección", la peste que contamina la literatura, y en especial la latinoamericana. La rebeldía de Satán –y su serie de acólitos– guía la insurrección de los signos contra lo legible, afán que esta novela persigue y cuya condensación puede leerse en la abigarrada mixtura de la sátira demoníaca de Pedro, para quien "la más frugal de las novelas" debe asumir "el demonio", ya que "no se escriben novelas sobre el padre" (154).

Los ataques subversivos de Leyenda Negra se vuelven, cada vez, más osados. Nilo y Roberto-Des Esseintes matan a Leda, la esposa de Gustavo y se convierten en criminales. El escritor y su banda se revelan homicidas del *cuerpo de la letra*,[143] *asesinos desinteresados* (184), inaugurando el derrame de sangre y tinta ya ilegible del vampiro.[144] Ariel, quien procura escribir la novela sobre Artigas, adviene un vampiro como término final de las metamorfosis de la figura del escritor, animal voraz y desorbitado que desparrama su tinta volátil.

Gustavo, acatando órdenes de Pedro, emprende una suerte de peregrinaje religioso por aquellas sedes de monstruos –las iglesias góticas, la ciudad gótica de Barcelona, el museo de cera, el golem de Praga– para arribar al punto de inicio y sostén último, el desierto (que también alude al desierto uruguayo-oriental), como el espacio natural de la horda salvaje. Allí advino la letra como Ley del Padre divino: "En un lugar como este [...] se le apareció a Moisés un dios atronador y alfabetizado, que le entregó unas tablas para que hiciera planas" (238). Desde luego que la intención de Gustavo es subversiva, destruir la letra en tanto Ley, ir al espacio del origen de la escritura para acabar con su mandato, para recomenzar una grafía propia y liberada de tutelas y garantías paternas. Su tendencia de piromaníaco lo lleva a quemar el busto de cera de Artigas en el museo de Madrid. Poco antes de llegar a su destino final mata al camello que lo había conducido (recordemos que el camello, al contrario del buey, es un animal nómade) y recibe el último mensaje de Pedro, cifrado en un billete de dólar, poco después de que Mariana le haya robado su tarjeta de crédito:

> Te diré que, a pesar de lo parco y verde, tu último mensaje ha sido bastante barroco. Un billete de dólar hoy es una reliquia, no hay dudas y eso lo puedo

---

[143] En "Aprendices y criminales" (en página web Henciclopedia), Amir Hamed habla sobre el escritor como asesino: "ese asesino virtual, homicida del cuerpo de la letra".

[144] Los nombres parecen relacionarse con esta nueva actividad de Leyenda Negra. Nilo remite tanto a la fluidez del río, la fluidez de la sangre derramada, como al río egipcio, en el cual –recuerda Gustavo– "de su limo se hacían los primeros papiros", aludiendo al principio de la escritura entendida como tráfico ("Tendría que recordar que los egipcios hacían barcos de papiro", 284). Des Esseintes, el protagonista de la conocida novela decadentista À rebours (1884) de Joris-Karl Huysmans, apuntaría al carácter desinteresado de este arte criminal, falto de todo interés por sustentar un proyecto político, recuperando así cierto matiz propio del decadentismo.

entender [...] En el borde de abajo, el archisabido In God we trust. Me dejaste una reliquia devota y te llevaste mi perdurabilidad crediticia, te quedaste con mi eternidad de pecador de la Gold Card. Además, en el billete está todo: el ojo de la esfinge y la pirámide. Claro, si siguiera hacia oriente, como yendo hacia Aggartha o Jerusalem [...] me encontraría con las pirámides, y con el Nilo, y tendría que recordar que de su limo se hacían los primeros papiros. Tendría que recordar que los egipcios hacían barcos de papiro y cosas por el estilo: Tendría que hacerle dos o tres preguntas a la esfinge, etc, etc. Tal vez así empezara todo de nuevo ¿verdad? (284)

Entonces, Gustavo se queda a la intemperie sin su tarjeta Gold Card, sin crédito, sin creencias y con el dólar que hace de la fe una reliquia de museo, esperando el fin del mundo para el renacimiento de otro ("un Fiat nuevo" que se sortea en la pantalla del televisor), y escribirá –como Gustavo–, en el revés de los textos, "Buenas Noticias".[145]

El contraste de esta novela con el resto del corpus de novelas históricas aquí analizado es notable. *Artigas Blues Band* se enfrenta a la tradición del género para desarmarla, dotarla de un nuevo sentido y abrirle una línea de fuga. Constituye una vía para explorar una de las voces de la promoción siguiente, cuyos miembros se educaron y crecieron en dictadura, sacudidos por varios desencantos y fracasos que no protagonizaron pero sí heredaron, y que carecen de un espacio para habitar y de padres a los que seguir, tal como ya fuimos adelantando. Se trata de una generación huérfana que debe lidiar con la derrota y el vacío, con el abrupto desmoronamiento de lo que hubo detrás, desde el País Modelo de Batlle y Ordóñez hasta el mundo mejor de los Tupamaros. Generación a la deriva que hizo de ella un espacio para habitar. *Artigas Blues Band* es una presentación a la sociedad (literaria) de este grupo, a cargo de un conjunto de jóvenes alborotadores; es el

---

[145] El "revés", el reverso, es una palabra reiterada en diversas ocasiones en la novela. Ya hemos citado algunas de sus apariciones y ahora recuperaremos otras. Artigas se pone de pie para propinar una "cachetada justiciera", "un épico revés" (10) al macró que se niega a pagar a la prostituta, que se niega a mercadear con la pornografía de los textos (el mercader: otro de los términos que se vinculan con el tráfico de la lengua, perceptible en el billete final que Gustavo recibe y que lo asocia a la figura de Hermes como traficante). En otra oportunidad, Gustavo, como una puesta en abismo de su proyecto literario que culmina en la composición de la entera novela, le escribe a Pedro una nota con las palabras invertidas, al revés.

debut turbulento de voces emergentes que reclaman un espacio y una escucha, es un rito de iniciación que traza a lo largo de estas páginas un exorbitante y desmesurado parricidio (del padrenuestrartigas), porque ya quieren deshacerse del pasado, de la Suiza de América, de las promesas de la izquierda, de la derrota misma, de las herencias de la dictadura, para asaltar y remover violentamente la gris democracia con la fiesta, el deseo, el humor, la música, la creatividad, lo nuevo, lo joven, lo otro, persiguiendo, como quería Artigas, "la forma última del destino, que es la felicidad" (82).

Entre el insilio y el exilio sufrido bajo la dictadura, varios críticos sitúan la emergencia de una generación joven que protagoniza nuevas formas de resistencia subterránea, a la cual Carina Perelli llamó los *dionisíacos* (Perelli y Rial 87-116). *Artigas Blues Band* dialoga y es parte de esta "movida de los ochenta", caracterizada por el despertar de una serie de manifestaciones culturales, a cargo de jóvenes veinteañeros, que abarcaron un renovado movimiento rockero, la escritura de grafitis en las paredes de Montevideo, *performing artists*, revistas subterráneas, poetas lúmpenes. Sus propulsores fueron Pepi Goncalvez, autora de grafitis, Lalo Barrubia, seudónimo de la poeta Rosario González, Rubén Tani, impulsor de varios eventos y Rafael Bayce, promotor de la movida anti-razzias. Abril Trigo aborda ciertas propuestas en su texto *¿Cultura uruguaya o culturas linyeras?: para una cartografía de la neomodernidad posuruguaya*, sumando otros nombres como generación rock, o generación Ausente y Solitaria.

En "La movida de los 80: la ruptura cultural en Uruguay", Gustavo Verdesio, Gabriel Peveroni y Eduardo Roland recorren ciertas marcas de esta promoción a la que consideran heredera del fracaso de los ideales sesentistas de sus padres. Contra esa herencia político-ideológica, los miembros de esa generación se levantan para declararse huérfanos y apostar a una renovación cultural desde propuestas más estéticas que ideológicas: "La lucha armada fue un fracaso, el socialismo real un fracaso, el modelo tradicional un fracaso: no había ningún modelo atractivo". Se enfrentan en los inicios de la democracia a aquellos que aún soñaban con algún *revival*, para proyectar algo inédito. Dice Rafael Bayce: "Son los que yo llamo los neodionisíacos, en el sentido de que liberaron las pulsiones sin ningún control apolíneo. No eran ni nativistas, ni retrospectivistas ni revivalistas. Estaban queriendo emerger sin antecedentes, sin raíces fuertes y sin hacerle caso a las narrativas heroicas y épicas". Perciben la restauración democrática como "una ética obsoleta, la cultura volvía a ser la de los sesenta"; sin embargo ellos se reconocen creando una cultura "profundamente nacional". Se alejan de la militancia política anclada en los partidos —"Habíamos visto militantes fracasar alrededor y teníamos como un raye no militante"—, pero tampoco reconocen estética alguna: "Sobre todo porque no había tampoco ninguna estética atractiva y eso era lo que más pesaba". Fueron percibidos como "una díscola turbamulta que estaba poniendo en peligro los sólidos cimientos de la cultura uruguaya".

Abril Trigo aborda la triple producción de la lumpenpoesía (Héctor Bardanca, Eduardo Roland, Diego Techeira, Miguel Ángel Olivera, Daniel Bello, Luis Bravo, entre otros), de los jóvenes rockeros (Los estómagos, Los traidores) y de los grafiteros, que implosiona durante la democracia para asestar un golpe definitivo a los imaginarios del país Modelo acuñado por el batllismo, en el escenario de los ochenta en que las culturas linyeras ocupan la calle mostrando el cambalache de la "otredad interior" tantas veces invisibilizada en la Suiza de América. Estas subculturas emergentes van a proponer diversas prácticas radicales, lumpenizadas, malditas, arrabaleras, soeces, con tendencias anárquicas, que recuperan la cultura lunfarda y callejera, canibalizan la cultura de masas internacional, ocupan la calle con sus performances y grafitis, celebran su propia orfandad con cinismo, desencanto, humor, sátira y burla, despliegan una inusual violencia con prácticas de choque, reniegan de las utopías y se quedan con el instante incierto del presente apostando al *carpe diem*, exhiben una fuerte pulsión apocalíptica, introducen el hedonismo, emplean revistas, plaquetas, volantes, historietas, botellas en lugar del libro, ensayan poéticas escatológicas, chabacanas, obscenas, ordinarias o vandálicas, mezclan los géneros y confunden los límites entre las diversas culturas. Rabiosamente antipartidarios, reformulan la cultura como arma antipolítica. Son desestabilizadores de la cultura hegemónica y arremeten contra el Uruguay culturoso. No persiguen una identidad ni bandería, sino que habitan espacios inestables, móviles, provisionales, se resisten a toda filiación, vagabundean por el puro deseo inaprensible. Borronean una identidad transeúnte y migrante, anterior y posterior a la ciudadanía uruguaya. Adoptan una estrategia guerrillera con erráticas tácticas subversivas que erosionan la ordenada arquitectura ciudadana con incursiones bárbaras –sostiene Trigo (1997).

Amir Hamed, en *Retroescritura*, reconoce a un grupo de iguales entre quienes nombra a Gustavo Espinosa, Rubén Tani, Roberto Echavarren, Gustavo Alzugaray y Sandino Núñez (164) y en *Artigas Blues Band* arma una banda, la horda de Leyenda Negra, como otro de los perfiles de esta generación de los jóvenes que asolan las calles de Montevideo para desmantelar lo heredado y trazar un camino propio. Este es el peculiar *desarme* que estos jóvenes emprenden, sin volver a reponer un relato emancipador y empleando una violencia desestabilizadora más que performativa (como era la esgrimida por la izquierda revolucionaria), una furia más cercana a las lenguas violentas, irreverentes, burlonas y desencantadas de Castellanos Moya y de Fernando Vallejo. Desde el foco provisto por la "leyenda negra", desde el "éxodo" histórico y desde su final "derrota", Artigas puede convertirse en el emblema del anti héroe de esta promoción.

3. EL ESCRITOR COMO NECRÓLOGO: SOBRE *TROYA BLANDA* (1996) DE AMIR HAMED

Troya blanda, la novela que Amir Hamed publica en 1996, narra la historia uruguaya en torno a la Guerra Grande como foco inicial que luego se expande a un relato sobre el siglo XIX en las comarcas platenses, tocando otros centros latinoamericanos, recuperando las historias europeas y las políticas norteamericanas sin olvidar algunos eventos en el cercano y lejano Oriente. Todo el globo que pisamos parece acudir a la cita que esta novela propone, pero la Guerra Grande marca el eje local que la historia se ocupa de reiterar una y otra vez. La Guerra Grande (1843-1851) se inscribe como escenario mayor de las luchas civiles entre las diferentes facciones, de las batallas que incluyen a los países vecinos y a las potencias europeas, de la violencia fratricida, y es concebida así como uno de los tantos casos en que la matriz de Troya se reitera.

Si en esta coyuntura de la guerra uruguaya Alejandro Dumas hizo célebre la nominación de Montevideo sitiado como una "Nueva Troya", en un escrito que reclama apoyo para los montevideanos en su lucha contra Rosas y Oribe, Amir Hamed captura este nombre para, en el vértigo de un retroceso, anclarlo en la Troya primigenia, en el Mito-Troya. La saga troyana adquiere entonces –podemos postular– el peso simbólico de la guerra inaugural de Occidente. La cuna de la pretendida cultura universal deviene primer campo de batalla donde Occidente muestra sus garras imperiales, signo y predicción de las conquistas por venir. Troya ya múltiple con sus nueve ruinas, se expande para reiterarse incansable en la historia toda hasta alcanzar el escenario uruguayo de la Guerra Grande: "al pasar revista a estas líneas descubrirían de un cimbronazo que la guerra era universal y que difícilmente existieron selvas o playas ajenas a la gran batalla de Troya y de Roma" (38); "le parecía haber aprendido en América que la guerra es el estado natural del mundo" (74); "Troya era la madre de las guerras" (75).

Troya también está presente, desde la *Ilíada*, como modelo de relato de carnicerías notables, en la minucia con que se cuenta "cómo una saeta puede entrar por una nalga, atravesar la vejiga y después llevarse, en el chorro de sangre y materias, la vida del guerrero".[146] La *Ilíada*, entonces, como texto-origen del origen violento, como escritura primera sobre la violencia inaugural de la historia pero además y sobre todo como escritura violenta. En esta línea, *Troya blanda* también configura una estética donde la violencia de la representación deviene violencia de la letra, *estética de la violencia* en el empleo de una prosa crispada y exasperada que desde la matriz de un *barroco cancerígeno* expande la violencia y hace brotar la peste que toda escritura, para Amir Hamed, conlleva.

---

[146] En "Mamíferos sin número y dioses serviciales" (página web *Henciclopedia*).

Ciertas figuras de escritor emblematizan estas escrituras de la violencia, y algunas líneas del pasado literario y cultural permiten rastrear una tradición y una genealogía de las mismas. Así, los *escritores-bárbaros* y los *escritores-monstruo* recuperan la lengua bárbara que asedia tras las murallas de la civilización. El sitio de Montevideo durante la Guerra Grande y la muralla que separa la ciudad de la campaña demarcan también los territorios literarios y simbólicos, deslindando entre el afuera surcado por el cuerpo bárbaro de los gauchos y el intramuros habitado por la escritura del letrado civilizatorio. Pero el muro como mampara también auspicia pasajes, intercambios, transacciones, contrabandos, contaminaciones y metamorfosis: la gauchesca es la apropiación que el letrado citadino hace del decir gaucho, mientras que Francisco de Acuña de Figueroa, el prototipo del platónico poeta de la Ciudad-Estado, neoclásico, compositor de la letra del himno de la República, termina componiendo "Nomenclatura y apología del carajo". En la comarca del Plata la saga sobre Ilión encuentra su herencia en "La refalosa" de Hilario Ascasubi o en los *Cantos de Maldoror* de Lautréamont. Hamed recupera la figura de Isidore Ducasse, Conde de Lautréamont, como uno de los tantos monstruos que la modernidad inaugura como su contracara. Sus *Cantos de Maldoror* se reconocen como trasmigración de "La refalosa". Acaso buena parte de la producción de Amir Hamed pueda inscribirse en este linaje literario de los atípicos inaugurado por Lautréamont.

Otra de las figuras privilegiadas de escritor es la del *arqueólogo* y *ruinólogo* que excava las ruinas de pasadas civilizaciones para advertir su decadencia, su hueco vacío, su montón de nada, así como el perfil del escritor *necrólogo* que remueve las tumbas y labra epitafios. El texto relata el descubrimiento de las ruinas de Troya llevado a cabo por Schliemann. Aunque el trabajo arqueológico –de la mano de Nietzsche y Foucault– es realizado por el conde Waleski, quien, embajador o consejero, va recopilando la suma de batallas y guerras como reinscripciones en el siglo XIX de la saga troyana. Alejandro José Floreal Colonia, conde Waleski, oficia de mensajero, archivero, mediador en los más diversos conflictos históricos, hilo conductor, presencia continua en toda la novela para, en el capítulo final, convertirse en escritor, en escritor arqueólogo y ruinólogo. Es él quien va a indagar en las ruinas troyanas la emergencia del incansable guerrear de Occidente, la "genealogía" de la barbarie, si bien "pacientemente documentada", no del todo gris como quería Nietzsche-Foucault, sino barroca en su cancerígena progresión. Así arriba al origen, en términos de comienzo histórico bajo, atravesado por discordias y lucha de fuerzas: "Con ese ejemplo arqueológico, el profesor trataba de explicar que, si escarbas la gran tumba de los tiempos, terminas dando con algo, ia, ia, pero no con un gran tesoro; como es tan redonda la tierra, si sigues, si insistes, si hurgas como un topo, aparecerás en el hueco, en la desbordante consistencia del otro lado" (559). Por eso el conde Waleski es escritor de epitafios y elogios fúnebres, de Carlos Luis Bonaparte, de Odicini, de Garibaldi, entre otros: "Creyó el conde que los astros lo reservaban con vida nada más que para escribir el epitafio de un basural de horas y gentes que se iban sin remedio ni redención, quien sabe hacia dónde" (529). Si en *Artigas Blues Band* se arremetía contra el padrenuestroartigas, símbolo asimismo de la muerte del Padre, del logos, descripta en *Retroescritura*, en esta novela será Nietzsche quien le dé su tiro de gracia. Hamed diseña en este texto una historia no global sino general —en términos de Foucault—, ya que se inicia con la muerte de Dios decretada por Herr Fritz Nietzsche ("Era ese tiempo no tan lejano en que el Cimero languidecía", 7) y con el nacimiento de una serie de monstruos, desde el engendro de Mary Shelley hasta L'Altro Mostro que Pío Nono oculta en el Vaticano. Cabe a estos escritores examinar la muerte de Dios, su tumba, sus ruinas, su ausencia.

Troya blanda articula esta historia general desde la minuciosidad de los datos históricos, desde la yuxtaposición y suma interminable de eventos históricos fielmente documentados. La trama ficcional que la novela histórica tradicional incluye como espacio diferenciado, aquí se adelgaza y desdibuja, no es un elemento protagónico. No es allí donde radica la novedad del texto, sino en la continua interferencia y provocación que la imaginación y el humor infunden al evento histórico para recolocarlo en un espacio bizarro. La ficción no como un agregado al grado cero de la historia sino como geminación barroca, brote disparatado que la historia misma auspicia. La textualidad y, en especial, el modo en que interfiere el documento histórico –sin negarlo– con una prosa barroquizante que mezcla lenguas y jergas de todo tipo, con un humor irreverente y complejo, a la vez fino, socarrón y hasta soez, con la proliferación disparatada que retoña de cada evento, colocan a *Troya blanda* (y a *Artigas Blues Band*) en las antípodas estéticas del corpus uruguayo de las novelas históricas de la posdictadura.

Si bien en esta novela aparece, en lugar del duende, la figura del arqueólogo que indaga en la entera historia para buscar sus fallas, se distancia de una voluntad reparadora proyectada hacia un futuro mejor. No hay *magistra vitae*, no hay relato emancipador, ni pequeña utopía como en los textos de Hugo Achugar y Tomás de Mattos, ya que las excavaciones del arqueólogo no recuperan ningún "gran tesoro" sino un "gran hueco". La escritura deviene epitafio y los escritores se convierten en necrólogos y ruinólogos ocupados en remover las tumbas y trasegar cadáveres: una imagen que nos reenvía a las facturas de las dictaduras en el Cono Sur. Ya no se trata sólo de la muerte de Dios entrevista por Nietzsche, sino de la "destrucción" a cargo del hombre tal como la explora, entre otros, W.G. Sebald en *Sobre la historia natural de la destrucción* al recapitular los pueblos y ciudades alemanas desvastadas por las bombas de los Aliados durante la Segunda Guerra Mundial.

La "destrucción", que Sebald volvió a poner en foco, constituye parte importante del escenario de los noventa en América Latina, una destrucción acontecida en el plano de lo real por obra de las dictaduras y en el plano de los saberes e ideales revolucionarios de los sesenta. Resulta interesante constatar cómo, a pesar de sus diferencias, los escritores jóvenes del Cono Sur enfrentaron lúcidamente esta coyuntura. En un exhaustivo e iluminador trabajo crítico publicado bajo el título de *Los prisioneros de la torre. Política, relatos y jóvenes en la postdictadura* (2011), Elsa Drucaroff analiza las marcas de la nueva narrativa argentina (NNA) escrita por la "generación de la posdictadura" y advierte el peso del legado de la historia reciente que debieron enfrentar. Utiliza la imagen de los "prisioneros de la torre" para describir el lugar de los jóvenes, quienes están situados en la cima de una torre, montados sobre los hombros de la generación anterior, la de los militantes y guerrilleros de los sesenta, perseguidos, torturados y desaparecidos por la dictadura, y de quienes reciben una doble y pesada herencia que los vuelve prisioneros de un pasado que no vivieron: el modelo aurático de la juventud heroica y maravillosa, un modelo imposible de superar a la vez que anacrónico, y la montaña de cadáveres de esos mismos guerrilleros, frente a los cuales, en muchos casos, sienten el deber de recuperar sus cuerpos y escribir sus epitafios.

En el caso de los escritores argentinos que son hijos de padres desaparecidos, la ruptura con el pasado se convierte en una ardua y compleja tarea ya que "matar al padre" supone lidiar tanto con el cuerpo desaparecido (Nicolás Prividera se pregunta "¿Cómo matar a un padre desaparecido?" [48]), como con su imagen idealizada en la eternidad de la juventud heroica, supone lidiar con las herencias de la dictadura y con la pérdida de los relatos emancipatorios (Basile, "La orfandad suspendida"). De allí que los jóvenes de los noventa se perciban como huérfanos a la vez que el parricidio se vuelve un desafío extremo, una lucha de David contra Goliat, un corte radical, ya que si por un lado deben limpiar el territorio para ir marcando un surco propio, por el otro van a dar ingreso a nuevos valores y deseos, a una cultura más gozosa y menos acorralada por los imperativos políticos, a una renovada biblioteca que no se parece en nada a la de los padres. Los atraviesa la pregunta: ¿Cómo se puede ser joven en los 90?

En esta línea, dentro de lo que se denominó la "nueva narrativa chilena" de los noventa, las propuestas de los escritores de McOndo resultan muy ilustrativas ya que se desmarcan violentamente de los intereses de sus padres literarios, de sus posiciones políticas, de los saberes de sus archivos, de sus gustos literarios, se distancian con humor y socarronería del universo anterior para crear uno propio. Irán contra el compromiso político en la literatura, contra lo políticamente correcto, contra las dimensiones colectivas, sus obras y relatos "no son frescos sociales ni sagas colectivas. Si hace unos años la disyuntiva del escritor joven estaba entre tomar el lápiz o la carabina, ahora parece que lo más angustiante para escribir es elegir entre Windows 95 o Macintosh" (Fuguet y Gómez 1996: 15). Rodrigo Cánovas los llama "huérfanos"

(Cánovas 1997) y en *Por favor, rebobinar* (Fuguet 1994) uno de los personajes reconoce a los de su generación como "desechos tóxicos" de sus padres, de la generación anterior quienes no supieron resolver sus conflictos y terminaron matándose entre ellos.

En el prólogo a *Cuentos con Walkman* (1993) y en "Presentación del país McOndo" (1996) que ofician como manifiestos generacionales, Alberto Fuguet y Sergio Gómez rechazan el macondismo del realismo mágico de García Márquez y las búsquedas identitarias del latinoamericanismo, para situarse en el territorio de los post[147] y apostar, con total descaro, atrevimiento y sin temor a las críticas, a las demandas del mercado globalizado, a las editoriales transnacionales, a los gustos de los mass media, al periodismo, todos espacios que les ayudaron a forjar su imagen, a ganar premios y volverse populares ("No son ni under ni vanguardistas ni marginados. Son cuentos de consumo. Dan ganas de leerlos. Son historias cercanas, rápidas, digeribles, entretenidas", Fuguet y Gómez , "Urgentes" 13). McOndo surge de las influencias de la globalización, de las sociedades postindustriales, del impacto de las computadoras, los cables, internet y de las políticas neoliberales chilenas que abren las fronteras hacia territorialidades posnacionales. Así MTV latina reúne a América Latina a través del mercado transnacional y de las redes de comunicación: "Latinoamérica es, irremediablemente, MTV latina, aquel alucinante consenso, ese flujo que coloniza nuestra conciencia a través del cable, y que se está convirtiendo en el mejor ejemplo del sueño bolivariano cumplido, más concreto y eficaz a la hora de hablar de unión que cientos de tratados o foros internacionales. De paso, digamos que McOndo es MTV latina, pero en papel y letras de molde" (Fuguet y Gómez 1996: 18). Darán ingreso a los productos

---

[147] Sostienen: "Los más ortodoxos creen que lo latinoamericano es lo indígena, lo folklórico, lo izquierdista. Nuestros creadores culturales sería gente que usa poncho y ojotas. Mercedes Sosa sería latinoamericana, pero Pimpinela, no. ¿Y lo bastardo, lo híbrido? Para nosotros, el Chapulín Colorado, Ricky Martin, Selena, Julio Iglesias y las telenovelas (o culebrones) son tan latinoamericanas como el candombe o el vallenato" (Fuguet y Gómez, "Presentación" 17), y "Lo único claro de esta supuesta nueva generación es que viene después de las otras. Después del golpe, de la caída. Son post-todo: postmoderno, post-yuppie, postcomunismo, post-babyboom, post capa de ozono. Aquí no hay realismo mágico, hay realidad virtual" (Fuguet y Gómez, "Presentación" 12).

norteamericanos, a la cultura de la imagen y los videos clips, al rock que recuperan en sus narrativas para crear un estilo nuevo: "Criados por la cultura de la imagen, saben más de rock y de videos que de literatura. Pero eso no significa que sean del todo incultos. Manejan otro tipo de información y devoran eso que se ha tendido a llamar cultura pop" (Fuguet y Gómez, "Urgentes" 13).

No pretendo de ningún modo establecer una comparación entre la nueva narrativa chilena, la nueva narrativa argentina y los jóvenes dionisíacos uruguayos, lo que requeriría un estudio de mayor envergadura y alcance, sino sólo advertir que, aun cuando haya notables diferencias en sus contextos, posiciones y respuestas, estos jóvenes enfrentan similares desafíos y, aun cuando perciban que –como dice Diego Trelles Paz– "El futuro no es nuestro", darán ingreso a un universo nuevo, dotando de sentido a aquello que adviene luego de las ruinas.

Agradecimientos

En primerísimo lugar quiero agradecer a la Facultad de Humanidades y Ciencias de la Educación de la Universidad Nacional de La Plata, es decir a la Universidad Pública Argentina (así, toda escrita con mayúsculas), por haberme brindado la posibilidad de estudiar durante tantos años (la vida entera). Los colegas del Departamento de Letras, del Centro de Teoría y Crítica Literaria y de las Cátedras de Literatura Latinoamericana fueron mis permanentes interlocutores en un clima de sinergia intelectual y mutua colaboración, que no suele abundar en otros espacios de trabajo. Mi más sincero reconocimiento a José Luis de Diego, Gloria Chicote, Miguel Dalmaroni, Raquel Macciuci, Luciana Vázquez, Anahí Mallol, Sergio Pastormerlo, Geraldine Rogers, Verónica Delgado, Laura Juárez, Margarita Merbilhaá, Fabio Espósito, Gonzalo Oyola, Julia Romero y Graciela Goldchluk. A Enrique Foffani, compañero de aventuras intelectuales en la cátedra de Literatura Latinoamericana y en el espacio de Katatay, junto con los miembros "imparables" del equipo: Florencia Bonfiglio, Hernán Pas y Alejo López. A mis colegas de las otras latinoamericanas con quienes debatimos sobre el inconmensurable territorio de nuestra área: Carolina Sancholuz, Alejandra Mailhe, Daniela Chazarreta y Valeria Añón. A Miriam Chiani, mi cómplice incansable en los "trabajos sobre Memoria", además de amiga entrañable, y a nuestro grupo "Memo": Paula Aguilar, Celeste Cabral, Laura Codaro, Bruno Crisorio, Ramón Inama, Ana Príncipi, Samanta Rodríguez, Silvina Sánchez, Josefina Stancatti, Eugenia Straccali, Emiliano Tavernini –y a la colega rosarina Susana Rosano. A la "Maestría en Historia y Memoria" donde me permiten el lujo de dar seminarios sobre Literatura y Memoria –y a mi constante invitada Samanta Salvatori. Los diversos grupos de caribeñistas (desde el equipo de Celina Manzoni en la Universidad de Buenos Aires hasta *La Habana Elegante* de Francisco Morán) siempre han estado allí para mantenerme al día en sus debates, en especial mi aliada y audaz amiga Nancy Calomarde a quien, como copiloto, he procurado acompañar en los Congresos *El Caribe en sus literaturas y culturas*. Ana María Amar Sánchez me acercó –con su derroche de generosidad intelectual y amistad– al Instituto Internacional de Literatura Iberoamericana (IILI) de la Universidad de Pittsburgh, una institución imprescindible para los que hacemos "latinoamericana", donde publicamos, con la inestimable ayuda de Juan Duchesne Winter y Erika Arredondo, *Derrota, melancolía y desarme en la literatura latinoamericana de las últimas décadas*. Gracias también al Ibero-Amerikanisches Institut de Berlin y a la DAAD (Deutschr Akademischer Austauschdienst) por financiarme una estancia de investigación en la capital alemana.

La *Maestría en Letras Hispánicas* de la Universidad Nacional de Mar del Plata fue también un segundo hogar donde tuve la oportunidad de asistir –durante los años 90– a los seminarios de Julio Ramos, Walter Mignolo, Noé Jitrik, Martín Lienhard, entre otros y de anudar profundos vínculos con quienes serían luego colegas en diversas universidades (Mónica Marinone, Gabriela Tineo, Adriana Astutti, María Celia Vázquez, Marcela Zanín y me olvido de muchas).

La participación en redes de investigación se fue convirtiendo en un espacio de cooperación académica y de nuevas (y ya perdurables) amistades, tanto en la *Red Académica de Docencia e Investigación en Literatura Latinoamericana Katatay*, con Mónica Bernabé, Analía Costa, María Laura de Arriba, Roxana Patiño, Laura Pollastri y Graciela Salto –junto a los ya mencionados Foffani y Marinone–, como en la Red *Violencia y representación en América Latina* (VYRAL), con Brigitte Adriaensen, Ana María Amar Sánchez, Lucero de Vivanco, Geneviève Fabry e Ilse Logie. Con Cecilia González, Emilia Perassi, Laura Scarabelli, Marián Semilla Durán y Luz Souto también estamos "enredadas" en discusiones transatlánticas sobre violencia y memoria.

Mis colegas uruguayos siempre han sido una fuente inagotable de consultas: Hugo Achugar, Amir Hamed, Tomás de Mattos, Abril Trigo, Norah Dei Cas, Alejandro Gortázar, Pablo Rocca, Gustavo Verdesio, Hebert Benítez Pezzolano, Susana Draper e Hiber Conteris.

Finalmente (*last but not least*), este texto es profundamente deudor de los incansables diálogos con Susana Zanetti, quien poseía un increíble saber dilatado y panorámico de la literatura latinoamericana –hoy casi imposible de encontrar– que le permitía fraguar las más fructíferas y asombrosas "religaciones" entre los puntos más alejados de nuestro continente; del arte de la interrogación y de la incisiva crítica que Hugo Achugar despliega con impiedad y seducción ante sus interlocutores más atentos u ocasionales; y de la cabeza teórica de Walter Mignolo, incansable en el arte de manejar categorías y renovar paradigmas.

El apoyo de mi familia, desde el "calor" del amor hasta las "acaloradas" discusiones y debates, desde el aguante hasta la colaboración, fueron indispensables para no rendirme y buscar sentidos: gracias Gustavo, Germán y Florencia Basso.

Bibliografía

AA.VV. *Cristianismo: doctrina social y revolución*. Buenos Aires: Centro Editor de América Latina, 1972.

Achugar, Hugo. *La balsa de la Medusa*. Montevideo: Trilce, 1992.

_____ *La biblioteca en ruinas*. Montevideo: Trilce, 1994.

_____ "Como el Uruguay no hay, *¡Bernabé, Bernabé!* y el referéndum". *Cuadernos de Marcha* IV/40 (1989): 61-64.

_____ coord. *Cultura mercosur (política e industrias culturales)*. Montevideo: Fesur, Ediciones Trilce, 1991.

_____ ed. *Cultura(s) y Nación en el Uruguay de fin de siglo*. Montevideo: Fesur, 1991.

_____ *Derechos de memoria. Actas, actos, voces, héroes y fechas: Nación e Independencia en América Latina*. Montevideo: Universidad de la República, 2003.

_____ "Entre dos orillas, los puentes necesarios". *Represión, exilio y democracia: la cultura uruguaya*. Saúl Sosnowski, comp. Montevideo: Ediciones de la Banda Oriental, 1987. 241-47.

_____ *Falsas memorias: Blanca Luz Brum*. Buenos Aires: Siglo XXI, 2000.

_____ *La fundación por la palabra. Letra y Nación en América Latina en el siglo XIX*. Montevideo: Universidad de la República, 1998.

_____ comp. *En otras palabras, otras historias*. Montevideo: Universidad de la República, FHCE, 1994.

_____ *Planetas sin boca. Escritos efímeros sobre arte, cultura y literatura*. Montevideo: Trilce, 2004.

_____ "El referéndum no leído y otros problemas de hermenéutica bifocal". *Cuadernos de Marcha* IV/42 (1989): 70-71.

_____ y Gerardo Caetano, comps. *Identidad uruguaya ¿mito, crisis o afirmación?* Montevideo: Trilce, 1992.

_____ y Gerardo Caetano, comps. *Mundo, región y aldea. Identidades, políticas culturales e integración regional*. Montevideo: Fesur, Ediciones Trilce, 1994.

Acosta y Lara, Armando. *La guerra de los charrúas en la Banda Oriental.* Montevideo: Librería Linardi y Risso, 1989.

Adorno, Rolena. "Nuevas perspectivas en los estudios literarios coloniales hispanoamericanos". *Revista de Crítica Literaria Latinoamericana* XIV/28 (1988): 11-28.

_____ "El sujeto colonial y la construcción cultural de la alteridad". *Revista de Crítica Literaria Latinoamericana* XIV/28 (1988): 55-68.

Adorno, Theodor. "El ensayo como forma". *Notas de literatura.* Barcelona: Ariel, 1962. 11-36.

Agamben, Giorgio. *La comunidad que viene.* Valencia: Pre-Textos, 2006.

_____ "¿Qué es lo contemporáneo?". *Desnudez.* Buenos Aires: Adriana Hidalgo, 2011. 17-29.

Agapito, Rafael. Introducción. *El concepto de lo político.* Carl Schmitt. Madrid: Alianza Editorial, 1991. 11-38.

Ainsa, Fernando. "La reescritura de la historia en la nueva narrativa latinoamericana". *Cuadernos Americanos* V/28 (julio-agosto 1991): 13-31.

Aldrighi, Clara. *La izquierda armada. Ideología, ética e identidad en el MLN-Tupamaros.* Montevideo: Trilce, 2001.

Alfaro, Milita. "Cultura subalterna e identidad nacional". *Identidad uruguaya: ¿mito, crisis o afirmación?* Hugo Achugar y Gerardo Caetano, comps. Montevideo: Trilce, 1992. 123-34.

Álvarez, Marisol. "Narciso en aguas turbias". *Uruguay hacia el siglo XXI.* Gerardo Caetano, comp. Montevideo: Ediciones Trilce, 1994. 46-58.

Amar Sánchez, Ana María. *Instrucciones para la derrota. Narrativas éticas y políticas de perdedores.* Barcelona: Anthropos, 2010.

_____ y Teresa Basile. Introducción. *Derrota, melancolía y desarme en la literatura latinoamericana de las últimas décadas. Revista Iberoamericana* LXXX/247 (abril-junio 2014): 327-49.

Amir, Kimal. Prólogo. *El cielo por asalto.* Herbert Gatto. Montevideo: Taurus, 2004. 13-20.

Andacht, Fernando. *Signos reales del Uruguay imaginario.* Montevideo: Ediciones Trilce, 1992.

Anderson, Benedict. *Comunidades imaginadas. Reflexiones sobre el origen y la difusión del nacionalismo.* México: FCE, 1993.

Anderson Imbert, Enrique. "Defensa del ensayo". *El ensayo hispanoamericano del siglo XX.* John Skirius, comp. 1981. México: FCE, 2004. 384-86.

Andrade, Oswald de. "Manifiesto Antropófago". *Revista de Antropofagia* 1/1 (1928).

Antón, Danilo. *El pueblo jaguar.* Montevideo: Piriguazú, 1998.

_____ *Uruguaypirí.* Montevideo: Rosebud Ediciones, 1994.

Arendt, Hannah. *Sobre la violencia.* 1969. Madrid: Alianza Editorial, 2006.

Armas, Gustavo de y Adolfo Garcé. *Uruguay y su conciencia crítica. Intelectuales y política en el siglo XX.* Montevideo: Ediciones Trilce, 1997.

Armstrong, Nancy. *Deseo y ficción doméstica.* Madrid: Editorial Cátedra, 1991.

Arocena, Rodrigo. *La crisis del socialismo de estado y más allá.* Montevideo: Ediciones Trilce, 1991.

_____ *El futuro ¿destino o tarea?* Montevideo: Fesur, 1989.

Avelar, Idelber. *Alegorías de la derrota: la ficción posdictatorial y el trabajo del duelo.* Santiago de Chile: Cuarto Propio, 2000.

Barrenechea, Ana María. "La epístola y su naturaleza genérica". *Dispositio* XV/39 (1990): 51-65.

Barros-Lémez, Álvaro. "Uruguay: redemocratización, cultura, desexilio (¿Se puede volver a casa?)". *Represión, exilio y democracia: la cultura uruguaya.* Saúl Sosnowski, comp. Montevideo: Ediciones de la Banda Oriental, 1987. 249-60.

Barthes, Roland. *S/Z.* México: Siglo XXI, 1980.

_____ "La muerte del autor". *El susurro del lenguaje.* Barcelona: Paidós, 1987. 65-71.

Basile, Teresa. "La naturaleza como discurso sobre la identidad latinoamericana". *La Educación. Revista Interamericana de Desarrollo Educativo* XXXVI/111-113 (1992): 75-88.

_____ "La orfandad suspendida: la narrativa de Félix Bruzzone". Dossier *Formas de la Memoria II, Revista Celehis. Revista del Centro de Letras Hispanoamericanas* 32 (2016): 141-69.

_____ "Los saberes de Ismene: violencia, melancolía y cinismo en *Insensatez* de Horacio Castellanos Moya". *Ironía y violencia en la cultura latinoamericana.* Brigitte Adriensen, ed. (en prensa).

_____ y Ana María Amar Sánchez, eds. "El desarme de Calibán". *Derrota, melancolía y desarme. Los años '90 en la narrativa latinoamericana.* *Revista Iberoamericana* LXXX/247 (Abril-Junio 2014): 595-608.

Bauman, Zygmunt. *Legisladores e intérpretes. Sobre la modernidad, la posmodernidad y los intelectuales.* Quilmes: Universidad Nacional de Quilmes, 1997.

Benjamin, Walter. "Tesis de la filosofía de la historia". *Discursos interrumpidos I.* Buenos Aires: Taurus, 1989. 175-91.

Bense, Max. "Sobre el ensayo y su prosa". México: Universidad Nacional Autónoma de México, Centro Coordinador y Difusor de Estudios Latinoamericanos, 2004.

Beraza, Agustín. *Amos y esclavos.* Enciclopedia uruguaya 9. Montevideo, 1968.

Berbejillo, Hugo. *Una cinta ancha de bayeta colorada.* Montevideo: Proyección, 1993.

Bernstein, Richard. Introducción. *Habermas y la modernidad.* Madrid: Cátedra, 1988. 13-61.

Beverley, John. *Against Literature.* Minneapolis: U of Minnesota P, 1993.

Bhabha, Homi. Introduction: Narrating the Nation. *Nation and Narration.* Nueva York: Routledge, 1995.

_____ *El lugar de la cultura.* Buenos Aires: Manantial, 1994.

Blanchot, Maurice. *La comunidad inconfesable.* Madrid: Arena Libros, 2002.

Blixten, Carina. "La novela es una masa de hojaldre". *Brecha.* Montevideo, 28 de abril de 2000.

Boff, Leonardo. *Memorias de un teólogo de la liberación.* España: Espasa, 1997.

Borges, Jorge Luis. *Obras Completas.* Tomo I. Barcelona: Emecé, 1996.

Brunner, José Joaquín. "Entonces ¿existe o no la modernidad en América Latina?". *Punto de Vista* X/31 (1987): 1-5.

_____ "Notas sobre la posmodernidad y lo moderno en la cultura latinoamericana". *David y Goliath* XVII/52 (1987): 30-39.

_____ "Tradicionalismo y modernidad en la cultura latinoamericana". *Posmodernidad en la periferia. Enfoques latinoamericanos de la nueva teoría cultural.* Hermann Herlinghaus y Monika Walter, eds. Berlín: Langer Verlag, 1994. 48-82.

Burt, Jo-Marie, Gabriela Fried Amilivia y Francesca Lessa. "La sociedad civil y el resurgir de la lucha contra la impunidad en Uruguay (1986-2012)". Teresa Basile y Abril Trigo, eds.: dossier "Las tramas de la memoria", Revista *Alter/nativas Latin American Cultural Studies Journal* 5 (2015).

Butazzoni, Fernando. *El príncipe de la muerte.* Montevideo: Graffiti, 1993.

Caetano, Gerardo. *Historia contemporánea del Uruguay. De la Colonia al Mercosur.* Montevido: Ed. Fin de Siglo, 1994.

_____ "Identidad Nacional e imaginario colectivo en Uruguay: la síntesis perdurable del Centenario". *Identidad Uruguaya ¿mito, crisis o afirmación?* Hugo Achugar y Gerardo Caetano, comps. Montevideo: Ediciones Trilce, 1992. 75-96.

_____ "Notas para una revisión histórica sobre la 'cuestión nacional' en el Uruguay". *Cultura(s) y nación en el Uruguay de fin de siglo.* Hugo Achugar, ed. Montevideo: Fesur, 1991. 17-45.

_____ coord. *Uruguay hacia el siglo XXI: identidad, cultura, integración, representación.* Montevideo: Ediciones Trilce, 1994.

_____ y José Rilla. *Breve historia de la dictadura.* Montevideo: Ediciones de la Banda Oriental, 1987.

Calderón, Fernando. "América Latina: identidad y tiempos mixtos". *David y Goliath* XVII/52 (1987): 4-9.

Cánovas, Rodrigo. *Novela chilena. Nuevas generaciones. El abordaje de los huérfanos.* Santiago: Ediciones Universidad Católica de Chile, 1997.

Carpentier, Alejo. "De lo real maravilloso americano". Prólogo a *El reino de este mundo.* 1949. Santiago de Chile: Editorial Andrés Bello, 1993.

_____ *El siglo de las luces.* México: Siglo XXI, 1986.

Castañeda, Jorge. *La utopía desarmada. El futuro de la izquierda en América Latina.* Buenos Aires: Ariel, 1993.

Castellanos Moya, Horacio. *Insensatez.* Barcelona: Tusquets Editores, 2004.

Casullo, Nicolás, comp. *El debate modernidad-posmodernidad*. Buenos Aires: Punto Sur, 1989.

Cavillioti, Marta. Prólogo. *Cristianismo: doctrina social y revolución*. Buenos Aires: Centro Editor de América Latina, 1972.

Chiampi, Irlemar. "La expresión americana de José Lezama Lima: la dificultad y el diabolismo del caníbal". *Escritura* X/19-20 (1985): 103-15.

_____ "La historia tejida por la imagen". *La expresión americana*. José Lezama Lima. México: FCE, 1993. 9-33.

_____ "Teoría de la imagen y teoría de la lectura en Lezama Lima". *Casa de las Américas* XXX/177 (1989): 48-57.

Consens, Mario. *El pasado extraviado: prehistoria y arqueología del Uruguay*. Montevideo: Linardi y Risso, 2003.

Cornejo Polar, Antonio. *Escribir en el aire: ensayo sobre la heterogeneidad socio-cultural en las literaturas andinas*. Lima: Editorial Horizonte, 1994.

Cortez, Beatriz. *Estética del cinismo. Pasión y desencanto en la literatura centroamericana de posguerra*. Guatemala: F&G Editores, 2010.

Cosse, Isabela y Vania Markarian. *1975: Año de la orientalidad. Identidad, memoria e historia de una dictadura*. Montevideo: Ediciones Trilce, 1996.

Debray, Régis. *El castrismo: la larga marcha de América Latina*. Montevideo: Editorial, 1963.

_____ *¿Revolución en la revolución?* (1967).

Deleuze, Gilles y Félix Guattari. *Mil mesetas: Capitalismo y esquizofrenia*. Valencia: Pre-textos, 2008.

_____ *¿Qué es la filosofía?* Barcelona: Anagrama, 1993.

Demasi, Carlos. "La evolución del campo político de la dictadura". *La dictadura cívico militar. Uruguay 1973-1985*. Carlos Demasi, Aldo Marchesi, Vania Markarian, Álvaro Rico y Jaime Yaffé, eds. Montevideo: Ediciones de la Banda Oriental, 2009. 15-116.

_____ "Un repaso a la teoría de los dos demonios". *El presente de la dictadura. Estudios y reflexiones a 30 años del golpe de Estado en Uruguay*. Aldo Marchesi, Vania Markarian, Álvaro Rico y Jaime Yaffé, eds. Montevideo: Ediciones Trilce, 2004. 67-74.

_____ Aldo Marchesi, Vania Markarian, Álvaro Rico y Jaime Yaffé, eds. *La dictadura cívico militar. Uruguay 1973-1985*. Montevideo: Ediciones de la Banda Oriental, 2009.

Derrida, Jacques. *Mal de archivo*. Madrid: Trotta, 1997.

_____ *El monolingüismo del otro (o la prótesis de origen)*. Buenos Aires: Manantial, 1997.

Díaz Salazar, Rafael. *La izquierda y el cristianismo*. Madrid: Taurus, 1998.

Diego, José Luis de. *¿Quién de nosotros escribirá el Facundo? Intelectuales y escritores en Argentina (1970-1986)*. La Plata: Ediciones Al Margen, 2001. 299.

Domínguez, Nora. "Extraños consorcios: cartas, mujeres y silencios". *Fábulas del género: sexo y escritura en América Latina*. Nora Domínguez y Carmen Perilli, comps. Rosario: BeatrizViterbo, 1998. 35-58.

Drucaroff, Elsa. *Los prisioneros de la torre. Política, relatos y jóvenes en la postdictadura*. Buenos Aires: Emecé, 2011.

Duchesne Winter, Juan. *Fugas incomunistas*. San Juan: Ediciones Vértigo, 2005.

_____ *La guerrilla narrada: acción, acontecimiento, sujeto*. San Juan: Ediciones Callejón, 2010.

Ducrot, Oswald. *El decir y lo dicho. Polifonía de la enunciación*. Barcelona: Paidós, 1986.

Dutrénit Bielous, Silvia. "Represión política y asilo diplomático en el Cono Sur". *El presente de la dictadura. Estudios y reflexiones a 30 años del golpe de Estado en Uruguay*. Aldo Marchesi, Vania Markarian, Álvaro Rico y Jaime Yaffé, eds. Montevideo: Ediciones Trilce, 2004. 109-26.

Espada, Roberto de. "La producción cultural uruguaya de cara al año 2000". *Cultura(s) y nación en el Uruguay de fin de siglo*. Hugo Achugar, ed. Montevideo: Fesur, 1991. 191-207.

Esposito, Roberto. *Categorías de lo impolítico*. Buenos Aires: Ed. Katz, 2006.

_____ *Communitas: origen y destino de la comunidad*. Buenos Aires: Amorrortu Editores, 2003.

Fabry, Geneviève, Ilse Logie y Pablo Decock, eds. *Los imaginarios apocalípticos en la literatura hispanoamericana contemporánea.* Oxford: Peter Lang, 2010.

Fanon, Frantz. *Los condenados de la tierra.* 1961. México: FCE, 1963.

_____ *Piel negra, máscaras blancas.* Madrid: Ediciones AKAL. 2009.

Fernández Retamar, Roberto. *Calibán. Apuntes sobre la cultura de nuestra América.* Buenos Aires: Editorial La Pleyade, 1984.

_____ *Todo Calibán.* San Juan: Ediciones Callejón, 2003.

Franco, Jean. *Plotting Women. Gender and Representation in Mexico.* Nueva York: Columbia UP, 1989.

Friedlander, Saul, comp. *En torno a los límites de la representación. El nazismo y la solución final.* Bernal: Universidad Nacional de Quilmes, 2007.

Fukuyama, Francis. *El fin de la historia y el último hombre.* Buenos Aires: Editorial Planeta, 1992.

Fuguet, A. y Sergio Gómez. "Presentación del país McOndo". *McOndo.* Barcelona: Mondadori, 1996.

_____ "Urgentes, desechables y ambulantes: una presentación arbitraria". *Cuentos con Walkman. Antología.* Santiago de Chile: Planeta, 1993.

García Canclini, Néstor. *Culturas híbridas. Estrategias para entrar y salir de la modernidad.* Buenos Aires: Editorial Sudamericana, 1992.

_____ "Los estudios culturales de los 80 a los 90: perspectivas antropológicas y sociológicas en América Latina". *Punto de Vista* XIV/40 (jul-set. 1991): 41-46.

_____ "¿Un debate entre tradición y posmodernidad?; Antropología versus sociología". *David y Goliath* XVII/52 (1987): 28-41.

Gatto, Hebert. *El cielo por asalto. El movimiento de Liberación Nacional (Tupamaros) y la izquierda uruguaya (1963-1972).* Montevideo: Taurus, 2004.

Gellner, Ernest. *Naciones y nacionalismo.* Buenos Aires: Alianza Editorial, 1983.

Gerbi, Antonello. *La disputa del Nuevo Mundo.* México: FCE, 1982.

Gilman, Claudia. *Entre la pluma y el fusil. Debates y dilemas del escritor revolucionario en América Latina.* Buenos Aires: FCE, 2003.

Giordano, Jaime. "El ensayo como escritura inteligente: ejemplos contemporáneos". *El ensayo hispánico*. Kurt Levy y Juan Loveluck, eds. Columbia: Universidad de Carolina del Sur, 1984.

González, Eduardo. "Transición y restauración democrática". *Uruguay y la democracia*. Charles Gillespie, Louis Gooman, Juan Rial y Peter Winn, eds. Montevideo: EBO, 1985. 101-20.

González Echevarría, Roberto. *Alejo Carpentier: el peregrino en su patria*. México, 1993.

_____ "El extraño caso de la estatua parlante: Ariel y la retórica magisterial del ensayo latinoamericano". *La voz de los maestros*. Madrid: Verbum, 2001. 28-61.

Gruzinski, Serge y Carmen Bernard. *De la idolatría. Una arqueología de las ciencias religiosas*. México: FCE, 1988.

Guevara, Ernesto "Che". *Pasajes de la guerra revolucionaria*.

Haberkorn, Leonardo. "Charrúas. Mitos y verdades". *Revista Tres* 3/111 (20 de marzo de 1998).

Habermas, Jürgen. "Derechos humanos y soberanía popular: las versiones liberal y republicana". *Nuevas ideas republicanas. Autogobierno y libertad*. Félix Ovejero Lucas, Josep Lluís Martí Mármol y Roberto Gargarella, comps. Barcelona: Paidós, 2004. 191-206.

Hamed, Amir. "Adiós, muchachos". Revista *Katatay* I/1-2 (junio 2005): 81.

_____ *Artigas Blues Band*. Colonia: Fin de Siglo, 1994.

_____ *Retroescritura*. Montevideo: Fin de Siglo, 1998.

_____ *Troya blanda*. Fin de Siglo, 1996.

_____ "Vanguardia y dictadura", "Forma, resistencia, indigestión", "Del caos o prólogo del mundo", "Ovidio o de cómo deja de ser el mundo", "Mancha, hueco, canaleta", "Mamíferos sin número y dioses serviciales", "Aprendices y criminales". *Henciclopedia*, página web dirigida por Amir Hamed. <www.henciclopedia.org.uy>.

Harari, Pablo. "La colección Desafíos". Rodrigo Arocena. *La crisis del socialismo de estado y más allá*. Montevideo: Ediciones Trilce, 1991. 5.

Herlinghaus, Hermann y Monika Walter, comps. *Posmodernidad en la periferia. Enfoques latinoamericanos de la nueva teoría cultural*. Berlín: Langer Verlag, 1994.

Hinkelammert, Franz. "Frente a la cultura de la posmodernidad: proyecto político y utopía". *David y Goliath* XVII/52 (1987): 22-29.

Hobsbawm, Eric John Ernest. *Naciones y nacionalismo desde 1780.* Barcelona: Editorial Crítica, 1992.

Jameson, Fredric. Introduction. *Calibán and Other Essays.* Minneapolis: U of Minnesota P, 1989.

Kundera, Milan. *El arte de la novela.* España: Tusquets Editores, 2006.

Lalo, Eduardo. *Los países invisibles.* San Juan: Editorial Tal Cual, 2008.

Larre Borges, Ana Inés. "*La fragata de las máscaras.* Revolución a la deriva". *Brecha* (31 de agosto de 1996).

_____ "Los ojos de Andrómaca". *Brecha* IV/166 (27 de enero de 1989).

_____ "Próxima navegación de Tomás de Mattos. Entrevista". *Brecha* VII/358 (9 de octubre de 1992).

Lechner, Norbert. "Un desencanto llamado posmodernidad". *Punto de Vista* XI/33 (1988): 25-31.

León, Eduardo de. "Uruguay ¿en el espejo de Morse?: la generación del 900". *El complejo de Próspero.* E. De León, F. Arocena y J. G. Guilherme, eds. Montevideo: Editorial Vintén, 1992.

Le Goff, Jacques. *El orden de la memoria. El tiempo como imaginario.* Buenos Aires: Paidós Básica, 1991.

Levi, Primo. *Los hundidos y los salvados.* Barcelona: Océano, 2011.

Lezama Lima, José. *Analecta del reloj.* La Habana: Orígenes, 1952.

_____ *Confluencias: selección de ensayos.* La Habana: Letras Cubanas, 1988.

_____ *La expresión americana. Ensayos completos III.* Almería: Confluencias, 2011.

_____ *Imagen y posibilidad.* La Habana: Letras Cubanas, 1981.

Lienhard, Martín. *La voz y su huella. Escritura y conflicto étnico social en América Latina (1492-1988).* La Habana: Casa de las Américas, 1990.

Lockhart, Washington. "*¡Bernabé...* y su antiética". *Cuadernos de Marcha,* Tercera Época, IV/43 (1989).

_____ "*Bernabé, Bernabé...* y Fructuoso". *Brecha* IV/164 (13 de enero de 1989).

_____ "¡*Bernabé, Bernabé!* Leído con lentes bifocales". *Cuadernos de Marcha*, Tercer Época, IV/41 (1989).

_____ "La historia desvencijada en ¡Bernabé...!" *Brecha* IV/167 (3 de febrero de 1989).

López de Lizaga, José Luis. "Diálogo y conflicto. La crítica de Carl Schmitt al liberalismo". *Diánoia* LVII/68 (mayo 2012): 113-40.

Lukács, Georg. *La novela histórica*. México: Era, 1977.

Lyotard, Jean-François. *La condición posmoderna*. Madrid: Cátedra. 1987.

Machado, Carlos. *Historia de los Orientales*, Tomo 2. Montevideo: Ediciones de la Banda Oriental, 1992.

Maggi, Carlos. *Artigas y su hijo el caciquillo*. Montevideo: Ed. Fin de siglo, 1992.

_____ *El Uruguay de la tabla rasa*. Montevideo: Fin de siglo, 1992.

Marchesi, Aldo, Vania Markarian, Álvaro Rico y Jaime Yaffé, eds. "'Una parte del pueblo uruguayo feliz, contento, alegre'. Los caminos culturales del consenso autoritario durante la dictadura". *La dictadura cívico militar. Uruguay 1973-1985*. Montevideo: Ediciones de la Banda Oriental, 2009. 323-398.

_____ *El Uruguay inventado. La política audiovisual de la dictadura, reflexiones sobre su imaginario*. Montevideo: Ediciones Trilce, 2001.

_____ *El presente de la dictadura. Estudios y reflexiones a 30 años del golpe de Estado en Uruguay*. Montevideo: Ediciones Trilce, 2004.

Marinone, Mónica. "El culto de la violencia empieza por el lenguaje". *Literatura y violencia en la narrativa latinoamericana reciente*. Teresa Basile, coord. La Plata: EdULP, 2015. 144-52.

Markarian, Vania. "Una mirada desde los derechos humanos a las relaciones internacionales de la dictadura uruguaya". *La dictadura cívico militar. Uruguay 1973-1985*. Carlos Demasi, Aldo Marchesi, Vania Markarian, Álvaro Rico y Jaime Yaffé, eds. Montevideo: Ediciones de la Banda Oriental, 2009. 247-321.

Martí, José. *Nuestra América*. Caracas: Biblioteca Ayacucho, 2005.

Martín-Barbero, Jesús. "Identidad, comunicación y modernidad en América Latina". *Posmodernidad en la periferia. Enfoques latinoamericanos de la nueva teoría cultural*. Hermann Herlinghaus y Monika Walter, eds. Berlín: Langer Verlag, 1994. 83-110.

Mattos, Tomás de. *¡Bernabé, Bernabé!* Montevideo: Ediciones de la Banda Oriental, 1989.

_____ "La empresa y las identidades uruguayas". *Identidad uruguaya ¿mito, crisis o afirmación?* Montevideo: Trilce, 1992.

_____ *La fragata de las máscaras.* Montevideo: Alfaguara, 1996.

_____ "Narrativa uruguaya y cultura de la impunidad". *Cuadernos de Marcha,* Tercer Época, VII/74 (1992). Reimpreso en Karl Kohut, coord. *Literaturas del Río de la Plata hoy. De las utopías al desencanto.* Madrid: Iberoamericana, 1996. 224-32.

_____ "Con Tomás de Mattos. 'No quiero ser juez de la historia'". *El País Cultural* II/144 (7 de agosto de 1992).

Melville, Herman. *Benito Cereno.* Prólogo de Tomás de Mattos. Montevideo: Ediciones de la Banda oriental, 1990.

_____ *Moby Dick.* México: Porrúa, 2008.

Menton, Seymour. *La nueva novela histórica de la América Latina, 1979-1992.* México: FCE, 1993.

Migdal, Alicia. "Formación de la opinión cultural". *Cultura(s) y nación en el Uruguay de fin de siglo.* Hugo Achugar, ed. Montevideo: Fesur, 1991. 177-89.

_____ "Imágenes simbólicas y realidades históricas". *Identidad Uruguaya ¿mito, crisis o afirmación?* Hugo Achugar y Gerardo Caetano, comps. Montevideo: Ediciones Trilce, 1992. 23-31.

Mignolo, Walter. "Are Subaltern Studies Postmoderrn or Postcolonial? The Politics and Sensibilities of Geo-cultural Locations". *Dispositio/n* 19/46 (1994): 45-73.

_____ "Cartas, crónicas y relaciones del descubrimiento y la conquista". *Historia de la literatura hispanoamericana,* Tomo I. Luis Iñigo-Madrigal, coord. Madrid: Ed. Cátedra, 1982. 55-116.

_____ "Discurso ensayístico y tipología textual". *Textos, modelos y metáforas.* México: Universidad de Veracruz, 1984. 209-34.

_____ "Las geopolíticas del conocimiento y colonialidad del poder", entrevista a Walter Mignolo, por Catherine Walsh. En línea. Publicada en Catherine Walsh, Freya Schiwy y Santiago Castro-Gómez (eds.). *Indisciplinar las ciencias sociales. Geopolíticas del*

conocimiento y colonialidad del poder: perspectivas desde lo andino.
Quito: Universidad Andina Simón Bolívar / Abya-Yala, 2002.

_____ "Postoccidentalismo: el argumento desde América Latina". *Teorías sin disciplina (latinoamericanismo, poscolonialidad y globalización en debate).* Santiago Castro-Gómez y Eduardo Mendiaeta, eds. México D.F.: Miguel Ángel Porrua, 1998. 525-28.

_____ "La razón poscolonial: herencias coloniales y teorías postcoloniales". *CeLeHis* 4-5 (1995): 265-90.

Moraña, Mabel. *Memorias de la generación fantasma.* Montevideo: Monte Sexto, 1998.

Moulián, Tomás. "La liturgia de la reconciliación". *Políticas y estéticas de la memoria.* Nelly Richard, comp. Santiago: Cuarto Propio, 2000. 23-25.

Mudrovcic, María Eugenia. *Mundo nuevo. Cultura y Guerra Fría en la década del sesenta.* Rosario: Beatriz Viterbo Editora, 1997.

Nancy, Jean-Luc. *La comunidad desobrada.* Madrid: Arena Libros, 2007.

_____ *Ser singular plural.* Madrid: Arena Libros, 2006.

Nora, Pierre. *Les Lieux de mémoire.* París: Gallimard, 1984.

Nuez, Iván de la. "El destierro de Calibán. Diáspora de la cultura cubana en los '90 en Europa". *Encuentro de la cultura cubana* 4/5 (primavera-verano 1997): 137-44.

_____ "Inundación" y "De la tempestad a la intemperie. Travesías cubanas en el poscomunismo". *Paisajes después del Muro. Disidencias en el poscomunismo diez años después de la caída del muro de Berlín.* Barcelona: Península, 1999.

O'Gorman, Edmundo. *La invención de América.* México: FCE, 1995.

Onetti, Juan Carlos. "Jacob y el otro". *Cuentos completos.* Buenos Aires: Alfaguara, 1994. 255-92.

Ortega y Gasset, José. "Hegel y América". *El Espectador.* Madrid, 1982.

Ospovat, Lev. "El hombre y la historia en la obra de Alejo Carpentier". *Casa de las Américas* (La Habana, nov-dic. 1974): 9-20.

Oviedo, José Miguel. *Breve historia del ensayo hispanoamericano.* Madrid: Alianza, 1991.

Panizza, Francisco. *Uruguay: batllismo y después. Pacheco, militares y tupamaros en la crisis del Uruguay batllista*. Montevideo: Ediciones de la Banda Oriental, 1990.

Pastor, Beatriz. "La razón utópica del Inca Garcilaso". *Indigenismo hacia el fin del milenio. Homenaje a Antonio Cornejo Polar*. Pittsburgh: IILI, 1998. 39-60.

Patiño, Roxana. "Intelectuales en transición: las revistas culturales argentinas (1981-1987)". *Cuadernos de Recienvenido* 4. São Paulo: Depto. de Letras Modernas/FFLCH/USP, 1997.

Peluffo, Gabriel. "Crisis de un inventario". *Identidad uruguaya: ¿mito, crisis o afirmación?* Hugo Achugar y Gerardo Caetano, comps. Montevideo: Ediciones Trilce, 1992. 63-73.

Pereda Valdés, Ildefonso. *El negro en el Uruguay*. Montevideo: Pasado y Presente, 1965.

Perelli, Carina y Juan Rial. *De mitos y memorias políticas: la represión, el miedo y después*. Montevideo: Ediciones de la Banda Oriental, 1986.

Petit, María Angélica. "De *Marcha* a *Cuadernos de Marcha*. Un proceso ideológico inscripto en el tiempo histórico". *Marcha y América Latina*. Horacio Machín y Mabel Moraña, eds. Pittsburgh: Instituto Internacional de Literatura Iberoamericana, 2013. 215-52.

Petras, James, "La izquierda devuelve el golpe". Enlínea.

Peyrou, Rosario. "Los espejos de la historia". *El País Cultural* (17 de febrero de 1989).

Picón Salas, Mariano. "En torno al ensayo". *Cuadernos* 8 (septiembre-octubre, 1954): 31-33.

Pi Hugarte, Renzo. "Sobre el charruismo. La antropología en el sarao de las seudociencias". <http://www.unesco.org.uy>.

Ponte, Antonio José. *La fiesta vigilada*. Barcelona: Editorial Anagrama, 2007.

Porley, Rodolfo. *El laberinto de Salsipuedes*, fascículos del diario *La República*, 1998.

Porzecanski, Teresa. "Nuevos imaginarios de la identidad uruguaya: neoindigenismo y ejemplaridad". *20 años de democracia. Uruguay 1985-2005: miradas múltiples*. Gerardo Caetano, comp. Montevideo: Taurus, 2005. 407-26.

_____ "Uruguay a fines del siglo XX: mitologías de ausencia y de presencia". *Identidad uruguaya: ¿mito, crisis o afirmación?* Hugo Achugar y Gerardo Caetano, comps. Montevideo: Ediciones Trilce, 1992. 49-61.

Pratt, Mary Louise. "Humboldt y la reinvención de América". *Nuevo Texto Crítico* 1 (1988): 35-53.

Prieto, Abel. "Confluencias de Lezama". *Confluencias. Selección de ensayos.* José Lezama Lima. La Habana: Ed. Letras cubanas, 1988.

Prividera, Nicolás. *Restos de restos.* City Bell: Libros de la talita dorada, 2012.

Quijano, Carlos. "La tierra púrpura". *Marcha* 17/10 (Montevideo, 1969): 7.

Quintero Herencia, Juan Carlos. "El espacio de la maldición: escenografías del Calibán de R. Fernández Retamar". *Roberto Fernández Retamar y los estudios latinoamericanos.* Elzbieta Sklodowska y Ben Heller, eds. Pittsburgh: ILLI, 2000. 55-87.

Rama, Ángel. *La ciudad letrada.* Montevideo: Fundación Internacional Ángel Rama, 1984.

_____ "La conciencia crítica". *Enciclopedia uruguaya* 56. Montevideo, 1969.

_____ *La generación crítica, 1939-1969.* Montevideo: Editorial Arca, 1972.

Ramos, Julio. *Desencuentros de la modernidad en América Latina. Literatura y política en el siglo XIX.* México: Fondo de Cultura Económica, 1989.

Real de Azúa, Carlos. "¿Un género ilimitado?" y "Un género limitable". Introducción y advertencia. *Antología del ensayo uruguayo contemporáneo.* Montevideo: Universidad de la República, Departamento de Publicaciones, 1964. 11-59.

_____ *Los orígenes de la nacionalidad uruguaya.* Montevideo: Ed. Arca, 1991.

Reati, Fernando y Adriana Bergero, comps. *Memoria colectiva y políticas de olvido. Argentina y Uruguay, 1970-1990.* Rosario: Beatriz Viterbo Editora, 1997

Rein, Mercedes. *El archivo de Soto*. Montevideo: Trilce, 1993.

Rey, Germán. Presentación. *Los artífices de una cultura mundializada*. Renato Ortiz. Bogotá: Siglo del Hombre Editores, 1998. 11-14.

Rial, Juan. "El imaginario social uruguayo y la dictadura. Los mitos políticos (de-re)construcción". Carina Perelli y Juan Rial. *De mitos y memorias políticas: la represión, el miedo y después*. Montevideo: Ediciones de la Banda Oriental, 1986. 15-37.

_____ "El imaginario social. Los mitos políticos y utopías en el Uruguay. Cambios y permanencias durante y después del autoritarismo". *Represión, exilio y democracia: la cultura uruguaya*. Saúl Sosnowski, comp. Universidad de Maryland; Montevideo: Ediciones de la Banda Oriental, 1987. 63-89.

Rico, Álvaro. "La dictadura, hoy". *El presente de la dictadura. Estudios y reflexiones a 30 años del golpe de Estado en Uruguay*. Aldo Marchesi, Vania Markarian, Álvaro Rico y Jaime Yaffé, eds. Montevideo: Ediciones Trilce, 2004. 222-30.

_____ "Sobre el autoritarismo y el golpe de Estado. La dictadura y el dictador". *La dictadura cívico militar. Uruguay 1973-1985*. Carlos Demasi, Aldo Marchesi, Vania Markarian, Álvaro Rico y Jaime Yaffé, eds. Montevideo: Ediciones de la Banda Oriental, 2009. 179-246.

Richard, Nelly. "Latinoamérica y la posmodernidad". *Posmodernidad en la periferia. Enfoques latinoamericanos de la nueva teoría cultural*. Hermann Herlinghaus y Monika Walter, eds. Berlín: Langer Verlag, 1994. 210-22.

_____ "Periferias culturales y descentramientos posmodernos, marginalidad latinoamericana y recompaginación de los márgenes". *Punto de Vista* XIV/40 (jul-set. 1991): 5-6.

Rocca, Pablo. *Poesía y política en el siglo XIX (un problema de fronteras)*. Montevideo: Ediciones de la Banda Oriental, 2003.

Rodó, José Enrique. *Ariel*. Buenos Aires: Editorial Losada, 1994.

Rojas, Rafael. *Un banquete canónico*. México: FCE, 2000.

_____ *Isla sin fin. Contribución a la crítica del nacionalismo cubano*. Miami: Editorial Universal, 1998.

_____ *José Martí: la invención de Cuba*. Madrid: Editorial Colibrí, 2001.

_____ "Roberto Fernández Retamar: las letras por las armas". *Tumbas sin sosiego. Revolución, disidencia y exilio del intelectual cubano*. Barcelona: Anagrama, 2006.

Rorty, Richard. *Contingencia, ironía y solidaridad*. Barcelona: Paidós, 1991.

_____ *Objetividad, relativismo y verdad. Escritos filosóficos I*. Barcelona: Paidós, 1991.

Rozitchner, León. "El terror de los desencantados". *Rebeldes y domesticados. Los intelectuales frente al poder*. Ángel Raquel. Buenos Aires: El cielo por asalto, 1992. 24-32.

Rubio, Enrique y Marcelo Pereira. *Utopía y estrategia: democracia y socialismo*. Montevideo: Ediciones Trilce, 1994.

Ruiz, Carlos. "Democracia, consenso y memoria: una reflexión sobre la experiencia chilena". *Políticas y estéticas de la memoria*. Nelly Richard, comp. Santiago: Cuarto Propio, 2000. 15-21.

Said, Edward. *Orientalismo*. España: Debate, 2002.

Sánchez, Yvette y Roland Spiller. *Poéticas del fracaso*. Tubinga: Gunter Narr Verlag Tübingen, 2009.

Sánchez Mejías, Rolando. "Olvidar Orígenes". *Revista Diaspora(s): Edición Facsímil (1997-2007)*. Barcelona: Linkgua, 2003.

Sarlo, Beatriz. "¿Arcaicos o marginales? Situación de los intelectuales en el fin de siglo". *Punto de Vista* 47 (1993): 1-5.

_____ "Intelectuales: ¿Escisión o mimesis?" *Punto de Vista* 25 (diciembre 1985): 1-6.

Sarmiento, Domingo Faustino. *Facundo o civilización y barbarie en las pampas argentinas*. Caracas: Biblioteca Ayacucho, 1977.

Sarto, Ana del. *Sospecha y goce: una genealogía de la crítica cultural en Chile*. Santiago de Chile: Editorial Cuarto Propio, 2010.

Sartre, Jean-Paul. Prefacio. *Los condenados de la tierra*. Frantz Fanon. 1961. México: FCE, 1963.

Scavino, Dardo. *La filosofía actual. Pensar sin certezas*. Buenos Aires: Paidós, 1999.

Schmitt, Carl. *El concepto de lo político*. Madrid: Alianza Editorial, 1991.

Schmucler, Héctor. "Los rostros familiares del totalitarismo. Nación, nacionalismo y pluralidad". *Punto de Vista* XI/33 (1988): 32-39.

Skirius, John. *El ensayo hispanoamericano del siglo XX.* México: FCE, 1981.

Sklodowska, Elzbieta. "Miguel Barnet: hacia la poética de la novela testimonial". *Revista de Crítica Literaria Latinoamericana* XIV/27 (1988): 139-49.

_____ "Testimonio mediatizado: ¿ventriloquia o heteroglosia? (Barnet/Montejo; Burgos/Menchú)". *Revista de Crítica Literaria Latinoamericana* XIX/38 (1993): 81-90.

Sosnowski, Saúl, comp. *Represión, exilio y democracia: la cultura uruguaya.* Universidad de Maryland; Montevideo: Ediciones de la Banda Oriental, 1987.

Sorel, Georges. *Reflexiones sobre la violencia.* 1935 . Madrid: Alianza Editorial, 2005.

Spiller, Roland. "Roberto Bolaño: fracasar con éxito o *navigar enecessum est*". *Poéticas del fracaso.* Yvette Sánchez y Roland Spiller, eds. Tubinga: Gunter Narr Verlag, 2009. 143-74.

Spivak, Gayatri. "¿Puede hablar el sujeto subalterno?" *Orbis Tertius* 3/6, 175-235.

_____ "Subaltern Studies. Deconstructing Historiography". *Subaltern Studies IV: Writings on South Asian History and Society.* Ranajit Guha, ed. Delhi: Oxford UP, 1985. 330-363.

Starobinski, Jean. "Es posible definir el ensayo". *Cuadernos Hispanoamericanos* 575 (1998): 31-40.

Todorov, Tzvetan. *Los abusos de la memoria.* Barcelona: Paidós, 2000.

_____ *La conquista de América: la cuestión del otro.* México: Siglo XXI, 1998.

_____ *Las morales de la historia.* Barcelona: Paidós, 1993.

_____ *Nosotros y los otros. Reflexiones sobre la diversidad humana.* México: Siglo XXI, 1991.

Touris, Claudia. "Notas preliminares" y "Documento sobre la violencia en América Latina enviado a Pablo VI y a los obispos reunidos en Medellín", junio de 1968. *Prohal Monográfico, Revista del Programa de Historia de América Latina.* Vol. 2. Primera Sección: *Vitral Monográfico* Nro. 2. Instituto Ravignani, Facultad de Filosofía y Letras, Universidad de Buenos Aires. Buenos Aires, 2010. 155-63.

Traverso, Enzo. *La historia desgarrada. Ensayo sobre Auschwitz y los intelectuales.* Barcelona: Editorial Herder, 2001.

_____ "Historia y memoria. Notas sobre un debate". *Historia reciente. Perspectivas y desafíos de un campo en construcción.* Marina Franco y Florencia Levin, comps. Buenos Aires: Paidós, 2007. 67-96.

Trelles Paz, Diego (selección y prólogo). *El futuro no es nuestro.* Buenos Aires: Eterna Cadencia, 2016.

Trigo, Abril. *¿Cultura uruguaya o culturas linyeras?: para una cartografía de la neomodernidad posuruguaya.* Montevideo: Vintén Editor, 1997.

_____ *Memorias migrantes. Testimonios y ensayos sobre la diáspora uruguaya.* Rosario: Beatriz Viterbo Editora, 2003.

Vallejo, Fernando. *La virgen de los sicarios.* Bogotá: Alfaguara, 1994.

Varela Petito, Gonzalo. "El golpe de Estado de 1973, revisitado". *El presente de la dictadura. Estudios y reflexiones a 30 años del golpe de Estado en Uruguay.* Aldo Marchesi, Vania Markarian, Álvaro Rico y Jaime Yaffé, eds. Montevideo: Ediciones Trilce, 2004. 91-105.

Vaticano II. Documentos Conciliares. Buenos Aires: Ediciones Paulinas, 1988.

Vattimo, Gianni. *Creer que se cree.* Buenos Aires: Paidós, 1996.

Verdesio, Gustavo, Gabriel Peveroni y Eduardo Roland. "La movida de los 80: la ruptura cultural en Uruguay". <www.henciclopedia.org.uy/autores/verdesio/movida80.html>.

Vidart, Daniel. *La trama de la identidad nacional,* Tomo I. *Indios, negros y gauchos.* Montevideo: Ediciones de la Banda Oriental, 1997.

Viñar, Maren y Marcelo Viñar. *Fracturas de memoria. Crónicas para una memoria por venir,* Montevideo: Trilce, 1993.

Viñas, David. *Indios, ejército y frontera.* Buenos Aires: Santiago Arcos Editor, 2003.

Violi, Patricia. "La intimidad de la ausencia: formas de la estructura epistolar". *Revista de Occidente* 68 (1987): 87-99.

Vezzetti, Hugo. *Sobre la violencia revolucionaria. Memorias y olvidos.* Buenos Aires: Siglo XXI Editores, 2009.

Weinberg, Liliana. *Situación del ensayo.* México: CCYDELUNAM, 2006.

Wickham-Crowley, Timothy. *Guerrillas and Revolution in Latin America: A Comparative Study of Insurgents and Regimes since 1956*. Princeton: Princeton UP, 1992.

Yaffé, Jaime. "Memoria y olvidos en la relación de la izquierda con el pasado reciente". *El presente de la dictadura. Estudios y reflexiones a 30 años del golpe de Estado en Uruguay*. Aldo Marchesi, Vania Markarian, Álvaro Rico y Jaime Yaffé, eds. Montevideo: Ediciones Trilce, 2004. 184-98.

Yerushalmi, Yosef Hayan. "Reflexiones sobre el olvido". *Usos del olvido*. Buenos Aires: Nueva Visión, 1989. 13-26.

Zaffaroni, Juan C. *Tres conferencias*. Montevideo: Provincias Unidas, 1968.